21 世纪应用型精品规划教材·物流管理

物流金融理论与实务

何 娟　冯耕中　编　著

清华大学出版社
北京

内 容 简 介

目前，在国内关于物流金融服务创新的实践非常活跃。然而关于物流金融较系统的理论研究和应用研究较少，所涉研究都局限在存货质押、应收账款融资和采购执行等传统物流金融业务领域，几乎没有研究系统性地涉及物流业与信贷市场、物流业与资本市场以及物流业与保险市场等物流金融创新服务领域，此外系统性的风险管理体系和专业的物流金融公共信息平台也是当前市场研究的热点。本书正是基于此认识而编写的。全书共分为10章，结合物流和金融交叉学科相关知识，全面系统地介绍物流金融的基本理论、服务产品创新和风险控制与管理，内容主要包括：物流金融基本理论、物流金融国内外实践、物流金融的现实需求与发展前景、物流金融的结构因素分析、物流业与信贷市场、物流业与资本市场、物流业与保险市场、物流金融业务风险管理与物流金融公共信息平台。

本书既可作为高等院校物流与金融相关专业学生和研究生的教学用书，也可作为广大物流金融从业人员的实用参考工具。

本书封面贴有清华大学出版社防伪标签，无标签者不得销售。
版权所有，侵权必究。举报：010-62782989，beiqinquan@tup.tsinghua.edu.cn。

图书在版编目(CIP)数据

物流金融理论与实务/何娟，冯耕中编著. --北京：清华大学出版社，2014(2024.2 重印)
(21世纪应用型精品规划教材·物流管理)
ISBN 978-7-302-35592-2

Ⅰ. ①物… Ⅱ. ①何… ②冯… Ⅲ. ①物流—金融业务—高等学校—教材 Ⅳ. ①F250 ②F830.4

中国版本图书馆 CIP 数据核字(2014)第 039847 号

责任编辑：曹　坤
装帧设计：杨玉兰
责任校对：周剑云
责任印制：沈　露
出版发行：清华大学出版社
　　网　　址：https://www.tup.com.cn, https://www.wqxuetang.com
　　地　　址：北京清华大学学研大厦A座　　邮　编：100084
　　社 总 机：010-83470000　　邮　购：010-62786544
　　投稿与读者服务：010-62776969, c-service@tup.tsinghua.edu.cn
　　质量反馈：010-62772015, zhiliang@tup.tsinghua.edu.cn
　　课件下载：https://www.tup.com.cn, 010-62791865
印 装 者：三河市龙大印装有限公司
经　　销：全国新华书店
开　　本：185mm×230mm　　印　张：19.25　　字　数：416千字
版　　次：2014年5月第1版　　印　次：2024年2月第11次印刷
定　　价：54.00元

产品编号：052060-03

前　　言

近年来，我国物流业在经济持续较快增长和一系列政策措施的推动下，得到了飞速发展，为转变经济发展方式、促进产业转型升级提供了有力支撑。然而，随着全球经济一体化的发展，市场竞争日趋激烈，传统物流服务利润不断受到挤压，物流服务需求方对物流企业的要求越来越高、越来越复杂，甚至希望物流企业能够提供资金流、物流和信息流集成的综合服务。因此，物流企业要想在激烈的市场竞争中脱颖而出，就必须不断进行业务创新，在原有提供物流和信息流集成服务的基础上引入资金流的服务内容。

与此同时，国内外错综复杂的经济形势，加之持续的通胀、人民币升值、原材料和用工成本高等压力，使得我国中小微企业的经营困难不断加剧。虽然国家相继出台了一系列扶持中小微企业发展的政策，但对信用等级评级普遍较低、可抵押资产少、财务制度不健全的中小微企业而言无疑是杯水车薪，融资难仍是制约中小微企业发展的主要瓶颈。

此外，随着银行业存贷利差日益收窄、新的竞争主体不断进入、客户需求日益多元化，商业银行不仅要面对日趋激烈的同质化竞争，而且要承受大型优质客户的金融脱媒化压力。新的竞争格局使得我国金融机构尤其是商业银行创新动力不断增强。

事实上，物流金融已成为解决物流企业自身融资问题和中小微企业"融资难"问题的一条有效途径，而且为物流企业和金融机构等参与主体增添了新的利润源，较好地化解了日趋激烈的同质化竞争。2013 年，物流金融成为供应链亚洲峰会的热点主题。《欧洲货币》杂志将物流金融(供应链金融)形容为近年来"银行交易性业务中最热门的话题"，物流金融业务也早已成为国际快递业巨头 UPS 和世界排名第一的船公司马士基的第一利润源。UPS 更是认为"未来的物流企业谁掌握金融服务，谁就能成为最终的胜利者"。

目前，在国内关于物流金融服务创新的实践非常活跃。然而关于物流金融较系统的理论研究和应用研究较少，所涉研究都局限在存货质押、应收账款融资和采购执行等传统物流金融业务领域，几乎没有研究系统性地涉及物流业与信贷市场、物流业与资本市场以及物流业与保险市场等物流金融创新服务领域。此外，系统性的风险控制与管理体系和专业的物流金融公共信息平台也是当前市场的热点。本书正是基于此认识而编写的。

本书共分为 9 章，基于物流和金融交叉学科的相关知识，全面系统地介绍了物流金融的基本理论、服务产品创新和风险控制与管理。主要内容包括：物流金融基本理论，物流金融国内外实践，物流金融的现实需求和发展前景，物流金融结构要素分析，物流业与信贷市场，物流业与资本市场，物流业与保险市场，物流金融业务风险管理和物流金融公共信息平台。

本书的编写主要具有以下特点：一是从新的视角，系统性地分析了物流金融市场主体、服务载体以及规范和支撑要素，以便读者对物流金融有一个更为清晰的认识；二是紧跟市场需求，在传统物流金融服务产品的基础上，提出了物流业与信贷市场、资本市场、保险市场融合发展，开发能满足市场需求的更多的物流金融服务创新产品；三是系统性地介绍物流金融业务风险控制与管理和物流金融公共信息平台的搭建与运营，全方位地实施物流金融风险的控制与管理；四是理论与实务相结合，进一步增加本书的价值和实用性，既可作为高等院校物流与金融相关专业学生和研究生的教学用书，也可作为广大物流金融从业人员的实用参考工具。

本书由西南交通大学交通运输与物流学院何娟副教授/博士生导师和西安交通大学管理学院冯耕中教授/博士生导师共同编著，并完成了本书的主体内容和全书的统稿工作。其他参与编写人员的分工如下：贺平、王建负责第1、2章；黄福友、叶纶、王建负责第3、4章；王建、苏国振、周颖负责第5章；王建、崔健、黄福玲负责第6、7章；王建、黄福玲、林楠、陈微艳、夏晓光负责第8、9章。

本书的出版得到了清华大学出版社的大力支持和帮助，在此表示诚挚的谢意！对四川省物流办的关怀表示深深的谢意！同时，非常感谢本书所引用参考文献的所有作者，是他们的前期研究成果丰富了我们的知识和写作。此外，本书的充实得益于调查走访企业的鼎力支持和配合以及为本书写作提出宝贵意见的社会各界人士，在此一并表示衷心的感谢！

由于作者学识有限，书中难免存在不足之处，此外，物流金融是一个不断探索和创新的学科领域，在此恳请广大读者批评指正，以便我们日后进一步完善。

作　者

目　　录

教学资源服务

第 1 章　物流金融基本理论 1
　1.1　物流金融产生背景 3
　　1.1.1　宏观背景 3
　　1.1.2　微观背景 5
　1.2　物流与金融相结合的理论基础 7
　　1.2.1　物流与金融相结合的必然性 7
　　1.2.2　物流与金融相结合的
　　　　　 前提条件 10
　　1.2.3　物流金融与经济发展的
　　　　　 关系 14
　1.3　物流金融的基本概念 20
　本章小结 22
　课后习题 22

第 2 章　物流金融国内外实践 25
　2.1　国外物流金融发展概况 27
　　2.1.1　国外物流金融的源起 27
　　2.1.2　国外物流金融业务概况 28
　　2.1.3　国外物流金融业务案例 29
　2.2　国内物流金融发展概况 31
　　2.2.1　国内物流金融的源起 31
　　2.2.2　国内物流金融业务概况 33
　　2.2.3　国内物流金融业务案例 34
　本章小结 36
　课后习题 36

**第 3 章　物流金融的现实需求与
　　　　　 发展前景** 38
　3.1　物流行业的产融特征 39

　　3.1.1　物流行业的产业特征 39
　　3.1.2　物流行业的融资特征 43
　3.2　物流金融需求分析 50
　　3.2.1　物流企业 50
　　3.2.2　金融机构 55
　　3.2.3　中小微企业 59
　3.3　物流金融发展前景与趋势 62
　　3.3.1　物流金融发展前景 62
　　3.3.2　物流金融发展趋势 66
　本章小结 68
　课后习题 68

第 4 章　物流金融结构要素分析 71
　4.1　市场主体要素分析 72
　　4.1.1　物流金融供给方 72
　　4.1.2　物流金融需求方 77
　　4.1.3　物流金融中介方 78
　4.2　服务载体要素分析 80
　　4.2.1　金融市场 80
　　4.2.2　物流市场 83
　　4.2.3　中介市场 84
　4.3　规范和支撑要素剖析 86
　　4.3.1　实体要素分析 86
　　4.3.2　技术要素分析 87
　　4.3.3　制度要素分析 89
　本章小结 94
　课后习题 95

第 5 章 物流业与信贷市场 97

5.1 信贷市场概述 98
- 5.1.1 信贷市场的概念与构成 98
- 5.1.2 信贷市场对物流业发展的影响 100

5.2 物流企业自身融资活动 103
- 5.2.1 融资租赁 103
- 5.2.2 典当融资 107
- 5.2.3 桥隧模式 109
- 5.2.4 中小企业集合信托 110
- 5.2.5 中小企业集合贷款和产业链贷款 112
- 5.2.6 互保联保 113

5.3 物流结算 115
- 5.3.1 代收货款 115
- 5.3.2 垫付货款 118
- 5.3.3 物流保理 119
- 5.3.4 保证 119

5.4 供应链融资 121
- 5.4.1 供应链金融特征与实践 121
- 5.4.2 供应链中的物流金融产品 122
- 5.4.3 存货质押融资业务 125
- 5.4.4 应收账款融资 131
- 5.4.5 订单融资业务 136

本章小结 140
课后习题 141

第 6 章 物流业与资本市场 144

6.1 资本市场概述 145
- 6.1.1 资本市场介绍 145
- 6.1.2 物流业与资本市场的相互作用 151

6.2 债券市场融资 156
- 6.2.1 债券市场融资基本情况 156
- 6.2.2 债券融资工具 158

6.3 股权融资 164
- 6.3.1 新三板市场 165
- 6.3.2 区域性股权交易市场（地方 OTC） 167
- 6.3.3 产权交易所 170
- 6.3.4 物流产业投资基金和创投服务 171

本章小结 174
课后习题 174

第 7 章 物流业与保险市场 178

7.1 物流保险市场概述 180
- 7.1.1 物流保险市场构成要素 180
- 7.1.2 物流保险市场供求分析 181
- 7.1.3 物流业的风险分析 182

7.2 物流保险 183
- 7.2.1 物流保险的关系人及其权利义务 183
- 7.2.2 物流保险的范围和种类 185
- 7.2.3 物流保险的特征 190
- 7.2.4 物流保险的职能 191
- 7.2.5 物流保险的基本原则 192
- 7.2.6 物流保险与物流业发展的相互作用 194

7.3 短期贸易信用保险 196
- 7.3.1 短期贸易信用保险的概念 196
- 7.3.2 短期贸易信用保险的优势 197
- 7.3.3 适合投保的企业 198

7.4 中小企业贷款保证保险 199

  7.4.1 中小企业贷款保证保险的基本概念 199
  7.4.2 中小企业信贷保证保险的意义 200
  7.4.3 中小企业信贷保证保险面临的问题 201
  7.4.4 建立我国中小企业贷款保证保险制度 202
 本章小结 205
 课后习题 206

第8章 物流金融业务风险管理 209

 8.1 物流金融风险管理原则及内涵 211
  8.1.1 物流金融风险管理原则 211
  8.1.2 物流金融风险管理内涵 212
 8.2 物流金融风险分类 214
  8.2.1 质物风险 214
  8.2.2 信用风险 216
  8.2.3 操作风险 217
  8.2.4 市场风险 219
 8.3 物流金融风险管理流程 220
  8.3.1 风险战略 221
  8.3.2 风险识别 221
  8.3.3 风险度量和风险评估 221
  8.3.4 风险控制 222
 8.4 物流金融风险控制关键指标 225
  8.4.1 利率 225
  8.4.2 质押率 225
  8.4.3 贷款期限与盯市周期 226
  8.4.4 警戒线与平仓线 226
  8.4.5 保证金 227
 本章小结 228
 课后习题 228

第9章 物流金融公共信息平台 231

 9.1 物流金融公共信息平台 233
  9.1.1 物流金融公共信息平台的内涵和特点 233
  9.1.2 物流金融公共信息平台的作用 234
 9.2 物流金融公共信息平台的构建 235
  9.2.1 物流金融公共信息平台构建的总体思路 235
  9.2.2 平台参与主体 237
  9.2.3 需求分析 238
  9.2.4 物流金融公共信息平台的功能设计 239
 9.3 物流金融公共信息平台运营保障设计 247
 本章小结 248
 课后习题 248

附录一 2012年物流政策回顾 253

附录二 商务部关于鼓励和引导民间资本进入商贸流通领域的实施意见 258

附录三 国务院关于进一步支持小型微型企业健康发展的意见 262

附录四 国务院办公厅关于金融支持小微企业发展的实施意见 270

附录五 中国银监会关于进一步做好小微企业金融服务工作的指导意见 274

附录六　商务部关于印发《融资租赁企业监督管理办法》的通知 277

附录七　《银行间债券市场非金融企业债务融资工具管理办法》 281

附录八　中华人民共和国国内贸易行业标准——质押监管企业评估指标（报批稿） 283

附录九　中华人民共和国国内贸易行业标准——动产质押监管服务规范（报批稿） 287

附录十　山东省物流质押监管服务质量规范 292

参考文献 295

第 1 章 物流金融基本理论

教学目标

- 了解物流金融产生的背景;
- 理解物流与金融相结合的基础条件;
- 掌握物流金融的基本概念。

【案例导入】

随着利率市场化的推进,传统的融资业务面临更为激烈的竞争,不仅是国有大型银行,众多股份制银行也纷纷加入"战团"。近几年方兴未艾的供应链金融开始得到各家银行的重视。

1. 银行上演供应链金融卡位战

作为经济原生动力的中小企业,其发展困境正在越来越多地受到决策层的重视,而金融正成为其中重要的突破口。

2012 年 9 月中旬,国务院推出促外贸稳增长"国八条",金融机构提供更多融资和担保服务由此被提上日程。这一以贸易融资和供应链为主要诉求的政策所释放出的信号,意味着供应链金融将在解决中小企业融资难上扮演重要角色。

据申银万国预测,2012 年供应链金融融资余额规模将达到 6.9 万亿元,增速约为 20%,如图 1-1 所示。随着国内直接融资市场的不断成熟,大型企业金融脱媒的趋势日趋明朗,而利率市场化的不断推进,也使得银行传统息差收入面临着前所未有的挑战。

面对企业多元化的金融需求以及多变的市场环境,银行均在寻求传统信贷业务之外的业务蓝海。方兴未艾的供应链金融竞争将越发激烈。

2. 供应链金融撬动"需求杠杆"

中小企业在中国企业总量中的占比高达 90%以上,但是这个群体的资金需求却在很长一段时间内难以得到满足。2012 年杭州 600 家知名民营企业联名上书省政府求助,拉响了"互保""联保"模式的融资风险警报。

这种单纯担保融资的风险转嫁模式受挫之后,带有强烈自偿性质的供应链融资或再度成为解决中小企业融资难的一个途径。而中小企业市场不断呈现多元化需求,供应链融资的特性正使其成为撬动需求的"杠杆"。

随着经济全球化和国家刺激内需政策的推出,国际贸易和国内贸易的各个链条上的企业之间贸易往来越来越多,贸易过程中对融资的需求也大大增加。商务部数据显示,中国企业海外应收账款余额早在 2007 年就已超过 1 000 亿美元,并以每年 150 亿美元的速度增长。央行统计数据也显示,中国企业应收账款总量约占企业总资产的30%,高于发达国家20%的水平。然而,当前并不乐观的经济形势,使得与实体经济息息相关的贸易融资、供应链金融面临严峻考验。

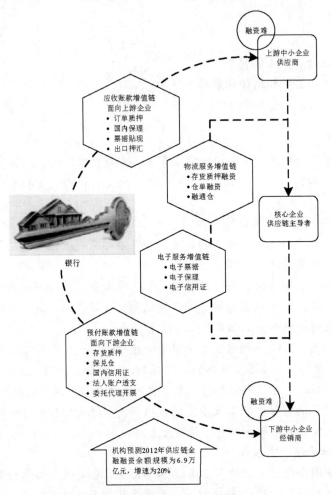

图1-1 供应链融资业务模式及增值环节示意图

(资料来源:申万研究)

3. 供应链金融暗战

尽管当下经济增速放缓后,贸易融资、供应链金融要实现高速扩张仍面临考验,但另一方面,在利率市场化推进速度加快的催化之下,各家银行构建供应链金融业务竞争力的脚步不会放慢。

申银万国分析师倪军在其报告中指出,总体而言国内整体的供应链金融市场并不成熟,目前各家银行都处于吸收客户、发展客户的成长期，在这个阶段谁能率先吸收到更多的客户是制胜的关键。

因此，在供应链金融业务实践过程中，对"核心企业"的争取是业务实现的重要保证。而正是在这一点上，较之以往贸易融资老牌外资银行而言，中资银行已经显示出其在国内供应链金融市场中的相对优势和竞争力。

自2010年大力发展供应链金融业务以来，兴业银行提出了"主流市场提升市场份额，细分市场做出特色"的目标，通过对核心企业和交易环节各个要素的把控，对产业链上下游企业提供了综合金融服务，有效满足了链条上中小企业的融资需求，在汽车、家电、冶金、能源、大宗商品等供应链金融主流市场的业务份额逐年提升；与此同时，兴业银行深入各地特色市场，在细分市场推广个性化金融服务，打造了港口金融服务，白酒、食糖、服装等产业的供应链金融服务等一批成功案例。

(资料来源：李银莲．问道供应链金融之全局篇[N].中国经营报，2012-10-19)

想一想：

在当前经济形势下，供应链金融的优势如何能够持续发挥，这对解决我国中小企业的融资困境有什么影响？

一方面，近年来我国物流业在经济持续较快增长和一系列政策措施的推动下，得到了飞速发展，为转变经济发展方式、促进产业转型升级提供了有力支撑。另一方面，全球经济复苏困难加剧，国内经济增速放缓，企业融资困难加剧，整个物流市场需求正发生深刻变化，物流企业经营模式正经历新的变革，全行业正加速整合物流资源、创新服务模式，提升物流服务能力。值得一提的是，作为我国物流行业的标杆企业，国内物流板块的上市公司从大型央企中储股份到传统行业建发股份，再到深圳怡亚通、飞马国际、江苏飞力达等新兴供应链企业纷纷为其客户提供物流与金融的集成服务，并致力于成为物流银行或者供应链集成服务提供商。

事实证明，物流金融业务正成为上述企业中最大的利润来源。那么物流金融何以有如此大的能量，得到行业巨头们的热捧？本章从物流金融的产生背景、物流与金融相结合的理论基础以及物流金融的基本概念三个方面对物流金融进行全面分析。

1.1 物流金融产生背景

1.1.1 宏观背景

近年来，在美国次贷危机、全球经济危机以及欧洲债务危机等金融风暴的袭击之后，世界各国刺激经济复苏的政策、全球流动性持续过剩以及新兴经济体的需求强劲，世界经济面临的下行风险和不确定性有所缓解，但全球经济增长仍未出现明显起色。我国经济运行处在中长期潜在经济增长率下降和短周期弱回升的交织阶段，结构性矛盾突出，运行风险增加，经济下行和通胀的压力依然存在。①

国内外错综复杂的经济形势，加之持续的通胀、人民币升值、原材料和用工成本高等压力，使得我国中小微企业的经营困难不断加剧。这些困境的叠加效应直接催生了更大的融资需求，使原本融资困难的中小微企业更加困窘。

虽然国家相继出台了一系列政策扶持中小微企业发展，但对信用等级评级普遍较低、可抵押资产少、财务制度不健全的中小微企业而言无疑是杯水车薪，显然融资难成为制约中小微企业发展的主要瓶颈。因此，要解决这一问题，一方面需要企业自身付出努力；另一方面，也需要社会提供有利于从事供应链管理的服务体系，这其中就包括发展物流金融业务。

综上所述，我国物流金融发展所面临的宏观背景可归纳为以下两个方面。

1. 引领产业转型升级的需要

从 2010 年下半年开始，我国经济运行下行压力加大。GDP 增速已由 2011 年 1 季度的 9.8%下降为 2013 年 1 季度的 7.7%。物流业作为重要的生产性服务业必然受此影响。我国社会物流总额和物流业增加值增速已连续 6 个季度放缓。结构转型时期所带来的经济结构性减速，一定程度上在于我们的生产性服务业的效率低于工业的生产效率，这也是当前时期为什么工业企业不愿外包自己的非核心流程的原因之一。十八大报告中，明确提出把推动发展的立足点转到提高质量和效益上来，激发各类市场主体发展新活力，增强创新发展新动力。因此，作为重要的生产性服务业的物流业不仅要支撑经济总量持续稳健增长的需要，更要通过提高效率，降低成本，减少消耗，来促进国民经济运行质量和效益的提高，减轻资源和环境压力，实现可持续发展。物流业引领产业升级在于提升效率，而创新是效率提升的核心推动力。

2. 成本上涨与盈利薄弱的双重挑战

近10年来，在经济持续较快增长以及一系列政策措施的推动下，我国物流企业得到了长足的发展。但需要指出的是，上述发展严重依赖于大规模扩张，依赖于我们大量基础设施的投入。而物流企业提供的服务业往往是运输、仓储、配送等单一的基础物流服务，很多物流园区依然固守于"坐地收租"的业务模式，造成大量存量资源的浪费。随着"刘易斯拐点"的临近，我国人口红利将消失殆尽，以及稀缺的土地资源，决定了物流生产要素成本的上涨已成必然趋势。显然，高投入、低产出的发展模式不可持续。因此，成本上涨与盈利能力低下的双重挑战将倒逼物流企业通过物流服务创新来提高自身盈利能力。

物流金融的产生不仅能够有效融合物流、信息流、资金流，降低供应链整体融资成本，缓解中小微企业融资难的问题，增强供应链上下游企业业务创新的能力，而且可以增强地

---

① 祝宝良. 当前经济形势及宏观调控政策建议[J]. 宏观经济管理，2013(9).

区间的合作力度，提升企业的运作效率，实现供应链整体的共赢，从而提升我国经济的国际竞争力。

1.1.2 微观背景

1. 中小微企业融资困境，久而不决

目前，我国中小微企业发展迅猛，已有 1100 多万户，占全国企业总数的 99%，提供了近 80%的城镇就业岗位，完成了 75%以上的企业技术创新，创造的最终产品和服务价值相当于国内生产总值的 60%左右，纳税额占国家税收的 50%左右。中小微企业，特别是民营企业的蓬勃发展已成为推动中国经济向前的重要动力。①而事实上，我国中小微企业的发展一直处于"强位弱势"的尴尬境地，得不到与其贡献相对称的融资待遇。

中小微企业的发展速度较快，使得其资金需求呈现"短、小、急、频"的特点，而且融资渠道单一，过度依赖于银行信贷融资。当前，中小微企业尤其是小微企业信用等级评级普遍较低、可抵押资产少且财务制度不健全，使得银行等金融机构为控制贷款风险，几乎不对中小微企业做信用贷款，仅以固定资产抵押担保方式提供贷款服务。而广大中小微企业资产 70%以上表现为应收账款和存货，普遍缺乏不动产担保资源。

实际上，在我国信贷实践中，长期存在"两个矛盾，一个不匹配"现象。其中，"两个矛盾"是指大量动产资源闲置与中小微企业融资难，不动产资源枯竭趋势与信贷担保过分依赖不动产这两个矛盾并存；"一个不匹配"是商业银行接受的信贷担保物 70%左右是土地和建筑物等不动产，而广大中小微企业普遍缺乏不动产资源。据央行(2010)估算，我国中小微企业大约有 16 万亿的资产由于受到法律等方面的限制，不能用于担保借入信贷资金。物流金融恰恰可以允许中小微企业通过存货和应收账款担保融资，这对解决中小微企业融资难意义重大。

【知识拓展】

近年来，尽管国家出台了不少扶持中小微企业的政策，比如 2011 年，央行、银监会以及工信部、发改委等部门分别从完善中小微企业征信体系、鼓励商业银行向中小微企业信贷倾斜以及增加微型企业细化中小微企业划型标准等方面，相继出台一系列政策扶持小微企业发展，助其摆脱融资困境。2012 年国务院再次出台《关于进一步支持小型微型企业健康发展的意见》，除大力度减税措施外，还设立国家中小企业发展基金，旨在用于引导地方、创业投资机构支持处于初创期的小微企业。与此同时，沪深交易所中小企业私募债的推出，以及各部委落实国务院关于鼓励和引导民间投资健康发展的若干意见(简称"新 36 条")实施细则的密集发布，均体现了决策层致力于改善金融服务实体经济所展现出的创新力度。

---

① 中国中小企业健康发展报告(2012)摘要. 中国中小企业，2012(11)：24-27.

诚然，上述政策展现了宏观决策部门解决小微企业融资难的决心，然而在盈利和风险控制为核心的商业原则下，如果缺乏盈利模式的创新以及风险管理的适应性突破，势必会形成以下两种局面：一方面，商业银行逆市飘红的亮丽业绩报表，却很难实质性地服务于小微企业；另一方面，脱离金融监管的民间借贷在解决小微企业燃眉之急的同时，也使其背负高额的融资成本，进而滋生出诸多社会问题，甚至是非法吸收公众存款、集资诈骗、高利转贷、违法发放贷款等违法违规行为。

2. 金融机构创新意识增强

随着银行业自身及其面对的客户群市场化的转型完成，以及银行新股东的利润和风险控制目标，计划经济体制及其后的金融业发展混沌时期一直沿用的粗放经营模式越来越难以为继。同时，金融脱媒，新的竞争主体的不断进入，新的监管制度环境、产业组织模式的变革等，都对产品、营销和风险控制技术手段的创新和适应性变革提出了要求。

发展物流金融业务可以帮助金融机构扩大贷款规模，降低信贷风险，协助金融机构处置部分不良资产、提升质押物评估、企业理财等顾问服务项目，为金融机构提供了新的利润来源和新的竞争手段。

【知识拓展】

据申银万国预测，整个供应链金融业务 2011 年融资余额规模为 5.75 万亿元，2012 年有望达到 6.9 万亿元，增速约为 20%。而更令各大商业银行垂涎的是，供应链金融本身的融资需求将带来存款的派生和丰富的中间业务收入，是国内商业银行在"金融脱媒"和"利率市场化"的双重背景下，全力转型摆脱"利差业务独大"的绝佳通道。

(资料来源：2012 中国供应链金融现状与需求调查[N]. 首席财务官，2012(10))

3. 第三方物流服务革命

随着全球经济一体化的发展，市场竞争日趋激烈，物流服务需求方对物流企业的要求越来越复杂，甚至希望物流企业能够提供资金流、物流和信息流集成的综合服务。因此，物流企业要想在激烈的市场竞争中脱颖而出，就必须不断进行业务创新，在原有提供物流和信息流集成服务的基础上引入资金流的服务内容。

当前中小企业的融资困难和银行等金融机构的竞争压力，使得第三方物流企业可以结合自身优势，成为企业和银行等金融机构的桥梁，为客户提供物流、资金流和信息流三者集成的创新服务。物流金融服务不仅能够拓展物流管理的研究范围，并且对企业的经营实践具有重要的指导意义。

4. 第三方电子商务平台的商业机会

近年来电子商务的快速发展，催生了一批资金实力雄厚的电商平台。为缓解中小供应商资金紧张、提高资金周转率，阿里巴巴、敦煌网、亚马逊、京东商城以及苏宁云商等纷纷涉足供应链金融向供货商提供订单融资、应收账款融资和协同投资等金融服务，更进一步加速了物流与供应链金融的发展。

1.2 物流与金融相结合的理论基础

现代经济的本质是金融经济，而物流业是现代经济最为古老但又新兴而活跃的行业。物流的经济学意义在于交易，伴随着经济中"物"的流动，必然是"资金"的流动过程，因此物流业与金融业具有天然的紧密联系。物流业是中国服务业中最具发展前景的行业之一，发展空间巨大；而资金流在国民经济体系中与物流同量反方向循环，如果银行从资金融通的角度支持物流，对于支持物流企业融资、控制银行风险以及推动经济增长都具有非常积极的意义。

1.2.1 物流与金融相结合的必然性

在中国经济逐步融入全球大市场的过程中，虽然对外贸易不断增加、区域经济协调发展、产业结构进一步调整，物资流动量继续增加，物流需求持续上升，但物流行业内竞争激烈，众多中小物流企业仍然面临生存难和发展难的两大困境。物流企业如何通过物流增值服务来促进物流企业的发展，已成为备受关注的发展点。同时，金融业在保持持续增长势头的同时，也面临诸多金融风险，而与了解企业经营状况的物流企业进行合作成为金融业降低金融风险的一种有效手段。因此，物流业和金融业相结合进行协同发展将会给两个行业带来共赢的结果，也是两个行业发展的必然选择。

1. 物流业实现产业转型升级的必然要求

随着改革开放的深入和国民经济的迅速发展，中国物流业呈现出前所未有的高速发展态势，超过半数物流企业的业务每年都有 30%以上的增长；物流业的基础设施建设和基本运营得到较大改善，日益成为保障经济整体平稳发展的重要因素。发展物流业来提升经济运行的总体质量和企业的市场竞争力，已经成为社会各界的共识。但是行业内竞争激烈，物流企业如何在减少成本的同时，满足客户需求，提供数量足够多、质量足够好的服务已成为备受关注的焦点，而发展物流金融业务就是其中的一个主要方向。

(1) 物流业"十二五"期间面临繁重的任务，既是良好的发展机遇，也是严峻的挑战。

① 外资物流企业纷纷进驻，物流行业竞争日益加剧。

根据 WTO 协定，2006 年是中国承诺全面开放物流业极其关键的一年。截至 2005 年年底，几乎所有国际顶尖物流企业都已进入了中国市场。对中国本土的物流企业来讲，这是一个严峻的考验。

受竞争环境影响,生产企业原有的生产方式、市场渠道受到很大冲击,企业自身和客户需求发生了巨大变化。为了在市场开放和"微利时代"实现利润的最大化,生产企业将目光转向供应链整合,促使高端物流市场需求向供应链方向发展,这无疑提高了物流企业进入高端物流市场的"门槛"。

② 公路货运利润被进一步挤压。

公路运输是物流活动的重要实现形式,但是现在公路货运面临严峻的局势:

成品油价格的持续上调,对于以汽车为主要运输工具、对燃油依赖性很强的物流行业无疑是一个晴天霹雳,不得不再次面临运输成本上涨所带来的压力。不仅是成品油价格,自2006年起,有20多个省市自治区在收费公路开始实行计重收费,行政"治超"向经济"治超"转型,由此带来物流运输企业的道路通行费用平均增加30%左右。以上要素成本上升的幅度明显大于运价上涨的幅度,进一步挤压了公路货运服务的经营收益。据调查,路桥、燃油及养路费这三项支出已经超过货运业户总收入的70%,只剩不足30%的收入来支持车辆折旧、司机工资、维修配件、保险、通信等运营所需要的一切费用。

③ 增值业务成为物流企业盈利的关键。

面对日益增长的物流需求和不断加剧的行业竞争,"十二五"阶段成为物流业发展的关键阶段,增值服务逐渐成为物流企业盈利的重要筹码。

根据中国物资储运协会对分布于全国的60家大型会员单位的统计,2011年,样本仓储企业生产经营状况基本良好:主营业务收入280亿元,比上年增长16%。其中,公路运输配送收入利润增长5.9%,质押业务收入利润增长47.5%,现货市场业务收入利润增长48%,成为仓储企业两项最大的利润增长点。通过以上数据不难看出,物流金融业务将成为物流业的增值业务发展方向。

【实例1-1】

中国物资储运总公司自1999年开始和银行合作开展质押监管业务,目前已与20多家金融机构合作,动产监管业务的融资规模超过400亿元,监管地点覆盖20多个省(自治区、直辖市),监管客户超过1 200多家,监管物品种涉及黑色金属、有色金属、煤炭及制品类、棉麻类、化工轻工材料及制品类等十六大类。截至2010年,中储质押业务已推广至全国27个省(自治区、直直辖市),年质押监管规模超过600亿元。旗下上市公司中储发展股份2012年质押监管收入达到27 512万元,总质押规模达到6 473万吨。

中储从1999年开始萌芽,到2010年飞速发展的实践表明:物流金融业务在中国市场具有广阔的空间,越来越表现为现代物流企业的一项新型业务,成为我国物流企业在今后的发展竞争和收购重组过程中的一项重要因素,也必然成为物流企业全力加速建设,争取未来市场空间从而决定未来兼并能力的一块制高点。

(资料来源: http://www.cmst.com.cn/news/news.jsp?id=53d88c89146a3a0a01146c1579bc0008)

(2) 物流与金融相结合，可使物流业的发展更加多元化、系统化与个性化。①

① 物流基础设施的改善和物流水平的提高都离不开物流金融。

在货物流通过程中，凡是在整体服务功能或运营环节中能够满足组织需要，并且具有综合性或单一功能的场所和设施，都称之为物流基础设施。2008 年年底，为降低金融危机对我国经济发展的影响，国务院将交通基础设施建设列入发展重点。而在此过程中，交通设施建设所需资金的 70%都源自银行贷款，同时银行贷款额流向物流业的数目也达到了 20%以上。

② 物流金融能够大大提高物流企业的核心竞争力。

物流业务中的基础物流服务(如仓储、运输等)，由于竞争激烈导致其利润率不断下降。显然，各种增值服务已经成为现代物流的主要利润来源，其中尤以金融服务为主。

【实例 1-2】

云南物流产业集团和中信银行股份有限公司昆明分行已于 2011 年签署了《战略合作协议》，中信银行将会给云南物流产业集团提供 50 亿元的贷款额度，以用于企业的基础项目建设和生产经营，从而在云南"桥头堡战略"②的机遇下推动其物流产业不断发展。

(资料来源：中信银行与云南物流集团签约[N]. 昆明日报，2011-08-27)

2. 金融机构实现金融服务创新的必要手段

金融业在保持持续增长势头的同时，也面临诸多金融风险，与了解企业经营状况的物流企业进行合作成为金融业降低金融风险的一种有效手段。

(1) 金融创新是现代金融的突出特征。

金融创新是现代金融区别于传统金融的最重要特征。国际经济形势的不断变化要求对各种金融要素进行重新整合，以实现利润最大化。物流、金融协同发展使得金融业务衍生出了各种针对物流企业的新型业务，例如以质押融资来开发新的融资产品等。这样，不仅可以最大限度地满足客户个性化需求，同时也能使金融企业收益不菲。

【实例 1-3】

2012 年 3 月，民生银行和中国铁路物资股份有限公司签订了物流金融合作协议，约定在采购执行、物流金融监管类业务范围内开展物流金融业务协作，培育和打造供应链上下游核心竞争力，使两者与合作客户间形成长期稳定的战略同盟，构成商贸领域的独特竞争力，全流程掌控大型生产资料供应链，有利于拓展深化合作领域，巩固共赢关系。

(资料来源：http://news.10jqka.com.cn/20120308/c526699415.shtml)

---

① 耿杰. 物流业与金融业的协同发展浅析研[J]. 物流技术，2013，32(1).

② 2009 年 7 月，时任国家主席胡锦涛考察云南后提出把云南建成中国面向西南开放的重要桥头堡，即"桥头堡战略"。

(2) 物流金融有效解决交易中出现的棘手问题。

交易成本是指达成一笔交易所要花费的成本，也指买卖过程中所花费的全部时间和货币成本。其中，包括传播信息、广告、与市场有关的运输以及谈判、协商、签约、合约执行的监督等活动所花费的成本。

在物流金融业务过程中，交易成本是资金供需双方及中介机构交互行动所引起的成本。当参与主体对业务无法认知或缺乏足够的对称信息，却又急切渴望获得自身利益最大化时，会客观存在某些因信息不对称而产生的偷窃、欺骗、撒谎、偷懒或违背诺言。在这种情况下，交易成本会很高，如果交易成本过高，则会引起经济发展的停滞甚至崩溃。

毫无疑问，物流企业在提供物流服务的过程中，基于供应链一体化的实现，可以很方便地掌握一个供应链上的供应商、生产商、销售商和终端的详细信息。这样信息不对称问题将得到极大的改善，并且节约了相关费用和社会资源。物流企业可以为资金需求方和资金供给方提供中介服务，以便降低交易成本，特别是信息成本。

物流金融不仅能够推动物流业发展，也能完善金融风险控制、完成新业务类型的扩展以及信贷结构的优化。所以说，物流与金融相结合、协同发展有其主客观要求的必然性，有望推动国民经济突破物流瓶颈，从而成为促进我国经济可持续发展的必经之路。

1.2.2 物流与金融相结合的前提条件

现代物流起源于第二次世界大战时期军队的后勤补给和管理，即根据情况及时准确地供应粮食、武器和弹药。同时发展起来的运筹学也为物流研究提供了强有力的计算工具。战后，物流研究被进一步应用到商业领域，包括以运输为中心的相关领域、以商业信息流通为中心的商业物流研究领域，以及以优化理论为背景的运筹学和管理科学理论。

21世纪后，随着全球经济发展和国际贸易、国际结算的不断增多，物流研究向前迈进了一步，即物流与金融相结合。物流与金融相融合，为生产经营企业提供物流服务的同时提供金融服务，是现代物流业的重要发展方向。正如美国联合包裹运送服务公司(UPS)中国董事总经理兼首席代表陈学淳先生曾经说过的："未来的物流企业谁能掌握金融服务，谁就能成为最终的胜利者。"

1. 物流产业各方面的相关准备

1) 物流业政策体系的支持

对于物流金融这样一个涵盖了物流业与金融业两大行业的业务来说，其持续健康发展有赖于良好的政策环境，离不开政府的扶持和规范。

(1) 财政扶持政策。

根据物流业与金融业的发展目标，各级财政要加大对物流金融业务发展的资金扶持，多渠道设立专项物流金融业务扶持资金(基金)。通过以奖代补、贷款贴息、财政补助的方式重点支持物流金融业务的项目建设、技术升级、设施改造、网点建设、人员培训、公益服务等方面,缓解中小物流企业融资难问题,力争对物流金融业务的支持资金每年有所增长。各地也要结合实际增加物流专项资金,重点支持现代物流金融业务发展;鼓励商业银行向供应链中的企业提供资金支持,满足企业综合金融服务需求;积极组织企业和项目申请国家物流业务相关扶持资金,争取更多优惠的财政政策。

(2) 税收优惠政策。

认真落实《财政部国家税务总局关于企业重组业务企业所得税处理若干问题的通知》(财税〔2009〕59号)、《财政部国家税务总局关于企业改制重组若干契税政策的通知》(财税〔2008〕175号)等文件中有关税收支持政策,完善税收优惠和管理政策,切实减轻物流企业税收负担。

① 避免重复收税。即涉及多个物流金融服务项目的同一物流金融业务于不同物流企业间的重复征税,比如全程质押监管业务中,在途监管(运输环节)与库内监管环节(仓储环节)均需征税,争取早日建立综合物流业务税目,适应物流金融一站式服务、一票到底业务发展的需要。

② 开展物流业营业税改增值税试点政策研究。积极对上争取尽快统一运输与仓储环节税率,进一步减轻物流企业减负。

③ 实施税收返还政策。根据物流企业纳税情况给予相应比例的税收返还,扶持物流企业加快发展,培育龙头企业。

④ 实行奖励资金免税政策。对符合困难减税条件的重点物流企业适当减免房产税和城镇土地使用税。

⑤ 实行企业兼并重组免税政策。企业可以通过增资扩股、股权转让等形式引进战略投资者,也可以对经营困难、中小企业、资源闲置企业进行兼并重组,从而享受各种税收优惠政策。同时加强调研督导力度,把促进物流金融业务发展的税收政策落到实处。

(3) 土地优惠政策。

重点做好物流园区发展专项规划与城市总体规划、土地利用总体规划之间的衔接,明确保障物流业发展用地的措施,确保重点物流建设项目用地需求。

各地在安排年度用地计划时,优先考虑开展物流金融等物流重大项目新增建设用地指标,对重点培育和扶持的物流企业物流项目用地要实行最优惠地价政策,并适当放宽其全部付清土地出让金的期限。支持利用工业厂房、仓储用房和存量土地资源建设物流设施或提供物流服务,涉及原划拨土地使用权转让或租赁的,应按规定办理土地有偿使用手续,经批准可以补办土地出让手续。

2) 物流信息化的变革准备

20世纪90年代以来,全球化经济、网络化经济发展迅猛,世界正步入一个电子时代。在新形势下,企业的竞争更加激烈,各行各业都面临整合经济资源、降低成本、加快速度的问题。企业在运行"适时生产"(just in time manufacturing)的革命后,当今的社会要求企业必须以高效、准确、安全的方式运送货物并及时获得款项,这是现代物流管理思想中服务7R原则,即把合适的产品,在合适的时间,以合适的方式,送到合适的地方,并得到及时支付。这种要求带来了新规则、新挑战和新机遇,也要求物流业全面做好信息化的准备和支持。

(1) 现代物流进入信息时代。

通过《物流术语》中关于物流的概念界定我们知道,物流包括运输、储存、装卸、搬运、包装、流通加工、配送和信息处理等子系统,并且要求子系统有机结合。传统的物流以仓储为主;综合物流以运输为核心,以内部整合为特征;现代物流则以信息技术为核心,以内部和外部大循环为特征。据此,现代物流必须基于现代供应链管理理念,以社会化运作的第三方物流为主,将现代信息技术运用到物流活动的全过程。

(2) 物流信息系统。

物流信息系统是指由人员、设备和程序组成的,为物流管理者执行计划、实施、控制等职能提供信息的交互系统,它与物流作业系统一样都是物流系统的子系统。

物流只是供应链的一个组成部分,物流中最重要的功能是通过物流服务实现增值。通过建立物流信息系统可以在很大程度上,以最快的速度、最高效的服务和最低的成本完成综合物流的运作。

(3) 电子商务对物流产业的重要促进作用。

电子商务时代,物流信息化是必然的结果。物流信息化表现为物流信息的商品化、物流信息收集的数据库化和代码化、物流信息处理的电子化和计算机化、物流信息传递的标准化和实时化、物流信息存储的数字化等,借助电子商务的发展,可以提升物流产业的综合性与网络化的发展。

2. 金融体系各方面的相关准备[①]

1) 金融业务的创新准备

物流金融实务的发展需要金融业不断在物流结算业务、融资业务、物流金融技术支持业务、客户服务业务和政策资源等方面给予相应的匹配。不能再是过去的老套路,而必须有一套为物流金融的发展所做的创新准备。例如,存款、贷款、结算等方式上的创新,使得客户在同一个账户下可以很灵活地调度资金,从而使得企业运用资金更加便利。金融机构可以根据企业的需要,为企业"量身定制"新型业务,从而推动现代物流业在"以人为本""以客户为中心"的思想下,最大限度地满足客户的各种需求。

2) 金融工具的创新准备

目前,物流结算技术陈旧制约着物流业生产效率的进一步提升。我国金融系统在提供

---

① 夏露,李严锋. 物流金融[M]. 北京:科学出版社,2008.

便捷的结算服务时，金融工具的不断创新将极大地推动物流业的现代化进程。现代金融工具借助银行网络，不断创新各种结算方式与凭证。例如，由银行结算的POS信用卡、互联网结算提供的电子货币和网络通信使信息沟通更加便利。金融结算现代化使企业之间商品流通更加便利。金融结算现代化使企业之间的商品流通减少了中间环节，进而降低了成本，使企业开发的产品与顾客需求更加一致。

【实例 1-4】

物流企业的网络化发展及其对资金信息的实时控制，依赖于银行业为其提供完善的资金结算平台和便利的资金结算服务，从而保证物流、信息流和资金流的高效、统一。物流企业在日常经营中多是采用汇兑、银行托收、汇票承兑、信用证等结算工具，这无形中增加了银行资金结算、资金查询、票据承兑等中间业务。同时，物流企业的主要收入为仓储收入、集装箱转运收入、配送业务收入、货运代理和进出口代理业务收入及信息服务收入，银行可以利用自身的资金管理优势，为企业提供存款组合、理想的理财方案。这就使银行在促进物流企业发展的同时，获得大量的沉淀基金，获取大量理财收入。

3) 金融制度及管理模式的创新准备

在WTO体系下，中国的金融业需要向更加开放、更加规范化方向发展。金融主体将走向多元化，金融服务意识应进一步加强，金融机构之间的竞争会更加激烈。与此同时，央行对金融的管理也应更加科学化、规范化。因此，金融体制必将发生深刻的变革，这种变革又必将带来更加适合竞争与发展的新型金融管理模式，而这种新型的金融管理模式必然会为物流业的发展创造更加良好的服务环境，提供更加新型的服务技术，开辟更加多样化的服务渠道，从而使物流业选择资金的空间更加广阔。

良好高效的金融市场应该是成本低廉、资金透明度高、管理规范、运行稳健的市场。要实现资金的高效运作，首先必须实现资金安全。为了保证资金安全，银行必须加大对金融资金运作的监管，防止企业风险，监督企业加强内部核算，科学而合理地组织资金资源的分配与使用。在物流的筹资过程中，企业应有效利用货币市场和资本市场筹集资本，合理安排资金组织货源和生产；在经营管理过程中，应加强内部核算，突出成本与效率的关系，降低物料材料耗费及库存配送物资占压时间；在销售环节，应加快资金货币回笼，减少销售资金占压款或应收账款，实现零资金运营的科学营销。

金融对物流的监督机制是与其激励机制相辅相成的。金融体系在要求企业完善内部核算机制的同时，也激励物流业不断创新企业内部运行机制，通过减少库存和物资占压等手段，加速企业资金周转，降低占压资金成本，从而提高企业的资金财务管理水平，增强市场竞争力。

4) 金融管理与服务理念的创新准备

(1) 确立客户关系管理思想。

现代金融业的竞争和发展已开始突破传统业务的框架，进入一个"以客户为中心"的变革时代，注重收集客户信息，并进行充分的数据挖掘、分析和创新服务，设计出高附加值、个性化的金融产品。为客户提供完善的金融服务已成为现代商业银行经营的核心。金融网络服务产品将处于同一产业链上的相关企业有效地组织起来，可以很好地稳固和开拓新老客户。在这一过程中，做好客户关系管理(CRM)工作具有十分重要的现实意义。

现代金融服务机构，比如银行，其经营的根本目标是实现货币经营的利润最大化，而风险管理和客户关系管理是实现经营目标两项重要的手段和路径。现代金融服务机构的客户关系管理首先要求占有充分的客户信息。针对物流企业而言，可以通过企业或公司的产权成分、经营规模、资产结构、负债来源、融资方式以及信用记录等基本要素来建立公司客户的信息档案。

(2) 运用发散营销原理。

随着经济的发展，市场的需求越来越呈现出多元化、开放性的特点，很容易从中发现众多的需求链辐射全国，链接厂家、批发商、零售商和消费者。机会成本及生产可能性边界原理要求银行"有所为必有所不为"，为客户提供满意的服务。21世纪的金融服务机构进行特色化的市场定位时，应选优势产业、优势行业、优势厂商、优势经营商或代理商，由此入手，精心挑选客户作为自己扶持的对象，并以代理商或经销商为中心向上、下游企业发散，进而向全国覆盖，形成自己的业务网络。当代物流业正好符合现代金融的市场定位条件。因此，金融服务机构可以通过第三方物流企业渗透到整个产业价值链。这就是发散营销的核心。

1.2.3 物流金融与经济发展的关系

1. 物流金融与经济发展关系的理论基础

萨缪尔森在其著作《经济学》中写道："当今的经济都大量使用货币，即支付手段。货币流通是我们经济制度的生命线。货币提供了衡量物品经济的价值的标准，并且能为贸易提供融资手段。""现代工业技术依赖于大量资本运用：精密的机器、大规模的工厂和库存。资本品使人的劳动能力成为更加有效率的生产要素，并且促使生产率的增长速度高出前些年的许多倍。"

马克思在《资本论》中明确提出了社会再生产的四大要素：生产、交换、分配和消费。其中交换及分配的过程就是商品及服务的流通过程，而流通作为连接生产和消费的中间环节，在社会再生产过程中起到了关键的中介作用。通俗地讲，流通就是以货币为媒介的商品交换、分配行为，是商流、物流、资金流和信息流的统一。作为一种产业，流通已经成为国民经济增长的关键因素之一。

1) 传统金融市场对商品流通的增值

传统金融市场是一个大系统，其中票据市场和资本市场为商品流通做出了较大贡献。

(1) 票据市场。

票据市场是指在商品交易和资金往来过程中产生的以汇票、本票和支票的发行、担保、承兑、贴现、转贴现、再贴现来实现短期资金融通的市场。按票据发行主体来划分，有银行票据市场，商业票据市场；按资金属性来划分，有商业票据市场和融资票据市场；按交易方式来划分，有票据发行市场、票据承兑市场和票据贴现市场。

票据融资是在商品和劳务交易中以双方的延付行为为基础衍生的信用形式，是双方在平等、自愿、互利的条件下提供融资与融物的直接信用。这种信用行为以及由此而创造出来的融资工具，逐渐成为一种规范的交易对象和一套公共规则，并演化为一种特定形态的市场融资制度。在这个市场中，期限短、数额小、交易灵活、参与者众多、风险易于控制等资金融通的特点帮助企业达成交易，实现了商品的价值和增值。

(2) 资本市场。

资本市场主要分为股票市场和债券市场。

股票市场是专门对股票进行公开交易的市场，包括股票的发行和转让。股票是由股份公司发行的权益凭证，代表持有者对公司资产和收益的剩余索取权①，持有人可以按公司的分红政策定期或不定期地取得红利收入。发行股票可以帮助公司筹集资金，却并不意味着有债务负担。

债券市场是专门对债券进行交易的市场。债券是一种资金借贷的证书，其中包括债务的面额、期限、债务证书的发行人、利率、利息支付方式等内容。当银行的信贷资金不能满足生产及物流企业的资金需求时，可通过资本市场发行有价证券筹集资金，以扩大生产和加速资源合理流动。

按照马克思的价值论，有物的运动就必然会引发作为等价物的"货币"的运动。随着我国物流产业的发展、壮大，必然会产生对信贷资金的需求。在整个物的流动过程中，作为等价物的资金也必然在运动，因此与物流相适应的资金流或金融流也就成为金融机构介入物流业的切入点，在物流业的基础上形成"物流金融"。

2) 现代经济生活要求通过物流金融实现增值

现代物流起源于美国，发展于日本，成熟于欧洲，拓展于中国。伴随着我国现代化建设的逐步深入，物流业必将会取得空前的发展。

从我国现代化建设的进程来看，我国在改革开放过程中经济持续高速增长，物流的专业化和社会化需求越来越显著。从银行的角度来看，流通既然是以货币为媒介，就必然会与金融发生这样那样的关系，我们经常发放的流动资金贷款就属于流通金融范畴。随着现代经济的高速发展，社会分工的逐渐细化，物流作为一个产业已经独立出现了，并形成了

---

① 剩余索取权(Residual Claim)是财产权中的一项重要权利，它是对剩余劳动的要求权。一般而言，索取权的基础是所有权。

自己特有的经营方式、管理特点；而从金融角度来看，涉及物流产业的专项的信贷措施几乎是空白的。由于物流业是连接生产与消费的关键，因此会在国民经济中起到重要的作用。同时，物流行业涉及的资金周转、运作具有较大缺口，是金融系统开拓新业务市场、拓展新业务品种的良好契机。

【知识拓展】

2001年，原国家经济贸易委员会等国务院6部委联合发出《关于加快我国现代物流发展的若干意见》的文件，推动了中国物流业的快速发展。

2004年，国家发展和改革委员会(简称发改委)等9部委颁发了《关于促进我国现代物流业发展的意见》，明确了发展物流产业机制，以及与其有关的市场、国土、规划、交通、工商、税务等方面的对策。

2009年3月，为应对全球金融危机，国务院出台了《物流业调整和振兴规划》，提出了未来3年物流业发展的目标和对策。

2011年8月，为进一步贯彻落实《物流业调整和振兴规划》，制定和完善相关配套政策措施，促进物流业健康发展，国务院出台了《关于促进物流业健康发展政策措施的意见》，业内称为物流"国九条"。

2012年，以落实物流"国九条"为主线，促进物流业发展的政策和规划相继出台：2012年1月，财政部、国家税务总局发出《关于物流企业大宗商品仓储设施用地城镇土地使用税政策的通知》，对大宗商品仓储设施用地土地使用税实行减半征收；2012年4月，交通运输部等5部门下发通知，明确提出严禁随意变更政府还贷公路属性、违规转让为经营性公路；2012年6月，商务部出台《关于推进现代物流技术应用和共同配送工作的指导意见》，以完善城市共同配送节点规划布局，鼓励商贸物流模式创新，加快物流新技术应用步伐和加大商贸物流设施改造力度为目标……

(资料来源：http://www.chinawuliu.com.cn/zixun/201302/28/210918.shtml)

2. 物流金融对经济发展的推动作用

物流金融是传统物流业务的突破与创新，不仅能够将实务与金融要素进行有效结合，而且可以合理引导金融要素进行"活化"。这种合理的转化不但提高了储蓄和投资的总体水平，而且使储蓄通过适当渠道在各种投资方式中有效分配，从而提高了投资的效率，促进了经济增长；同时，物流金融也通过其独特的风险分担功能使物流业与银行业融合更好地为实体经济服务，真正实现商流、物流、资金流、信息流四流合一，进而保证了经济的平稳运行和发展。

(1) 物流金融通过"活化"金融要素、优化资源配置促进经济发展。

在现代经济增长中，有大约一半是因要素效率的提高引致的。物流金融可以通过改进投融资效率，提高各要素效率来促进经济发展。在促使要素效率提高的过程中，物流金融有时是独立起作用的，有时又是与其他因素结合在一起共同起作用的。

经济发展不仅要有资本投入量的提高，还要注重投入资本效率的提高。金融体系通过改进投融资效率，从而影响经济实体的产出结果。作为物流金融主体的市场如何以中介的身份帮助物流企业较好地实现融资目的，如图1-2所示。

图1-2 融通资金关系流程

【知识拓展】

我们知道这样一个事实，任何金融交易都涉及时间，因此，当交易各方进行交易时，任何金融交易都必须建立某种关系。例如，一个企业出售债券给投资者，投资者就会变成企业的利益相关者，但这是一种相当松散的关系。一方面，市场上存在大量的投资者，他们可以在任何时间出售他们的债券，因此他们几乎没有积极性去监督企业，企业也没有积极性去接触他们。另一方面，如果企业从银行获得一笔贷款，那么一种不同的关系会建立起来。它是一种一对一的关系，并且更可能是一种长期关系。它也可能是一种多维关系，因为银行可以提供许多不同的服务给企业，这就给银行一个搜集有关企业信息的机会。相对市场而言，对一个长期、多维且一对一的关系条件下的合同的再谈判要比针对一个市场关系的再谈判更容易些。因此，所获得的效率也越快，风险也降低了，同时还打破了社会的、场所的和空间的间隔。这一结果就是，冗繁的中间环节减少了，流通加快了，经济得到了高速、有效和良性的发展。

然而，物流企业的网络化发展及其对资金信息的实时控制，依赖于银行机构为其提供完善的资金结算平台和便利的资金结算服务，以保证物流、商流、信息流和资金流的高效与统一，从而完成资金流的归集。由于物流企业在日常经营中多是采用汇兑、银行托收、汇票承兑、信用证等结算工具，这必将增加银行的资金结算、资金查询、票据承兑等中间业务，同时物流企业在运营过程中会产生大量稳定的现金流，银行可以利用自身的资金管理优势，为物流企业提供高效的理财服务，从而获得可观的理财收入。这一切都将增加银行的中间业务收入，改善其收入结构，从而为金融创新和金融发展打造空间。

【实例 1-5】

资源配置是推动生产率提高的重要外部因素，而物流金融的一个重要功能就是资源的优化配置。举例来说，利用新电子技术进行金融服务创新，加快金融电子化步伐，提高支付结算系统的现代化程度，建立适应物流业务发展的结算系统，推进票据清算自动化系统、管理信息系统、外汇业务系统等重点应用系统的开发，实现金融业务处理电子化、资金汇划电子化。这些都有助于提高物流企业的支付结算效率，做到优化配置资源，促进经济不断向前发展。

现代国际银行业的发展趋势是，中间业务收入已经成为银行收益的主要来源，存贷款利差收入只占银行收益的很小比例。而在我国，由于国有银行体制改革尚未完成，监管模式相对落后、监管效率低下，所以中间业务收入在我国银行收益中所占的比重较小，这就极大地限制了国内银行同外资银行的竞争能力。

(2) 物流金融通过对技术进步的贡献促进经济发展。

科技发展日新月异，技术进步是生产率提高的最主要的动力。一方面，现代物流是一个以供应链一体化为核心的社会大系统，涉及社会经济生活的多个方面，涵盖了运输业、邮政业、仓储业、装配业、流通加工业、电子通信业等多个产业。这些物流相关产业的发展涉及很多前景良好的重大工程、重大投资；而物流企业本身对原有的运输工具、技术装备等进行更新改造时也需要大量资金投入，这都会为金融业的发展带来较大的信贷需求，扩大了银行业的信贷投向。

另一方面，银行作为资金流动的枢纽，在同物流企业建立长期稳定业务关系的同时，还可以提供延伸服务，拓展与物流企业相联系的上下游优质企业，使得生产厂商、物流企业、零售商或最终消费者的资金流在银行体系内部实现良性循环，实现供应链、需求链和价值链的有机结合和有效运转。物流金融的优势在于信息的获取比较经济，当存在着广泛一致时，这种授权运作良好，能够带来相当大的节约，从而减少社会总成本，大大降低物流费用在 GDP 中所占的比例。

(3) 物流金融通过提供风险分担机制稳定经济发展。

全球化、信息化引领各国走进新经济时代。在这个时代，经济发展的含义不再是简单的追求经济增长，而是从更广义的角度揭示各种经济结构的协调和优化，其中风险的防范是经济发展的重要一环。现代物流的高速发展，需要依靠强有力的风险分担，而物流金融既可以提供风险分担的方法，又是风险分担的核心，能够实现跨部门风险分担与跨期风险分担。

在从原材料到产品的最终使用者手中的整个供应链过程中，物流企业发挥着越来越重要的作用。但是，由于我国处于转轨过程中，企业体制改革尚未完成，国家相关立法工作相对落后，这就造成了物流企业与生产企业在各自的义务和权利方面出现"模糊边界"。本来属于生产企业的责任与义务，现在却转移到了物流企业身上，造成了物流业整体经营风险的增加。目前，在如何为物流公司提供责任风险保障方面，仍缺少完整的保险解决方案。尽管很多地方在实行物流链条环节中的货运代理人责任保险等，但这些方案都没有涵盖整个物流过程，没有着眼于物流企业所面临的整体风险。长期以来，金融市场的主要功能之一就是分散风险。发达的金融市场能够为物流企业提供多种金融产品和金融工具，如进行融资租赁、分级信用管理、仓单质押或加快保险品种开发等，从而提供一个涵盖物流链条各个环节的、完整的物流金融解决方案，有效帮助物流公司防范风险，以缓解物流企业自身承载的风险压力。

总之，国家经济的更好发展正是依赖于物流金融为国家经济提供的这些功能；而物流金融只有适应了一国的经济结构才能最大限度地发挥自身功能，为经济发展服务。

【知识拓展】

根据国家发展改革委、国家统计局和中国物流与采购联合会联合发布的数据显示，2011年全国社会物流总额158.4万亿元，同比增长12.3%；国内物流业增加值为3.2万亿元，同比增长13.9%；全国社会物流总费用8.4万亿元，同比增长18.5%。[1] 2012年全国社会物流总额177.3万亿元，同比增长9.8%；物流业增加值3.5万亿元；全国社会物流总费用9.4万亿元，同比增长11.4%。[2]

从上述数据可以看出，我国物流业运行形势总体良好，社会物流总额和物流业增加值均保持较快增长，但社会物流总费用依然偏高，物流企业经营状况尚未明显好转。

物流金融在宏观经济结构中的作用表现为在国民经济核算体系中，它对提高流通服务质量，降低物资积压与消耗，加快宏观货币回笼周转起着不可取代的杠杆作用。在微观经济结构中的功能突出表现为物流金融不仅能为客户提供高质量、高附加值的物流与加工服务，还能为客户提供间接或直接的金融服务，以提高供应链整体绩效及客户的经营和资本运作效率等。

随着中国市场经济对于整体提高物流行业服务水平的需求日益强烈，而要满足经济发展的需求，提高物流企业的服务水平和核心竞争力，又离不开金融业的大力支持。如果将物流比喻成经济发展的"动力机"，那么金融支持就是物流业发展的"安全阀"。

---

[1] 中国人民共和国国家发展和改革委员会. 2011年全国物流运行情况通报，http://www.sdpc.gov.cn/jjxsfx/t20120213_461471.htm.

[2] 中国物流与采购联合会. 2012年全国物流运行情况通报，http://www.chinawuliu.com.cn/lhhkx/201302/26/210410.shtml.

1.3 物流金融的基本概念

1. 概念界定

物流金融是金融服务和物流服务相互集成的创新综合服务,是在面向物流业的运营过程,通过应用和开发各种金融产品,有效地组织和调节物流领域中货币资金运动的服务。这些资金运动包括发生在物流过程中的各种存款、贷款、投资、信托、租赁、抵押、贴现、保险、有价证券发行与交易,以及金融机构所办理的各类涉及物流业的中间业务等。

从广义上讲,物流金融是指以中小企业为主要服务对象,主要为供应链上下游中小企业服务,但同时也包括为物流行业中自身存在融资缺口以及需要保险等服务的小微物流企业和物流园区等平台载体提供服务。而从狭义上说,物流金融主要是针对中小企业缺乏固定可抵押资产的状况而设计的融资服务。

2. 运作原理

物流金融运作的基本原理是:生产经营企业先以其采购的原材料或产成品作为质押物或反担保品存入第三方物流企业开设的物流仓库中,并据此获得协作银行的贷款,然后在其后续生产经营过程中或质押产品销售过程中分阶段还款。第三方物流企业提供质押物品的保管、价值评估、去向监管、信用担保等服务,从而架起银企间资金融通的桥梁。另外,物流金融还涉及物流企业自身开展融资活动的业务运作模式。

3. 服务内容

随着现代金融和现代物流的不断发展,物流金融的形式也越来越多。而服务产品创新作为推动物流金融业务健康、持续发展的重要推力,唯有不断创新,才能为物流金融领域注入新的活力。按照物流业及其服务的客户与信贷市场、资本市场和保险市场融合发展的业务内容,物流金融可分为物流银行、物流投行、物流保险 3 类基本服务创新模式,如图 1-3 所示。

1) 物流银行

(1) 物流结算。物流结算是指利用各种结算方式为物流企业及其客户融资的金融活动。目前主要有代收货款、垫付货款以及贸易执行等业务形式。

① 代收货款业务。代收货款业务是物流公司为企业(大多为各类电子商务公司、商贸企业、金融机构等)提供传递实物的同时,帮助供方向买方收取现款,然后将货款转交投递企业并从中收取一定比例的费用。

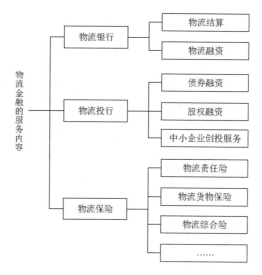

图 1-3 物流金融的服务内容

② 垫付货款业务。垫付货款业务是指当物流公司为发货人承运一批货物时,物流公司首先代提货人预付部分或全部货款;当提货人取货时则交付给物流公司全部货款。

③ 贸易执行业务。贸易执行业务是物流结算业务的延伸和拓展,公司在业务中仅充当了"贸易执行者"的角色而非实际的贸易参与方,是资金服务、物流服务、信息服务、商务订单服务的融合,真正实现了四流合一。当下最为普遍的服务方式为采购执行和销售执行。国内多家企业已纷纷试水,比较成功的企业有怡亚通、飞马国际、江苏飞力达等。

(2) 物流融资。物流融资主要分为两类:为供应链上下游中小企业服务的供应链融资和改善物流行业自身融资缺口的物流融资。仅以质押监管融资业务为例,据统计,全国全年此项贷款额度可达 1.5 万亿至 2 万亿元。

2) 物流投行

物流投行是物流企业通过资本市场进行的直接投融资业务模式,主要分为以债券市场发行债券为依托的债券融资、以股票市场发行股票为依托股权融资等资本市场直接融资业务以及物流企业对有核心竞争力的中小客户提供"创投"等股权投资服务。

3) 物流保险

从宏观上来讲,物流保险就是一切与物流活动相关联的保险,即物品从供应地向接收地的实体流动过程中对财产、货物运输、机器损坏、车辆及其他运输工具安全、人身安全保证、雇员忠诚保证等一系列与物流活动发生关联的保险内容,其中还包括可预见的和不可预见的自然灾害,主要包括物流责任险、物流货物保险和物流综合险。除此之外,物流企业在自身融资中可以利用的信用保险以及小微企业保证保险亦应纳入物流保险的范畴。

本 章 小 结

物流业是国民经济的基础产业,随着社会商品交易规模的扩大和消费金融的发展,物流领域成为下一个积累数据和衍生金融属性的行业;现代金融的发展对物流有保障、监督、推动、支持作用;而金融业要强化服务物流业的意识,深化改革,完善机制,适应高效化物流,创建新型金融运行机制,从而适应全球化物流,形成新的金融竞争格局。只有这样,才能真正实现现代金融业与物流业共同发展,才能做到真正的"双赢"。

本章从物流金融的产生背景、与经济发展的关系以及基本概念与结构要素 3 个方面对物流金融进行了全面的了解,是物流金融基本理论的概括性梳理,为今后系统学习物流金融的理论与实务知识奠定基础。

课 后 习 题

一、选择题

1. 制约中小企业发展的主要瓶颈是(　　)。
   A. 信用等级评级普遍较低　　　　B. 可抵押资产少
   C. 财务制度不健全　　　　　　　D. 融资难
2. 按照金融在现代物流中的业务内容,物流金融分类不包括(　　)。
   A. 物流银行　　　　　　　　　　B. 物流投行
   C. 物流结算　　　　　　　　　　D. 物流保险
3. 物流银行业务主要包括(　　)。
   A. 物流融资　　　　　　　　　　B. 物流投行
   C. 物流结算　　　　　　　　　　D. 物流保险

二、名词解释

1. 物流金融
2. 贸易执行
3. 物流保险
4. 物流投行

三、简答题

1. 简述物流金融产生的背景。
2. 简述物流与金融相结合的必然性和前提条件。
3. 简述物流金融对经济发展的推动作用。
4. 简述物流金融的运作原理。

四、案例分析

2011年下半年以来，浙江经济转型升级步伐加快，受诸多因素影响，一些企业特别是中小微企业经营困难，效益下降，偿债能力减弱。企业资金链担保链风险开始向银行系统传导，银行业不良贷款余额和不良贷款率连续14个月"双升"。民间融资活动引发局部金融风险，部分地区出现中小微企业资金链担保链风险蔓延的趋势，陆续出现企业主"跑路"现象。

据统计，2012年浙江省法院共受理企业破产案件143件，同比上升85.7%。破产企业资产总额120亿余元，负债总额243亿余元，涉及企业职工1.1万余人；审结企业破产案件89件，同比上升64.8%。截至2012年年底，全省受理过企业破产案件的法院已达71个。

另外，在2012年新收企业破产案件，中小微企业占90%以上。我们知道，小微企业进入破产程序增加，一方面表明基层法院企业破产审判工作的推进；另一方面，也反映了企业资金链担保链风险朝小微企业传导、扩散的趋向。然而，对于浙江这样一个以民营经济为主，且中小微企业居多的省份，企业主仅认识到破产意味着倒闭，而对于破产及其程序却并不了解，更多的是将企业破产与个人负债相混淆，从而产生了众多企业主出逃躲债的情况。

2013年以来，浙江法院金融纠纷案件继续保持上升趋势，新收金融借款合同纠纷7 721件，上升38.62%，涉案标的228.77亿元，上升95.3%，金融纠纷收案集中在杭州、宁波、温州、台州4个地区，占收案的63%。据悉，浙江高院将会同相关行业协会加强破产保护文化的宣传，适时出台企业破产案件简易审的规范性文件，并以简易审为抓手，推进企业破产案件规范化、常态化和法治化审理。

现在看来，"倒闭潮"的论调虽然言过其实，但融资难、贷款成本高以及民间借贷风险大，的确已成为困扰浙江中小民营企业发展的主要因素。目前中小企业面临的基本约束也是来自原材料、劳动力成本、资金成本等因素，归根结底为转型压力。

浙江企业在转型过程中规模有大小，起步有先后，应该认清自身的情况和条件加以区分应对。对有一定经济实力和良好基础的传统制造业企业而言，转型升级无疑是第一要义；对于实力雄厚而行业前景良好的企业，现在是一个发展的机遇，要围绕技术、品牌、渠道及产业链建设，参与市场整合，提升市场竞争力，壮大发展自己；而对于缺少资金实力、缺乏技术创新能力和缺乏市场开拓能力的小企业，停工歇业、保存实力也不失为一种策略选择。

(资料来源：浙江破产企业中小微占九成，民营经济如何逆转乾坤？时代光华，2013-05-07. http://www.hztbc.com/news/news_28882.html)

思考题：

浙江省经济转型以来，出现了"跑路""倒闭潮"等现象，谈谈你对此类问题的产生与解决措施的看法？

第 2 章　物流金融国内外实践

教学目标

- 了解国内外物流金融产生的原因；
- 熟悉国内外物流金融发展概况。

【案例导入】

华南某数字多媒体公司 ODM/OEM 厂商，拥有厂房占地面积约 13 万平方米，原有研发设计人员及员工约 5 000 名，年产蓝光 DVD 等数字多媒体视听和娱乐产品 1 000 多万台，产品主要销往欧美、日本、非洲等国。而 2008 年金融海啸发生后，由于国际订单减少，产能严重过剩，公司大量裁员，资金周转困难，财务供应链面临断裂局面，经营陷入困境。

2009 年年初，企业接到一宗国外采购特大订单，这笔订单毛利率较高，完成这笔订单，就可以大大缓解其经营困境。然而，企业财务总监王总跑了 10 余家银行，却没能解决其采购生产资金的问题。正当王总为资金伤透脑筋的时候，王总接触到了年富公司。

在了解企业的问题与需求后，年富进行了深入分析，发现该企业虽然目前经营比较困难，但是这种困难只是暂时的，企业仍具有诸多竞争力，只要对其供应链体系进行适当的调整优化，同时解决其资金问题，企业后续完全可以继续健康发展。

经过年富供应链专家的对症下药，设计了针对性的供应链管理优化方案(如图 2-1 所示)，主要包括以下两个方面内容：

1. 客户的问题与需求

年富公司对企业的问题与需求进行了深入分析，将企业面临的问题与需求总结如下：

(1) 客户资金不足，希望协助解决采购资金；
(2) 希望提供财务供应链成本、效率分析与优化服务；
(3) 希望提供采购代理、物流、报关及商检等配套服务；
(4) 希望在供应链规划设计和提供增值服务上有更深层次的合作。

2. 年富一体化供应链服务预期成果

(1) 利用年富的资源、技术和一体化供应链服务平台，在解决客户资金短缺和产能过剩等实际困难的同时，为客户提供专业、高效的物流、通关、商检、信息处理等配套服务；
(2) 帮助客户实现从采购、生产到交货全过程的实时控制，提高运作效率；
(3) 利用年富专业团队在生产、管理技术等方面的专长，帮助客户提高生产计划、现场管理、品质管制等运作水平，有效放大产能；
(4) 与客户深度合作、及时沟通、解决问题，保证按质按时交货，并确保按时向客户收回货款；

(5) 利用多种财务、金融工具和风险管控手段和技术，有效规避了整个运作过程中的各种风险。

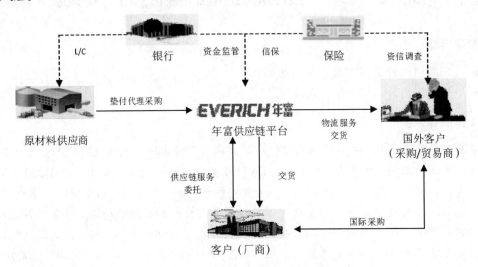

图 2-1　年富供应链管理优化方案

经过年富的一揽子供应链方案，该企业不仅成功执行了该大订单，而且在年富的供应链解决方案的促进下，业务快速发展，经营成本大幅降低。到 2011 年年底，业务规模和利润均增长了将近 70%。

(资料来源：一体化财务供应链——中国首家财务供应链服务商的创新实践，2011 年中国供应链金融峰会)

想一想：

该华南数字多媒体公司与年富公司的战略合作可以给我们带来哪些启示？

20 世纪初，伴随着银行、期货等行业的发展，存货质押融资业务的雏形就已经出现。80 年代以来，存货质押融资、应收账款融资、预付款融资等融资形式，以及与结算、保险等金融活动的结合，在保证物流在整个供应链上无缝化运作的过程中起到了重要作用。如今，物流金融对物流企业、金融机构、供应链服务商等而言已不是陌生概念，银行系统针对供应链环节的金融服务已越来越成熟，越来越多的供应链企业将物流金融作为企业融资及发展的重要手段。本章系统梳理国内外物流金融的发展实践，为物流金融进一步发展提供实务基础。

2.1 国外物流金融发展概况

2.1.1 国外物流金融的源起

物流和金融的最早融合可追溯到公元前 2400 年美索布达米亚的"谷物仓单",保理作为供应链金融中的基础性产品,在几个世纪以前的西方国家就已经很常见了。由于出现流动性问题的供应商往往以很低的折扣将应收账款出让给金融机构或其他第三方,但这种保理常常是趁火打劫式的(Busch, 2006)。同样,在《统一商法典》出台之前的 19 世纪,美国就出现了存货融资市场。

随着银行、期货等行业的发展,在 1905 年的俄国沙皇时代,出现了以"谷物抵押"贷款为代表的货物质押贷款业务。1916 年,美国以政府为基础颁布了《仓储法案》(*U.S. Warehousing Act*),并以此为基础建立起一整套为家庭式农场融资的"仓单质押"系统规则,明确了仓单标准,建立了社会化的仓单系统,带来了以农产品为代表的各类仓单①的广泛签发和流通,增强了存货的流通性,促成了业务的进一步发展。

现代意义上的供应链金融概念,发端于 20 世纪 80 年代,深层原因在于世界级企业巨头寻求成本最小化冲动下的全球性采购和业务外包,供应链管理的概念应运而生。此后,随着供应链管理受到越来越多的重视,供应链中物流、信息流的融合在很大程度上得到发展。随着越来越多的中小企业的加入,供应链趋于复杂,离岸外包活动导致的供应链整体融资成本问题,以及部分节点资金流瓶颈带来的"木桶短板"效应,实际上部分抵消了生产的"成本洼地"配置带来的最终成本节约,资金流的管理被提上日程。随着财务供应链管理的价值发现过程逐渐深化,供应链金融的概念开始浮出水面。

经过 20 余年的不断实践,国外在供应链金融方面已经形成了较为成熟的体系,运作模式不断创新,业务蓬勃发展。国外供应链金融的发展主要体现在两个方面。一方面,是金融供应链(financial supply chain),银行占主导地位,它们通过自身在供应链资金流管理的专业优势,帮助供应链协调物流、资金流、信息流的管理,以提高供应链的效益和竞争力为目标。金融供应链不仅帮助供应链解决资金流、物料流中供应和需求不匹配的风险,还强调应用电子支付的手段以降低供应链中资金流运作成本,同时还帮助供应链解决信用风险、汇率风险等。另一方面,是物流金融的发展,主要是指 3PL 企业通过下属的金融公司和专业物流公司共同合作为供应链提供物流和金融集成式的物流金融服务。

---

① 这种仓单既可以作为结算手段,也可以用来向银行申请贷款。

【知识拓展】

俄国沙皇时代的"谷物抵押"业务

农民在丰收季节市场价格低时,将大部分谷物抵押给银行,用银行贷款资金投入后续的生产和生活。待市场价格回升后,再卖出谷物归还银行本金和利息。由此,农民可以获得比收割季节直接卖出谷物更高的利润。这种做法在缓和农产品市场价格的波动方面也起到了一定作用。

2.1.2 国外物流金融业务概况

近年来,不管是作为供应链核心的大型制造企业,或是承担供应链整体物流业务的大型物流企业,又或是承担供应链资金流服务的金融企业,都在积极参与物流与供应链金融活动中强化了自身的竞争优势,巩固了强者的地位,同时也分享了巨大的利润。我们对开展物流与供应链金融的银行与企业进行了粗略的统计,汇总结果如表 2-1 所示。

表 2-1 国外开展物流与供应链金融的银行与企业一览表

分 类	类 型	名 单
开展物流与供应链金融业务	银行	法国巴黎银行、荷兰万贝银行、荷兰银行、美国花旗银行、墨西哥国家金融开发银行、摩根大通银行、东亚银行、汇丰银行、渣打银行、恒生银行等
	企业	GE 和太平洋资产融资公司、美国罗森塔尔公司等
	物流企业	UPS、马士基、DHL 等
物流与供应链金融业务作为战略选择	物流企业	UPS、马士基等

对其中的代表性金融机构和物流企业的物流金融实践进行梳理汇总得到的结论如表 2-2 所示。

表 2-2 国外代表性银行和物流企业的物流金融实践一览表

类 型	名 称	开展业务内容	效益影响
银行	墨西哥国家金融开发银行	"生产力链条"计划:通过在线方式为中小企业提供保理服务,构筑大买家和小供应商之间的低交易成本和高流动性的交易链	①降低小供应商的融资成本;②电子交易平台压缩了成本,提高了交易效率

续表

类型	名称	开展业务内容	效益影响
银行	摩根大通银行	通过收购物流公司 Vastera，组建物流团队，为供应链和分销链提供金融服务支持，实现"实体供应链和金融供应链的联姻"	通过整合不同平台，实现互补，创造合力，提高企业的核心竞争力
大型企业	GE 和太平洋资产融资公司	存货代占解决方案：GE 推出的贸易分销服务、太平洋资产融资公司的存货盘活服务，安排运输、储藏和清关	供应商以低于一般流动资金贷款的利率获得融资，减轻由买卖双方融资成本差异带来的流动资金压力
大型企业	美国罗森塔尔公司	应收账款贷款融资业务：对应收账款贷款客户建立评价标准，实行评价体系	有力地控制了融资的风险，保证了应收账款融资业务的顺利开展
物流企业	UPS	1998 年，UPS 收购美国第一国际银行，成立 UPSC 开展物流金融服务包括：支付、预付货款、开具信用证、兑付出口票据等	通过运输、IT 系统和 UPSC 来实现对物流、信息流和资金流的控制，提高企业的竞争力，创造经济效益

2.1.3 国外物流金融业务案例

在国外，物流金融业务应用范围最广的地区是北美(美国和加拿大)以及菲律宾等地。以美国为例，其物流金融的主要业务模式之一是仓单质押，仓单既可以作为向银行贷款的抵押，也可以在贸易中作为支付手段进行流通。它的物流金融体系是以政府为基础的，这样不仅提高了运营系统的效率，而且降低了营运成本。以下通过一些实例来反映国外物流金融的实践成果。

1. 美国联合包裹速递服务公司(UPS)

美国联合包裹速递服务公司(UPS)1907 年成立于美国华盛顿州西雅图，历经近百年发展，成为拥有 300 亿美元资产的全球性大公司。作为世界上最大的快递承运商与包裹递送商，UPS 也是专业的运输、物流、资本与电子商务服务的提供者。

自 20 世纪 90 年代以来，UPS 的发展动向凭借其供应链解决方案而备受关注。供应链解决方案是一个流线型组织，能够提供货物配送、全球货运、金融服务、邮件包裹服务和业务拓展咨询等一揽子服务方案，从而真正实现货物流、信息流和资金流的"三流合一"。在该方案的形成过程中，物流金融模式的引入堪称典范。下面将主要介绍 UPS 物流金融的发展历程。

1) 准备阶段

UPS 开展的物流金融业务在世界各地已成为一种成功的范例。UPS 引入物流金融的前期准备，花费了约 10 年时间，分为两个阶段才真正地把金融资本融入物流产业资本中。

(1) 通过货物流的扩张带动信息技术的创新。

在 UPS 快速发展过程中，日益增长的客户需求以及繁重的服务工作量使得 UPS 不得不发明新技术来提高效率，并且保持价格竞争性和提供新的产品搭配。通过巨额资金的投入，UPS 技术创新得到了很快的发展，将货物流和信息流充分地结合，从而为后来物流金融模式的引入提供了科技条件和坚实的物质基础。

(2) 货物流和信息流的成熟催生物流金融模式。

尽管 UPS 的核心业务是货物和信息配送，但为了企业的可持续性发展，UPS 希望摆脱这种结构单一的物流运作模式。通过开展广泛的市场调研，UPS 发现对卡车运输、货贷和一般物流服务而言，激烈的竞争使利润率下降到平均 2% 左右，且没有进一步提高的可能性；而对供应链末端的金融服务来说，由于各家企业涉足少，目前还有广阔空间，UPS 开始调集核心资源向这一新领域迈进，战略性地重组公司。在随后的发展过程中，UPS 通过成立 UPS 物流公司、在纽约证券交易所上市、成立 UPS 资本公司、成立 UPS 供应链解决方案公司等措施，成功将其业务扩展到以物流、金融、供应链咨询为核心的全方位第四方物流管理，并且还可以为中小企业提供信贷、贸易和金融解决方案。

2) 实施阶段

UPS 物流金融模式的实施主要是通过 "金融机构内部化" 实现的。利用已并购的银行在中小工商企业方面富有经验的信贷销售能力，UPS 资本公司获得了丰富的客户资源。同时，UPS 的客户受惠于其并购银行提供的多种金融产品，从而增加了 UPS 的资金周转率和存货周转率，提升了销售业绩。

金融服务确实为 UPS 及其客户提供了很多实惠：

(1) UPS 资本公司通过整合供应管理和供应链融资为各个部门提供流动资金。

(2) 全球化贸易信贷，根据发票价值预付资金，并承担托收责任，从而让商家有更多机会从事记账销售并扩大出口业务。

(3) 租赁，有利于保全资金和购买信用，并使公司无须购买可能过时的长期设备。

(4) 支付解决方案，将 UPS 的运输过程及接收货物的证实过程同发票、支付方式及发票纠纷的解决办法等连接在一起，从而将 B2B 电子发票及支付过程提高到一个新的水准。

以垫付货款模式为例：当 UPS 为发货人承运货物时，首先代提货人预付一半货款，当提货人取货时则交付给 UPS 全部货款。UPS 将另一半货款交付给发货人之前，就产生了一个资金运动的时间差，资金就有一个沉淀期。在沉淀期内，UPS 等于获得了一笔无息资金。UPS 用这无息资金从事贷款，贷款给 UPS 的客户或与快递业务相关的主体。于是，这笔资金不仅充当了支付功能，还具有了资本与资本运动的含义。1998 年 UPS 就专设投资公司为客户提供分销金融服务。不仅加快了客户的流动资金周转，改善了客户的财务状况，还为客户节约了存货成本和运作物流服务网络的成本。

2. 摩根大通银行

2005年，摩根大通银行收购了一家物流公司 Vastera，并在亚洲组建了一支新的物流团队，专门为供应链及代理商销售业务提供金融服务和支持。此举被行业内专家誉为"实体供应链和金融供应链的联姻"。

作为世界上最大的现金管理服务商，摩根大通银行的资金清算部门在全球的美元清算业务中拥有举足轻重的地位，而现金管理与贸易融资业务是两项相辅相成的银行业务。JP Morgan Chase Vastera 公司提出的价值宣言是：为进出口商提供一站式服务，妥善解决跨境货物运输中日益增加的各种挑战和风险。在为全球供应链中主要的支付交易包括收付货款、支付运费、支付保险费、支付关税等提供服务的过程中，摩根大通银行可以自动获得各类金融贸易数据。而利用运输单据制作和管理的自动化，Vastera 固有的流程和技术有力地支持了"实体货物"的跨境流动。

这项收购通过提高货物运输信息的可视度为整条供应链提供更高水平的金融工具和更多的融资机会。跨行业的并购打破了厂商、物流公司、银行通过互不关联的系统及流程分别独自参与供应链中货物或资金流动的局面。通过整合不同的平台实现互补、创造合力，摩根大通银行有望在国际供应链融资领域获得重大突破。

这次并购对于银行业在国际贸易融资领域的创新启示是不容忽视的。与战略并购相对应，亦有不少银行选择将贸易融资的后台操作外包，以集中更多的资源强化贸易融资业务中的核心部分。例如，英国巴克莱银行与荷兰银行签署了特殊协议，将其贸易服务操作业务外包给荷兰银行处理，自己则保留了与客户联络、客户关系管理、客户数据分析等功能，通过后台操作外包提高运营效率，降低操作差错，增加操作风险的可控性，从而可以集中更多的精力开展贸易融资技术平台的构造，提高在服务及客户关系管理方面的核心竞争力。

2.2 国内物流金融发展概况

2.2.1 国内物流金融的源起

国内物流金融业务出现的历史，以存货抵押贷款为例，按照有据可查的资料，最早可以追溯到20世纪20年代的上海银行。[①]

20世纪90年代末，物流金融业务在国内逐步兴起，最初是一些外资银行与国际知名物流公司的中国机构合作，为跨国公司及部分中资企业提供仓单融资业务。例如，汇丰银行、花旗银行、渣打银行等国际金融大鳄都将战略瞄向了中国供应链融资市场，并将其作为占

---

① 深圳发展银行，中欧国际工商学院——"供应链金融"课题组. 供应链金融——新经济下的新金融[M]. 上海：上海远东出版社，2009.

领中国市场的捷径。

2000年以后，部分中资银行试探性介入，融资产品也由单一仓储融资逐渐发展到商品贸易融资。但总体而言，业务仍处于零散状态，未得到广泛关注。2005年以来，物流金融业务一改以往小心摸索的局面，出现了一个快速发展期，国内商业银行才开始涉足物流金融业务。

时至今日，包括四大行在内的大部分商业银行都推出了具有各自特色的供应链金融服务，如深圳发展银行的供应链金融、招商银行的电子供应链、华夏银行的融资共赢链、浦发银行的浦发创富、中国银行推出一项通过买方授信额度为卖方融资的供应链融资新服务项目——"融易达"、光大银行推出以中小企业为主要融资对象和以解决中小企业融资难为目标的"金色链融资"等。

物流金融是一种横跨金融和物流两个领域的交叉业务。由于经营范围的限制，在我国还无法出现像UPS这样的一体化的物流金融服务，金融机构主要通过与物流公司合作开拓物流金融业务。

【知识拓展】

目前，国内形成了3个层次的物流金融服务商：

第一层次是物流金融服务的领军企业，主要是中国对外贸易运输(集团)总公司、中国远洋物流有限公司和中国物资储运总公司3家国有大型物流企业，这3家企业都在总部设立物流监管部门，负责组织管理、市场推广、业务创新和技术支持，在各地分支机构建立了专业的监管队伍，业务覆盖全国，公司实力雄厚、偿付能力强。

第二层次是以广东南储仓储管理有限公司、浙江省物产集团公司等为代表的区域性中型的物流公司，其中南储等少数几家中型民营物流监管公司市场嗅觉敏锐，服务意识好，监管制度比较完备，在监管队伍专业化和信息化管理等方面与三大公司相仿，且在一些区域市场具备业务优势，其弱点在于资产实力相对较弱，偿付能力较差。而以浙江物产和湛江港务局等为代表的具有国有背景的区域性物流监管公司凭借其较好的仓储优势、客户资源和较强的资产偿付能力正在一些地区迅速发展。

第三层次是一些中小监管公司，以民营为主，经营灵活，主要是服务当地银行，但资产规模很小，管理的服务性和专业性较弱，一旦发生违约偿付能力很低。

随着物流金融业务不断得到市场认可，物流监管的专业化和信息水平不断提高。中远物流等公司还依托其强大的网络优势和搬运技术等研发了海陆仓、全程监管的服务品种。物流监管业务向大中型物流企业集中的趋势正在形成；物流监管的专业化为物流金融的深入发展提供了保障。

2.2.2 国内物流金融业务概况

国内物流金融最初起源于银行金融业务的创新实践，推动创新的基本动力是广大中小企业迫切的融资需求。近年来，国内经济的发展和企业融资的迫切需求为物流金融的发展提供了内在动力。和国外相比，它们虽然起步较晚但发展较快。对开展物流与供应链金融的银行与企业进行粗略的统计，得到结果如表 2-3 所示。

表 2-3　国内开展物流与供应链金融的银行与企业一览表

分类	类型	名单
开展物流与供应链金融业务	银行	中国工商银行、中国建设银行、中国银行、中国农业银行；平安银行、广州发展银行、招商银行、中信银行、北京银行、上海银行、华夏银行、民生银行、中国光大银行、交通银行、兴业银行、上海浦东发展银行、浙商银行等
	企业	建发股份、利丰商行、澳洋顺昌等
	物流企业	中储、中外运、中远物流、怡亚通、越海全球物流、飞马国际等
物流与供应链金融业务作为战略选择	银行	中国工商银行、中国建设银行、平安银行、广东发展银行、招商银行、中信银行

对其中的代表性金融机构和物流企业的物流金融实践进行梳理汇总得到的结论如表 2-4 所示。

表 2-4　国内代表性银行和物流企业的物流金融实践一览表

类型	名称	开展业务内容	效益影响
银行	上海浦东发展银行	"供应链融资"的整体服务解决方案： ① 在线账款管理方案； ② 采购商支持方案； ③ 供应商支持方案； ④ 区内企业贸易融资方案； ⑤ 船舶出口服务方案； ⑥ 工程承包信用支持方案	以领先的平台和服务理念为企业解决账款管理难题，为采购商、供应商解决在采购、销售过程中的各种问题，紧密上下游的银行支持方案
	广州发展银行	物流银行业务：以授信为主体，集融资、结算、贴现等业务于一体的综合类金融产品	达到银行、厂商、经销商、物流公司"四方共赢"
	招商银行	"电子供应链金融"：基于其技术平台的优势，通过互联网服务平台，银行通过一系列电子化金融衍生产品紧密联结供应链核心企业及其上下游企业	基于电子银行的供应链金融服务，可以实时传递业务处理信息，提升供应链上关键环节的业务效率

续表

类型	名称	开展业务内容	效益影响
银行	华夏银行	"融资共赢链"： 共为七条链：未来货权融资链、货权质押融资链、货物质押融资链、应收账款融资链、海外代付融资链、全球保付融资链、国际票证融资链	充分挖掘企业之间的产业链、物流链和资金链关系，整合开发出的供应链金融新品牌，充分满足处于供应链上不同类型企业的各种金融需求
物流企业	中国物资储运总公司	① 1992 年开始尝试，并于 1999 年正式开展仓单质押业务； ② 目前已与 20 多家金融机构合作，动产监管业务的融资规模超过 400 亿元	① 提高供应链运行效率； ② 控制银行贷款风险； ③ 发挥专业物流企业优势，打造供应链共赢

2.2.3 国内物流金融业务案例

与欧美发达国家相比，物流金融在我国仍是一个较新的商业活动。但供应链融资模式从诞生到现在，在短短的几年时间内，在国内的发展速度还是较快的。以下通过一些实例来反映国内物流金融的实践成果。

1. 中铁现代物流科技股份有限公司

中铁现代物流科技股份有限公司(以下简称"中铁现代物流")自 2006 年开展金融物流业务至今已有 6 年的历程。作为国内最大的商品车监管商，中铁现代物流近年来在金融物流领域不断锐意进取、开拓创新，从金融监管模式到采购执行业务模式，从生活资料到大宗生产资料，从单点单线到覆盖全国的金融物流网络服务体系，每一步都走得很坚实。中铁物流在金融物流领域之所以能有今天的成就，得益于其清晰的战略定位、业务模式的不断创新、丰富的金融资源、庞大的客户资源、完善的网络布局和健全的防控体系。

1) 战略定位清晰

从公司总体战略层面来讲，中铁现代物流把金融物流定位为公司的战略业务，认为金融物流可培养公司的核心监管能力、培养客户基础、能够作为战略切入点培育供应链物流业务，特别是在新版的战略规划中，公司又进一步把金融物流定位为"打造公司核心竞争力的关键业务"。

在业务板块战略层面，中铁现代物流提出在巩固和发展核心监管能力的同时要进一步提升采购执行能力，延展业务链，培育供应链一体化业务，巩固供应链集成服务能力，提出"打造国内大宗生产资料供应链融资领域领先的金融物流服务商"的宏伟目标。

总体战略层面和板块战略层面的定位为公司金融物流的发展指明了正确的方向，从公司总部到分子公司都满怀激情地投入到金融物流业务的开展中去。近几年来中铁现代物流的金融物流业务保持了较高的增长率。

2) 业务模式创新

中铁现代物流在稳定固有业务模式的同时，也在不断学习国际国内先进的金融物流业务模式、管理经验与思路，并结合国内企业生产经营的实际情况，推出了金融物流采购执行业务模式。同时，基于中铁现代物流现行贸易业务以及仓储、运输、装卸搬运、采购代理等单环节或多环节的客户，沿客户供应链向上下游延展，进行物流需求分析，进一步增加业务环节、延长业务链。还开展采购供应链一体化服务，解决了监管业务瓶颈，降低了银行风险，使中铁现代物流与传统物流商、采购商有了本质的区别，将服务范围扩大到融资企业的采购物流、生产物流和销售物流 3 个领域，建立起差异化竞争特质。

3) 金融资源丰富

金融物流业务的可持续发展离不开丰富的金融资源。中铁现代物流目前与多家银行签署了"总对总"战略合作协议，已经构成了以国有商业银行、全国性股份制银行、区域性银行和外资银行为框架的立体金融机构资源平台。

丰富的金融资源为公司金融物流业务的开展提供了具有竞争优势的授信额度，为多家企业解决了贷款难、融资难等问题，在促进这些企业能够顺利进行生产经营的同时也提高了自身的金融物流服务能力，并且进一步扩大了自身的金融物流业务规模。

4) 网络布局完善

中铁现代物流子公司主要分布在北京、上海、天津、广州、武汉、西安等全国主要枢纽城市，后又新增呼和浩特、南京和重庆 3 家分公司，使覆盖全国的网络体系继续得到完善和补充，多家分子公司将会进一步形成以点带面、多面联网的区域联动机制，进一步增强市场快速反应能力，进一步有效地降低运营成本。

5) 防控体系健全

中铁现代物流作为国内领先的金融物流服务商，公司自上而下都高度重视金融物流风险的防控工作，公司深入研究、审时度势、创造性地建立了全面风险管理体系。全面风险管理体系从事前控制、事中控制到事后控制，从对风险进行分类到建立公司监管业务风险事件库，从传统的风险防控方法到监管信息系统与银行信息系统的无缝对接，都严谨地显示出了全面风险管理体系的卓有成效，有效地防范了金融物流风险，从而使中铁现代物流在金融物流领域能够走得更加坚实，更加长远。

2. 平安银行(原深圳发展银行)

平安银行是最早开展供应链金融服务的国内银行，致力于成为中国本土最专业的供应链金融服务银行，其供应链金融业务的发展大致经历了 3 个时期：产品先导期——票据与货押、理念形成期——"1+N"、品牌建立期——深圳发展银行供应链金融。其发展大致经历了以下几个阶段。

2005 年，平安银行先后与国内三大物流巨头——中国对外贸易运输(集团)总公司、中国物资储运总公司和中国远洋物流有限公司签署了"总对总"战略合作协议，正式拉开了我国供应链融资活动的序幕。

2006年,平安银行在业内率先推出了"供应链金融"品牌,系统地对供应链中应收、预付和存货提出了结构性的解决方案。据统计,仅2005年平安银行探索的"1+N"供应链金融模式就为其贡献了2 500亿的授信发生额、0.57%的不良率,以及约25%的对公司业务利润贡献率。

2007年开始,平安银行开始全面启动供应链金融的线上化工程。其目标一是构建实时联动的产品作业流程管理系统,即银行内部系统和外联系统(包括第三方物流、B2B平台、海关、国库、外管等)的对接;二是产品作业流程管理系统与客户系统的对接;三是建立与业务系统关联的产品定价和考核系统。

经过不到10年的探索和实践,目前平安银行已经建立起供应链金融完整的运营体系,取得了良好的经济效益和社会效益,在产品创新上弥补了金融服务市场空白,大大提升了银行自身的竞争力。

本 章 小 结

综观国外UPS全球物流巨头以及我国本土上市物流板块企业,从大型国企中储股份到以深圳怡亚通等新兴供应链公司,再到传统行业中的建发股份,几乎无一例外纷纷转战物流金融业务,并且快速发展成为其最大的利润来源。国内大型物流公司,如中储、中外运长航、中远等均与金融机构合作开展了商品融资及物流监管业务。通过国内外物流金融实践的研究,我们可以得出以下结论:银行迫于竞争压力,需要对金融产品进行创新;而物流企业的蓬勃发展以及第三方、第四方物流服务方式的相继出现,为物流金融及供应链金融的发展提供了物流保障。

课 后 习 题

一、选择题

1. 物流和金融的最早融合可追溯到( )。
   A. 美索布达米亚的"谷物仓单"   B. 早期的保理业务
   C. 《仓储法案》   D. 俄国沙皇时代的"谷物抵押"
2. 现代意义上的供应链金融概念,发端于( )。
   A. 20世纪90年代   B. 20世纪80年代
   C. 20世纪70年代   D. 20世纪50年代
3. 供应链金融产生的深层次原因是( )。
   A. 供应链管理在企业间广泛应用

B. 中小企业的资金短缺

C. 世界级企业巨头寻求成本最小化冲动下的全球性采购和业务外包

D. 供应链上企业追求新利润源的途径

4. 国内物流金融最初起源于(　　)。

　　A. 银行金融业务的创新实践　　　　B. 物流企业的创新实践

　　C. 中小企业的实践创新　　　　　　D. 存货质押贷款的发展

5. 推出"融资共赢链"供应链金融服务的银行是(　　)。

　　A. 平安银行　　　　　　　　　　　B. 中国银行

　　C. 招商引商　　　　　　　　　　　D. 华夏银行

二、名词解释

1. 仓单质押
2. 金融供应链
3. "生产力链条"计划
4. 物流银行

三、简答题

1. 简述国外物流金融业务产生的原因与发展阶段。
2. 简述国内物流金融业务产生的原因与发展阶段。
3. 简述国内外各银行、企业在物流金融实践过程中所做的贡献。

四、案例分析

本章通过翔实的案例介绍了国内外物流金融实践的实践情况,例如摩根大通银行、平安银行等金融机构以及美国联合包裹速递服务公司、中铁现代物流科技股份有限公司等物流企业的实例。

思考题:

通过这些案例的学习,谈谈你对促进我国物流金融发展的看法和建议。

第3章 物流金融的现实需求与发展前景

教学目标

- 理解物流行业的产业特征与融资特征；
- 熟悉物流金融的市场需求情况；
- 了解物流金融的发展前景与发展趋势。

【案例导入】

供应链金融现状与需求调查

《首席财务官》杂志率先在国内启动了"2012 中国供应链金融现状与需求"的大型调查，力图以宽泛的客户端视角再度审视这个方兴未艾的企业金融服务领域。

报告中提到，从反映企业"三角债"问题的绝对指标看，当前企业间账款相互拖欠现象严重。截至 2012 年 3 月，全国工业企业应收账款为 7.12 万亿元，较上年同期增加 17.74%；"应收账款占信贷总额比重"为 12.47%，是自 2009 年以来同期最高水平。而更新的数据显示，2012 年 1—5 月，全国工业企业应收账款升至 7.54 万亿元。

报告还指出，企业货款回收困难，整体上回笼周期在拉长。2012 年 1—5 月，全国国有企业应收账款周转率为 4.9 次，比去年同期下降 0.32 次。分区域和行业来看，除河北、湖北、广东、海南、云南、新疆、西藏和陕西八省区及电力、烟草、物资、供销、餐饮、服务、金融等七大行业外，大多数省份和行业的企业应收账款周转率均较去年同期有不同程度下降。而账款拖欠现象严重、账款构成比例上升、账款周转率下降等问题，在设备制造等强周期行业更为突出。这些行业的上市公司应收、应付账款在 2012 年一季度显著增加：钢铁企业平均应收账款为 9.77 亿元，同比增加 39.19%；设备制造业企业平均应收账款为 40.5 亿元，同比增加 14.35%。上述行业的企业在货款被拖欠的同时，也开始拖欠其上游企业的货款，潜在的"三角债"危机已开始向上游企业蔓延。

而另据相关统计，截至 8 月 23 日，已公布中报的 1 437 家上市公司的应收账款整体规模达 8 039 亿元，较去年同期 5 550 亿元的规模激增约 45%。

相关数据显示，近 30 年来进化极其缓慢的既有的中国企业间结算体系已经在当前全球金融风险高发期千疮百孔了，供应链金融需要承担起亡羊补牢，甚至更新换代的重任。然而，目前国内供应链金融应用范畴不够广泛，仍然处于"以资产取人"的传统银行信贷层面，尚未充分发挥供应链本身蕴含的商流价值的外延空间。其次，当前供应链金融尚未触及商业本质，即目前供应链金融本身的着眼点还在于银行而非供应链本身。再次，由于应用程度的初级化，加之供应链内普遍对专业服务的弹性需求弱于信贷的刚性需求，因此从供给端上观察，当前供应链金融市场格局还处于"春秋"阶段。最后，第三方供应链金融服务机构远未成"气候"。目前本土第三方物流商在供应链金融上动的脑筋还是围绕着"货权"层面，所提供的物流金融服务主要是"融通仓"和"全程物流"模式。通常是物流企业从服务客户的金融需求出发，通过融资解决方案的设计，以客户货物资产的占有为授信支持，向银行申请融资。

(资料来源：http://news.hexun.com/2012-11-21/148177230.html)

想一想：

企业融资困难的原因有哪些？

3.1 物流行业的产融特征

现代物流业是融合运输业、仓储业、货代业和信息产业的复合型服务产业，是国民经济的重要组成部分，在促进产业结构调整、转变经济发展方式和增强国民经济竞争力等方面具有重要作用。物流业发展状况和物流成本的高低，是区域发展环境好坏的重要标志。现代物流业是生产性服务业的重要组成部分，是促进产业结构优化升级、提高经济运行效率的重要领域，是提高产业层次和水平、增强区域核心竞争力的重要手段。

3.1.1 物流行业的产业特征

"十一五"期间，我国社会物流总额年均增长 21%(图 3-1)，物流业增加值年均增长 16.7%。物流业在促进产业结构调整、转变经济发展方式和增强国民经济竞争力等方面发挥了重要作用。"十一五"时期，社会物流需求加快增长，物流市场规模不断扩大。2010 年，我国物流市场总规模大 4.9 亿元，比 2005 年增长 1 倍多。2011 年是我国"十二五"时期开局之年，也被物流业界称作"政策年"。在经济持续较快增长和一系列政策措施的推动下，我国物流业发展也取得了新进展，但物流运行形势总体放缓，社会物流需求增幅有所回落，物流业附加值增速缓慢，经济运行中的物流成本依然较高。

2011 年全国社会物流总费用 8.4 万亿元(图 3-2)，同比增长 18.5%，增幅比上年提高 1.8 个百分点，与 GDP 的比率为 17.8%，同 2010 年持平，依然保持较快增长，物流成本依然维持在较高水平。

2011 年全国物流业增加值为 3.2 万亿元(图 3-3)，按可比价格计算，同比增长 13.9%，增幅比上年提高 0.8 个百分点，物流业增加值占 GDP 的比重为 6.8%，占服务业增加值的比重为 15.7%(图 3-4)。物流业为国民经济平稳较快运行提供了有力支撑，为推动经济发展方式转变发挥了重要作用。然而，我国物流业竞争日趋激烈，传统业务附加值逐渐降低，利润趋薄。

图3-1 2001—2011年社会物流总额

(数据来源：中国物流与采购联合会)

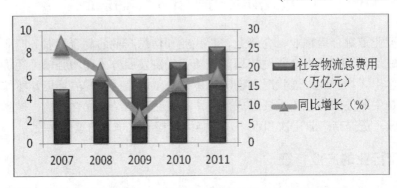

图3-2 2007—2011年全国社会物流总费用及同比增长

(资料来源：中国物流与采购联合会)

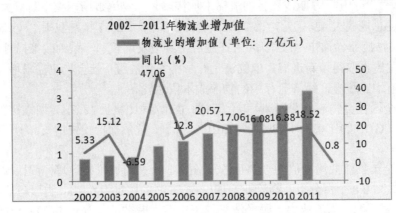

图3-3 2002—2011年物流业的增加值及同比增长率

(数据来源：中国物流与采购联合会)

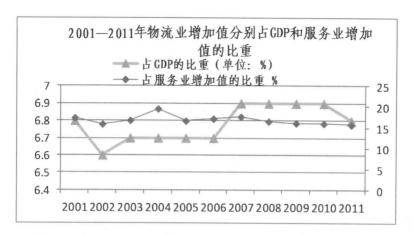

图 3-4　2001—2011 年物流业增加值占 GDP 和服务业增加值的比重

(数据来源：中国物流与采购联合会)

物流业是复合型服务产业，涉及领域广，吸纳就业人数多，促进生产、拉动消费作用大。物流业增加值已占到全部服务业增加值的 16% 左右；物流业每增加 6 个百分点，差不多就能够带动服务业增加 1 个百分点。大力发展物流业，可以有效调整第三产业，促进经济发展方式转变和国民经济的协调发展。推进传统产业物流系统改造，加强战略性新型产业和中小微企业的物流服务，助推产业结构优化升级，物流业发挥着无可代替的重要作用。

同时，物流业在提高经济增长和效益中也发挥着举足轻重的作用。我国物流运行成本高、效率低、潜力大。社会物流总费用与 GDP 的比率每降低 1 个百分点，就可以带来 4 000 多亿元的经济效益。有效提高物流运行效率和效益，可以减轻资源和环境压力。融入信息技术的现代物流业，也是经济发展的"晴雨表"，在服务宏观政策和经济运行调节中作用巨大。

因此，物流业的发展不仅仅是物流自身的发展，而是物流业作为服务业从而带动或影响其众多服务对象的发展。它是国民经济大系统中的一个主要组成部分，处于生产和消费的中间环节，是社会再生产不可或缺的一个环节，是国民经济发展的手段而非最终目的。另外，最为显著的是物流业的效益(包括经济效益和社会效益)主要发生在系统之外，物流业的运行很大部分都是为社会经济大系统服务的，其外部效益远远超过了物流业系统的内部效益。

近年来，我国的物流现代化步伐正在加快。然而，由于长期以来对物流业发展不够重视，现代物流业发展比较缓慢，与发达国家相比还存在着较大差距。当前，我国物流业主要具有以下几个特点。

1) 物流服务方式和手段比较原始和单一

虽然我国已经有多达 70 万家称之为"物流公司"的企业，但它们中的多数由于服务意识不强、技术水平落后、专业人才匮乏，大都只能简单地提供运输和仓储等单项或分段的物流服务,而不能提供物流信息、库存管理、物流方案设计等增值服务以及完整的物流解决方案。

2) 物流企业规模过小,服务能力不足

中国从事公路货物运输的经营业户有 274 万户,平均每个经营业户拥有的运营车辆仅 1.43 辆,具有全国服务网络、能够提供全程全网服务的企业凤毛麟角,更谈不上提供全球范围的服务。

3) 物流技术装备比较落后

物流装备水平仍然较低,各种运输方式之间装备标准不统一,物流器具标准不配套,物流包装标准与物流设施标准之间缺乏有效的衔接,在一定程度上延缓了物流机械化和自动化水平的提高,影响了运输工具的装载率、装卸设备的荷载率以及仓储设施空间的利用率。企业物流信息管理水平和技术手段比较落后,缺乏必要的公共信息平台,订单管理、货物跟踪、库存查询等物流信息服务功能较弱,制约了物流运行效率和服务质量的提高。

4) 物流服务成本较高

按照美国密歇根大学一个教授的研究显示,在美国物流的成本占到了一个商品总价值的 32%,也就是 1/3。中国的物流水平与美国还有很大差距,物流成本至少占到了整个商品价值的 40%。另一个问题是物流成本费用在发达国家占到了 GDP 总成本的 9%,而我们国家占到了 18%,也就是发达国家的 2 倍。这两个数据的背后,反映的就是我们整个物流行业目前发展虽然比较活跃,但是发展水平粗放、简单。2010 年,我国社会物流总费用为 7 万亿元,占当年 GDP 的 17.8%,与 2009 年基本持平,但是其中保管费用同比增长 20.5%,达到 2.4 万亿元(图 3-5)。进入 2011 年,仓储成本更是持续上涨,使中国本已居高不下的物价面临更大的上涨压力。物流成本高居不下将严重制约我国物流业的高速发展。具体来看,2001—2011 年,我国物流总费用增长主要表现表现在:运输费用呈加快增长的态势;保管费用增长较快;管理费用稳步增长。

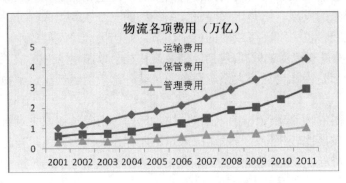

图 3-5　2007—2011 年社会物流总费用构成

(资料来源:中国物流与采购联合会)

5) 物流专业人才匮乏

由于我国现代物流产业发展历史较短，各类院校物流专业的师资大多缺乏实践经验，所教授的专业知识与实际业务需要脱节明显。因此，我国物流企业普遍感到物流的管理和技术人才匮乏，这严重制约了我国物流企业的发展。加强物流企业与高校、科研机构以及国内著名企业的交流与合作、加强引进国际物流复合型人才、加强在岗人员的培训，使之适应现代物流发展的需要已迫在眉睫。

总之，中国物流业在其成长过程中，具有进入起点较低、投入规模较小、服务成本高以及物流设施设备落后等诸多特征，使物流业的发展面临有效供给不足的压力，物流业的快速发展与融资规模受到阻碍的冲突日益明显，其利润空间逐年缩小，我国物流业服务模式转型已势在必行。

3.1.2 物流行业的融资特征

1. 物流行业的融资特点

据有关机构的统计，近年来，我国新增物流企业的数量每年以 16%～25%的速度增长，但从网络、功能、管理服务、业绩等方面综合评估，真正具有竞争力的企业却寥寥无几。总体来看，我国物流企业以中小企业居多。然而这些中小企业对我国 GDP 和财政收入的增长的贡献却不能小觑。但与我国中小民营经济的快速发展相比，中小民营经济的融资现状与其地位的不匹配性已成为中小民营企业发展过程中的主要矛盾。据海通证券研究所的数据显示，80%的中小企业缺乏资金，30%的中小企业资金十分紧张。

当前，我国物流业融资除了具有少、频、急主要特点外，还主要表现为以下几个方面。

1) 流动资金需求旺盛

由于物流业的产业分布主要集中在劳动密集型行业，企业又以小微企业为主，所以，物流业的人均固定资产净值较少，而且融资需求偏向流动资金。在对全国 15 个行业 2546 家私营企业调查时发现，私营企业将借款用于流动资金的借款率均高于用于基本建设投资和固定资产投资。数据表明，满足物流业短期流动资金的一个主要渠道是银行贷款，而物流业"散小弱"、资信水平差的印象已在银行业界根深蒂固，银行往往拒绝贷款或惜贷。

据文献显示[①②]，在 2007—2015 年之间，中国现代物流产业金融资金需求总规模预计达到 7.67 万亿元，其中物流产业的银行各项贷款总需求 3.14 万亿元，物流产业上市公司市价总值增加的总需求为 4.53 万亿元，直接融资(上市方式)与间接融资(银行贷款)的增量比例接近约为 3∶2。另一方面，在东部地区的资金需求量结构中，上市公司市价总值占 63.25%、银行贷款占 36.75%，东部地区直接融资的比例比较大，而在中部地区上市公司市价总值占

---

① 中国物流与采购联合会. 中国物流学术前沿报告(2008—2009)[M]. 北京：中国物资出版社，2008.
② 冯耕中. 2006 年物流金融业发展回顾与 2007 年展望[R]. 中国物流发展报告(2006—2007). 北京：中国物资出版社，2007.

54.74%、银行贷款占 45.26%,这说明直接融资与间接融资的比例差不多,西部地区上市公司市价总值占 43.45%、银行贷款占 56.55%,间接融资的幅度相对更大。

2) 不同规模物流企业融资差异性大

在物流产业内部,由于产权特征与企业规模的差别,不同类型的企业在融资渠道和融资规模上,也存在着明显的差异。我国的物流企业的规模参差不齐,像中储、中远、中外运等大型物流企业不仅获取银行贷款更具便利性,而且其获得贷款的成本要显著低于中小微物流企业。同时,大型国有物流企业融资的渠道不仅在于间接融资市场,更主要的融资渠道是直接融资市场,比如股票市场、债券市场等。就中小微物流企业来说,由于固定资产相对较少,信息不透明、财务不健全等,贷款抵押受到限制,加之金融部门一向是"嫌贫爱富"的机构,中小微物流企业获得国有银行贷款十分艰难。非国有与国有银行相比,非国有的金融机构(如担保公司)与物流业具有体制的兼容性,相当一部分非国有金融机构在对规模较小的物流企业提供贷款时,比国有商业银行有比较成本优势。研究表明,银行在对中小微物流企业贷款时,企业与银行规模之间存在很强的负相关关系。

3) 政策落实不到位

我国中小微企业众多,国家法规政策、税收优惠等支持力度不够,政策落实不到位。虽然近几年国家相继出台了一系列振兴和推进物流产业改革和创新的政策指导意见,鼓励金融机构为广大包括物流业在内的广大中小微企业贷款,国务院还设立了科技型中小企业技术创新基金用于扶持和促进科技型中小企业的发展,然而我国物流业作为新兴产业,正处于起步和快速发展阶段,融资难问题仍旧普遍存在,国家或社会还未引起足够的重视。与物流行业的贡献相比,尽管企业融资难得到一定程度的改善,然而国家支持力度还有待加强,政策意见还有待进一步落实,并没有从根本上解决物流企业及其服务的广大中小企业在发展过程中对资金的实际需求。

【知识拓展】

民营物流企业的融资问题

民营物流企业是推动我国现代物流业发展的重要力量,对社会经济发展做出了重要贡献。但是,它们在发展中遇到了诸多困难,特别是"融资难"已成为这些企业最主要的制约因素之一。

民营物流企业的发展需要资金支持

10 多年来,我国民营物流企业经过艰苦创业,取得了超常规发展,顺丰速运年营业收入超过 30 亿元,员工 3 万余人;宅急送年快件发送量达 3200 万件,正在谋划上市融资;远成集团已经拥有多条行邮专线和行包专列,年营业额近 40 亿元;长久物流汽车整车物流的规模已近 40 万辆;上海成协物流已成为沃尔玛、家乐福等国外零售巨头的专业配送商。民营物流企业的发展,加速了我国物流产业市场化的进程,提高了物流业的供应服务能力,扩大了国家税源,提供了大量的就业岗位,对社会经济发展做出了重要贡献。

民营物流企业的发展与其他企业一样，需要建立正常的融资渠道与大量的资金支持。企业普遍反映，民营物流企业一般靠自有资金起步，自身积累和民间借贷成为最主要的企业发展资金来源。随着自身经营规模不断扩大，业务范围持续扩张，资金的压力越来越大。一是设施设备的投入压力；二是日常运营流动资金的需求压力；三是客户应收款账期压力；四是业务保证金和押金所占压的流动资金压力。

民营物流企业的发展遇到了资金"瓶颈"

民营物流企业的"融资难"，集中反映在以下几个方面。

一是缺乏有效、正常的融资渠道。民营物流企业资金来源主要以自有资金为主，仅有少数的企业建立了银行信贷、风险投资、私募基金等融资渠道。一些企业开始尝试上市和发行债券等社会融资方式，但目前少有成功的案例。

二是银行贷款困难。"民营"加"物流"，这两个新概念的组合，加剧了获取银行贷款的难度。银行对民营物流企业信贷业务手续复杂，条件苛刻，审批时间较长，贷款额度较小，难以满足快速扩张的需要。许多企业在银行信贷无门的情况下转入民间借贷等非正规渠道，造成了企业经营的风险及金融秩序的混乱。

三是融资担保体系不健全。目前银行信贷的抵押物仍以不动产为主，对于民营物流企业的车辆、物流设备、应收账款等抵押担保业务还没有普遍开展起来。同时，行业"互保""联保"等增信机制还没有建立，政策性担保手段还在探索中。社会担保体系的不健全，也是民营物流企业取得银行贷款的一大障碍。

四是社会信用评估体系缺失。目前，由于社会信用评估体系的不完善，银行信用贷款只针对大型企业，中小民营物流企业很难得到信用贷款。银行和部分社会机构都在进行企业信用评估，但没有一个全社会的社会信用评估体系，无法发挥信用信息的最大价值。一些物流行业特有的信用信息没有列入评估范围，物流行业内部的等级评定还缺乏社会认可度和权威性。

五是社会资本市场不完善。民营物流企业上市要求严格，审批程序复杂，门槛太高，成本太大，企业无力承担。债券融资"规模控制、集中管理、分级审批"的约束，加上企业债券难以得到投资者的认同，融资就显得更为困难。

六是其他融资方式缺乏。除了传统的融资方式之外，还有很多的金融服务(如融资租赁)是民营物流企业经营中急需的。

七是缺乏适合民营物流企业经营发展需要的金融服务体制。物流业在我国是一个新兴行业，有其自身经营特点和盈利模式，需要相应的金融服务体制。比如，"重资产型"物流企业基础设施投入大，回报周期长；"轻资产型"物流企业不动产规模不大，但掌握着大量的流动资产；物流企业流动资金需求越来越大。这些特点，决定了物流行业需要定制化的金融服务。

(资料来源：http://info.steel.hc360.com/2007/04/18101136462.shtml)

2. 物流行业的融资渠道

信贷市场和资本市场作为我国企业融资的两大资金来源，已成为服务实体经济的双轮驱动力。在我国，多层次的信贷市场和资本市场体系已具雏形，为物流业或物流金融业务的进一步创新发展奠定了良好的基础。从企业获得资金来源的途径上看，主要包括内源融资和外源融资两个渠道。其中，内源融资主要是指企业的自有资金和在生产经营过程中的资金积累部分；外源融资即企业的外部资金来源部分，主要包括直接融资和间接融资两类方式。

1) 内源融资

企业和企业主自身的积累是我国物流企业目前内源融资中重要的原始资金。除此之外，某些暂时闲置的可用来周转的资金，包括折旧费及非付现费用、保留盈余等，以及来自企业内部的集资都是内源融资的一部分。由于经营规模、信誉保证、还款能力等限制，与外源融资相比，内源融资相对容易，因此成为物流业筹集发展资金的主要渠道和基本方式。但是我国物流企业经济效益低下，普遍存在"重消费，轻积累"的倾向，短期行为比较严重，利润分配中真正用于企业自身发展的资金较少。因此，当前我国物流业自身发展资金长期不足，从而导致在市场经济竞争中丧失发展动力，造成物流业整体经济效益普遍低下。

2) 外源融资

随着企业生产规模的扩大，单纯依靠内源融资已很难满足企业的资金需求，外源融资逐渐成为企业获得资金的主要渠道。

(1) 间接融资。

间接融资是指资金盈余单位与资金短缺单位之间不发生直接关系，而是分别与金融机构发生一笔独立的交易，即资金盈余单位通过存款，或者购买银行、信托、保险等金融机构发行的有价证券等形式，将其暂时闲置的资金先行提供给这些金融中介机构，然后再由这些金融机构以贷款、贴现等形式，或通过购买需要资金的单位发行的有价证券，把资金提供给资金短缺单位使用，从而实现资金融通的过程。间接融资的进行需要金融中介的参与，这类中介可以是银行类金融机构，也可以是保险、信托及小额贷款公司、典当、融资租赁、融资性担保公司等准金融机构。

当前，物流企业或众多中小企业以间接融资方式获得资金主要还是通过银行贷款。然而和众多中小企业一样，物流企业从银行得到贷款份额较少，很多中小企业即使有好的项目也难以获得银行贷款。究其原因，银行贷款遵循安全性、流动性、盈利性的基本原则，安全性为首要原则。发放贷款一般要求企业有一定规模的资产作为担保，要求企业有可确定的盈利能力和潜力，以保证按期还本付息。我国物流企业数量多，普遍信誉较低，可抵押资产较少，财务制度不健全，银行自然惜贷。更为重要的是，银行的服务模式尚未摆脱传统模式的影响，对物流业缺乏足够的认识，使得金融机构对物流业贷款动力不足。

为推动物流企业及其服务的广大中小企业全方位地利用间接融资方式有效获得资金，

信贷市场和物流业可从银行融资、保险融资、信托融资等多方面融合创新发展，促进金融业和物流业互利共赢，进一步服务其他产业。

第一，银行融资。银行融资就是以银行为中介的融通资金活动，是我国物流企业及其服务的广大中小企业通过间接融资方式获得资金的主要形式。然而，传统的银行信贷融资已不适应物流企业和其他产业的广大中小企业，融资需求缺口不断扩大。

【知识拓展】

2013年国内各大银行贷款利率

银　行	短期贷款		中长期贷款		
	6个月内(含6个月)/%	6个月至1年(含1年)/%	1～3年(含3年)/%	3～5年(含5年)/%	5年以上/%
中国建设银行	5.6	6	6.15	6.4	6.55
中国工商银行	5.6	6	6.15	6.4	6.55
中国农业银行	5.6	6	6.15	6.4	6.55
中国银行	5.6	6	6.15	6.4	6.55
招商银行	5.6	6	6.15	6.4	6.55
交通银行	5.6	6	6.15	6.4	6.55
中国光大银行	5.6	6	6.15	6.4	6.55
深圳发展银行	5.6	6	6.15	6.4	6.55
浦东发展银行	5.6	6	6.15	6.4	6.55
兴业银行	5.6	6	6.15	6.4	6.55
华夏银行	5.6	6	6.15	6.4	6.55
北京银行	5.6	6	6.15	6.4	6.55
上海银行	5.6	6	6.15	6.4	6.55
南京银行	5.6	6	6.15	6.4	6.55
哈尔滨银行	5.6	6	6.15	6.4	6.55
重庆银行	5.6	6	6.15	6.4	6.55
徽商银行	5.6	6	6.15	6.4	6.55

(资料来源：http://www.91ratc.com/)

第二，保险融资。保险融资是指保险公司为使其结余的资本增值，风险分散，而向外融通其资金的活动，包括金融性融资和风险性融资。它也是企业除银行融资以外以间接融资方式获得资金的另一种重要形式。企业在选择保险融资的过程中，投保人通过选择购买保险单把损失的风险转移给保险人，由保险人承担损失的财务损失。保险是风险融资的一种方式，保险作为风险融资方式成立的前提条件是签订保险合同，保险合同是承保人和投保人签订的风险管理协议。一般来说，保险融资主要包括合同协议、支付保险费、支付保险赔偿费的条件及保险人为赔偿损失所拥有的资源4个要素。

随着保险市场的加速发展和保险业改革的深化，我国保险业可运用资金规模不断扩大。保险资金运用渠道也不断拓宽，涵盖了从金融投资到实业投资，从债权投资到股权投资，从境内投资到境外投资等各个投资领域。保险融资已经成为我国金融市场的重要力量，有力地支持了国民经济建设和经济体制改革，尤其是在改善社会融资结构、稳定资本市场、支持商业银行改革等方面功不可没。

【实例分析】

A企业是一家主要从事新材料研发的电子技术有限公司，2010年成功研发了新能源行业的一个细分产品，具有较好的潜在市场。为此，企业想抓紧增加新的生产线，扩大产能，将新品投入市场。但由于该企业目前可抵押资产能获得的授信仅300万元，流动资金需求缺口1 500万。

就在企业与不同银行频频接触无果的时候，上海银行得知了这一情况。通过深入企业调查和研究分析，上海银行认为该公司作为科技型小企业，产品具有一定技术含量和市场潜力，符合国家产业政策导向，目前处于发展壮大的关键时期。根据该行服务于科技型企业多年积累的经验，在对企业现金流深入了解的基础上给予了融资支持，仅用7个工作日就审批通过并给予总额1 500万元的授信，及时地为企业"输血"，帮助解决了企业发展的资金困难。

为进一步支持企业成长中的融资需求，上海银行利用与保险公司共同搭建的科技履约责任保险融资平台，利用"保险"替代了原有的"抵押"，以保险机制为科技型中小企业信用增级。在这项新的创新业务中，抵押担保不作为必要条件，只要向指定保险公司购买了"贷款履约保证保险"，也可向银行申请贷款。截至2011年3月底，上海银行又给予了企业500万元的增量授信，并在较短地时间内完成了评审等工作。在获得银行信贷资金支持后，企业在原有基础上新增了生产线，产品销售情况良好，2012年企业主营收入、主营利润有显著增长，迎来了一个新的发展时期。

(资料来源：上海银行网站，http://www.bankofshanghai.com/)

思考：保险融资对物流金融发展的意义何在？

第三，信托融资。信托是指委托人基于对受托人的信任，将其财产权委托给受托人，由受托人按委托人的意愿以自己的名义，为受益人的利益或者特定目的，进行管理或者处分的行为。信托包括：信托贷款和股权信托两种方式。

信托贷款是指信托公司通过信托方式吸收资金，用于向项目发放贷款的资金运用方式。该贷款类似于银行信贷，不同的是信托贷款的偿还方式比银行贷款灵活性大，企业与信托公司协商偿还方式，可以采取等本息、利随本清、到期一次性支付本息等。同时信托公司对信用风险控制要求严格，一般要求企业提供多种措施来降低信用风险，包括第三者担保、政府支持等。

股权信托是指信托公司运用信托资金对项目进行股权投资，以股息、红利所得以及到期转让股权方式作为信托收益的一种资金运用形式。相对贷款类信托，信托公司承担的风险增大，一般要求制定相应的措施规避风险，包括对项目进行绝对控股、阶段性持股等。

【知识拓展】

根据全国各家信托公司披露的 2012 年年报数据显示，虽然 2012 年信托资产继续高速增长，但信托公司的净利润增速却在下降。2011 年，信托公司净利润普遍保持 50%以上的增速，但 2012 年信托公司净利润增速普遍降至 50%以下，部分信托公司净利润增速甚至降至个位数。

对此，多家信托公司在年报中均披露相关不利因素。北京信托在年报中指出，信托业拥有的制度红利逐渐削弱带来一系列挑战。信托公司的客户将被分流，经营方式将被模仿，银信理财及融资信托都将受到冲击。此外，《证券投资基金法(修正案)》通过后，信托公司传统的私募基金"阳光化"业务也势必受到冲击。监管的挑战还体现在新政后，信托业要接受比其他同业更严格的监管规定。对于宏观经济政策带来的影响，北京信托指出，中央提出的继续实施积极的财政政策和稳健的货币政策，"要适当扩大社会融资总规模，保持贷款适度增加"，将是影响信托规模的一个重要因素。

国投信托则在年报中披露，2012 年国内经济增速持续放缓，对信托行业的影响主要表现在：实体企业融资需求下降，优质资产和项目相对较少，融资类信托业务难度增加；股市持续低迷，证券投资业务萎缩；随着利率市场化的推进，市场流动性趋于宽松，金融产品收益率下降趋势明显。与此同时，行业监管力度持续加大，相继叫停票据类信托、同业存款类业务等，对房地产信托和政信合作提出更加严格的条件要求，在防范风险、促进行业规范运行的同时，一定程度上限制了信托快速扩张的脚步。

2012 年下半年以来出台的一系列新政，宣告了泛资产管理时代的到来，信托行业面临基金、券商、保险等金融机构开展同质资产管理业务的激烈竞争，信托制度红利逐步消退。基金等金融机构不仅拥有渠道、客户方面的优势，更拥有相对宽松的监管环境，信托公司亟须深挖制度潜力，加大业务转型，锻造核心竞争力。

(资料来源：中国信托研究网, http://web.cenet.org.cn/web/trust/index.php3?file=index.php3)

(2) 直接融资。

直接融资包括债券融资和股权融资。债券融资是有偿使用企业外部资金的一种融资方式，包括短期融资券、中小企业集合票据、中小企业集合票债、中小企业私募债等。股权融资则是指企业的股东愿意让出部分企业所有权，通过企业增资的方式引进新的股东的融资方式，包括主板、中小板、创业板三板上市融资，新三板融资，及私募或风投(产业投资基金)等。债券融资和股权融资两种直接融资方式丰富了企业获得资金的途径，尤其是对物流园区建设和改造升级所面临的巨大资金需求不失为一条的有效融资解决办法。

总地来看，尽管目前社会资金相对充裕，但传统的融资模式仍旧不能为物流业的发展提供足够的资金支持。从我国物流金融业务创新的发展趋势上看，充分调动信贷市场和资本市场的资金资源，建立多层次多元化的融资渠道(表 3-1)，将会更有效地促进社会资金流动，降低物流金融运作成本，解决物流业及其服务的广大中小企业的巨大融资需求，对加快我国经济发展方式转变也具有十分重要的意义。

表 3-1　物流金融多层次多元化融资渠道

间接融资	银行类金融机构
	保险、信托
	准金融机构：小额贷款公司、典当、融资租赁、融资性担保公司
直接融资	债权融资：短期融资券、中小企业集合票据、中小企业集合债、中小企业私募债
	股权融资：主板、中小板、创业板上市融资；
	新三板融资、私募/风投(产业投资基金)

3.2　物流金融需求分析

3.2.1　物流企业

一方面，对中小物流企业而言，自身的发展常常由于资金缺乏出现瓶颈，相对于传统的融资服务，物流金融由于考虑了风险、成本因素，通过信用整合，资金提供方更多地愿意将资金借贷给信用相对不足的中小物流企业，成本的降低、融资渠道的扩展有助于缓解物流企业自身的融资需求。另一方面，对大部分物流企业而言，一系列基础性物流服务如运输、仓储等所能获得的利润率越来越低，同时也缺乏差异化竞争优势，物流金融的发展模式对于急求创新的物流企业而言就变得颇具吸引力。这不仅仅取决于物流金融服务能够为物流企业创造各种增值服务，如信用担保、仓单质押等，同时也能够增强物流企业的竞争优势，有助于其争取客户、赢得市场份额，为物流企业带来大量的经济收益。

随着全球经济一体化的发展，市场竞争日趋激烈，物流服务需求方对物流企业的要求越来越复杂，甚至希望物流企业能够提供资金流、物流和信息流集成的综合服务。未来的物流企业谁能掌握金融服务，谁就可能成为最终的胜利者。物流业作为国家重点扶持的产业，不仅发展潜力巨大，而且将对我国经济结构和效益产生重大影响。然而，我国目前物流业的现状却不容乐观。

1. 物流成本呈现较快增长态势，要素成本持续上升

1) 燃油价格高位调整

2011 年，国际油价呈高位震荡态势，全年涨幅达到 12.6%。国内成品油价格全年累计同比上涨 9.7%，柴油、汽油价格累计同比分别上涨竟高达 19.5%和 16.6%。燃料费用占到物流企业运输成本 35%左右，一些干线运输企业燃油费用一度接近 50%。燃油价格的高位调整对企业运输成本有着重要影响。企业为降低物流成本，要付出更多努力才行。

2) 人力成本持续上升

物流业属于劳动密集型产业，劳动力成本上升的影响较大。近年来，物流市场"用工荒"已成常态，同时物流企业工资水平水涨船高。据中国物流与采购联合会调研反映，我国物流企业平均工资成本已经连续两年上升 20%以上。从劳动力结构看，高端技术管理人才严重短缺，难以满足快速发展的需求。

3) 土地成本快速上涨

目前，我国城市化进程不断推进，物流设施被驱赶的速度在加快。据中国物资储运协会调查，大约 40%的企业已经或将在今后几年中遇到搬迁问题，而当下又没有足够的用地供给，且地价连年攀升，物流企业根本无法承受。更有甚者，借用物流名义，圈地升值或改变用途(如搞房地产开发)，而真正从事物流业务的企业更难拿到合适用地。

4) 资金成本大幅上涨

2011 年以来，中国人民银行分别于 2 月 9 日、4 月 6 日、7 月 7 日 3 次上调贷款利率，累计上调 0.75%～6.56%，纵然 2012 年有所下降，但贷款利率仍然较高。在货币政策进一步趋紧、信贷管控更趋严格的情况下，信贷增速进一步回落，企业贷款难度继续加大。

【知识拓展】

中国物流要素成本全面上涨

中国物流与采购联合会在《2012 年中国物流业发展回顾与 2013 年展望》指出，2012 年中国物流业实现平稳适度增长，但物流要素成本全面上涨，物流企业生存空间被进一步压缩。

据中国物流与采购联合会初步测算，2012 年全年社会物流总额 177 万亿元，同比增长 9.8%，增幅较上年同期回落 2.5 个百分点；全国物流业增加值为 3.5 万亿元左右，同比增长 9.1%，增幅比上年同期有所回落。

……

一个值得注意的问题是，经济运行中的物流成本依然较高。数据显示，2012 年全国社会物流总费用约为 9.4 万亿元，同比增长 11.4%，社会物流总费用与 GDP 的比率约为 18%，同比提高 0.2 个百分点；与此同时，2012 年物流企业人力成本平均增长 15%～20%，燃油价格则相当于 2000 年的 3 倍左右，过路过桥费占到运输成本的 1/3 左右。

中国物流与采购联合会会长何黎明指出，物流市场经营风险加大，要素成本上涨趋势难以逆转，物流企业生存空间进一步压缩。此外，物流能力不足和运力过剩长期共存，多种运输方式不均衡、不协调、不衔接的问题依然存在。

(资料来源：http://news.xinhuanet.com/fortune/2013-02/10/c_114664817.htm)

2. 物流企业税费负担总体偏高

据中国物流与采购联合会发布的对 120 家企业的调查报告显示，2011 年运输型物流企业过路过桥费平均支出高达 4 459 万元，占运输成本的 34%；公路罚款平均支出 123 万元，占成本的 1.4%；享受"绿色通道"政策的企业比率只有 4%。参与"营改增"试点的物流企业中，67%的企业税负有所增加，平均增加 5 万元；仅有 27%的物流企业，享受到了土地使用税减半征收政策。路桥费、罚款、税费等体制性成本，已成为让企业无可回避的"硬成本"。流通成本过高，物流企业利润偏低，企业往往对于提升信息化、运营效率等问题感到力不从心。

1) 物流业各环节营业税税率不统一

现行营业税政策规定，运输环节执行 3%的税率，仓储和其他环节执行 5%的税率，交通运输企业的税率大大高于原先营业税体制下的实际负担率，地方政府不得不采取地方财政补贴的方式加以补贴。2012 年 1 月，上海作为首个试点地区启动"营改增"①改革。此后，北京、天津等 8 省(市)交通运输业和部分现代服务业正迈入试点运行行列，至 2013 年 8 月已进行全国"营改增"。从整个交通运输行业来看，此次"营改增"给整个行业带来了很大的困惑。虽然此项改革对于减少物流企业纳税额有一定效果，但事实却是物流企业税负不降反升，导致这一状况的原因包括货物运输业务增值税税率偏高，可抵扣进项税额偏少，营业税各环节税率的不统一让整个物流行业深受困扰。

2) 路桥费居高不下

路桥费是过路费和过桥费的总称，随着"天价过路费"事件的曝光，我国高昂的过路、过桥费越来越受到政府部门和民众的关注与重视。在运输过程中，人工成本、油费、路桥费三者对物流运输成本的影响占了很大比重，仅在 2012 年国庆中秋 8 天假期期间，全国收费公路 7 座以下小客车交通流量为 1.89 亿辆，比去年同期增长超过 1 倍，免收通行费 65.4 亿元，这也从侧面反映了我国物流费用存在的问题。过高的路桥费加大了物流成本，从成本构成上看，燃料和路桥费占到物流总成本的 60%~70%，其中路桥费无论从收费公路的里程和数量上都远远高于欧美、日本等国家，成为高物流成本的主要推手。据统计，路桥费及罚款支出约占企业运输成本的 1/3，美国收费高速公路的收费标准是平均每公里 0.17 元人民币，中国平均每公里收费则为 0.45 元人民币，是美国的 3 倍。同时，全球目前收费公路共约 14 万公里，其中中国约 10 万公里，占 70%。在全国 10 万公里收费公路中，普通公路收费里程达到 2.6 万公里，比例达到 26%；而在美国，约 9 万公里公路中，收费公路只占到 8.8%。此外，"三乱"问题，即乱收费、乱罚款、乱设卡，一直是我国运管部门治理的重点对象，我国交通运输部规定收费站之间距离不少于 50 公里。然而我国距离短于 50 公里的

---

① 营改增：意思是以前缴纳营业税的应税项目改成缴纳增值税。

收费站比比皆是,使我国公路收费站网点密度高居全球之首。对于大件运输和商品车运输等超限运输车辆而言,收费名目也是众多,十分不利于国内物流成本的降低。

当前,纵然社会物流总额不断稳步增长,但物流要素成本以及税费成本等费用持续攀高。我国物流业总费用和物流增加值不对称增长,物流业利润不断收窄,尤其是传统物流业务利润不断趋近于零。诸如物流园区建设、现代物流业转型、传统物流业务利润降低等因素造成的物流企业自身资金短缺以及缺少金融服务的大力支持,严重影响了物流业的运作效率和健康发展。因此,面对物流产业转型升级和传统业务利润趋薄的资金压力,亟须把物流服务和金融服务相结合,以动产做质押,大力发展物流金融。

根据中国物资储运协会对于60个大型会员单位的统计,2011年样本仓储企业主要经营指标完成情况如图3-6所示。其中,最显著的是,金融物流业务增长38%,虽低于往年的增长速度,但依然高速增长。且得益于管理力度的加大和客户选择的优化,2011年物流金融业务尚未出现过大风险事件。质押监管业务和现货市场业务虽然分别只占业务收入的9%和6.8%,但其收入利润率分别高达47.5%和48%,属于收入利润率最高的2个业务板块,其前景不容小觑。

总之,受国家政策意见和社会需求影响,物流市场迅速扩大,各类物流企业如雨后春笋般涌现。纵然我国社会物流总额不断增长,然而我国社会物流总费用与物流附加值不对称增长,传统物流业务利润日益收窄,已"无利可图"。所以,高附加值如物流金融等业务日益引起了社会各界人士的高度关注(图3-7)。

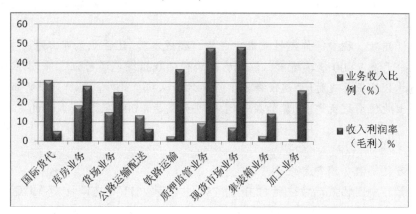

图3-6 2011年样本仓储企业主要经营指标完成情况

(资料来源:中国物流发展报告(2011—2012))

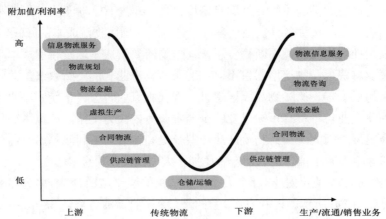

图 3-7　物流业附加值曲线

(资料来源：中国现代物流金融业运作模式及标杆企业分析)

【知识拓展】

物流企业税费成本负担过高

2012 中国物流与采购信息化推进大会在汉召开。根据对 120 家企业的调查，2011 年每家企业公路罚款平均支出 123 万元，路桥费、罚款、税收等税费成本，占到物流企业成本的 50%左右。

路桥费、罚款、税费等体制性成本，成为"硬成本"，让企业无可回避。

"市场每天有 7 000 辆车进出，但市场却只有 200 张绿色通行证"，一家农副产品大市场有限公司总经理王善飞称："这使得不少货车只好认罚。此外，虽然是农贸市场，但我们没有享受到土地使用税优惠。税费加在一起，一年开支近 1 000 万元，而我们的毛收入才 5 000 万元。"

……

一年 8 万亿物流费消费者埋单。

根据测算，中国物流花费达到 GDP 的 18%，也即 2011 年全国物流费用达到 8 万亿，而美国的物流费率只占 GDP 的 10%以下。武汉交通体系发达，但 2010 年物流费用也占到 GDP 的 16%，一年物流费用超过 800 亿元。

……

物流成本高企，最终要由消费者埋单。

"菜地里一斤 8 毛钱的包菜，到了零售终端起码 2 元钱"，武汉绿泉农业董事长林峰计算："价格翻番，但农业企业还亏本，流通体系太耗钱。"据统计，中国的流通成本占到物价的 50%～70%。

……

武汉物流协会秘书长韩洪保认为:"体制成本推高了运输成本,也间接推高了物价。当地物流企业中,路桥费、罚款大概占企业成本的 30%～40%;税费占 10%左右;油料费占 30%～40%。制度性成本加起来,占了一半。"

(资料来源:http://www.askci.com/news/201206/16/9537_86.shtml)

3.2.2 金融机构

银行的主要利润来源是存贷利差收益。波士顿咨询公司 2007 年发布的《银行业价值创造报告》显示,存贷差收入占国内银行机构主营业收入的绝大部分,四大国有商业银行平均在 90%,股份制商业银行平均在 80%左右,而国外发达国家的银行 50%以上的利润来源就是中间业务收入。随着中国于 2006 年年底对外开放银行市场,逐步放宽对新兴商业银行的限制,外资银行、新型金融机构和国有四大商业银行站在同一平台进行全面的竞争,呈现出多元化竞争格局。

【知识拓展】

四大国有商业银行的业务模式

业务模式直接制约着银行的经营状况、市场竞争力、运作效率和风险管控,也就直接影响着对其股权价值的评估。1970—2000 年的 30 年间,美国商业银行资产结构发生了重大调整,其中最为突出的现象有:一是证券类资产所占比重提高到了 22.55%;二是房地产贷款与工商贷款的比例从 73.34%上升到 153.44%。美国认为,这一变化有效地改变了有关商业银行贷款"软约束"所引致的种种风险。在中国银行业资产结构中,直到 2003 年,证券类资产占总资产的比重还仅为 13.43%,各项贷款所占比重高达 70.57%。这种资产结构的差别,不仅反映了中美银行业的业务模式和盈利模式的差别,而且反映了各自的风险程度的差别。在此背景下,依美国银行业模式对中国银行业资产价值的评价就很难达到国际水准。

业务模式的差别必然带来盈利模式的差别。英国银行业收入结构中,"佣金和收费收入"与"利息与分红净收入"之比,2000 年就已达到 62.87%,到 2004 年这一比例更是上升到 73.29%。这反映了英国的商业银行主要靠金融产品创新和提高服务质量获得营业收入和提高盈利水平。与此不同,在中国四大国有商业银行 2002 年的收入结构中,利息收入占总收入的比重高达 94.13%,在 1747.65 亿元的总收入中,手续费收入仅为 28.08 亿元。这决定了一旦存贷款利率下行,存贷款利差缩小,中国主要商业银行就将面临严重经营风险。这种盈利结构差别决定了,按照国际标准衡量,中资银行的经营效率较低、风险较大,因此,资产价值的评估值较低。

(资料来源:http://finance.sina.com.cn/g/20081218/13355654290.shtml)

差异化服务需求对金融机构而言同样十分重要。在传统的融资服务之中，金融机构所能提供的服务方式单一，竞相模仿之下极难突出其特色，且其融资客户大部分是信用好、营业成绩优良的大型企业，逆向选择的可能性十分不利于金融机构的发展。物流金融概念的提出使得金融机构看到大量中小企业的巨大融资需求市场，与物流企业的合作不仅能够对货物质押做出安全性保证，同时也减少了其作为融资主体所要承担的货物保管费、运输费等。同时，信用整合能够大大降低金融机构为中小企业贷款所带来的风险。信息的共享也为其挖掘潜在的客户提供了可能性。物流金融相对复杂的业务结构、信息化要求以及规模优势等特征能够有效发挥银行等金融机构在人才储备、科技水平及经营规模方面的优势，从这一点讲也能够降低其经营成本，提高市场竞争力，且其所拥有的强大网点、资金等资源优势能够为其实现整个产业链上的全程融资，提供更有吸引力的融资产品。另外，对大型金融机构而言，物流金融服务也是其实现国际化经营的一个基础性方式。花旗、汇丰等大型跨国银行在物流金融业务的发展对于国内金融机构而言也具有重要的参考价值。

国有商业银行面对外资银行的抢滩和国内新兴银行的崛起仍占有主导地位，但融入了众多新主体、新因素的银行业也面临着巨大的挑战。

1. 银行业存贷利差日益收窄

根据《中国银行家调查报告(2009)》显示，90%的受访银行家认为利差收窄将是经营中面临的最大挑战，对规模较小的银行来说更是如此。尤其是2012年6月8日、7月6日央行两次不对称降息，使得存贷款利差急剧收窄(图3-8)。6月8日存贷款利差由先前的3.06个百分点下调至2.81个百分点，7月6日更是下调至2.75个百分点。虽然在较长的一段时期内，存贷款利差仍会是银行业的主要收入来源，但来自国际利率的压力和同行的竞争压力，各个银行开始转移视线，物流金融业务也引起各大银行的密切关注。目前，物流金融业务由深圳发展银行领衔，四大国有银行以及其他商业银行纷纷效仿，物流金融业务全新局面全面打开。

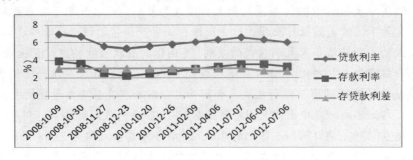

图3-8 我国商业银行近11次存贷款利率调整及利差

(资料来源：中国央行网站)

【实例 3-1】

深发展携手工行办理国内首单跨行电子商业承兑汇票转贴现

2009 年 11 月 3 日，深圳发展银行(SZ000001，下称深发展)在深圳总部宣布，该行电子商业汇票系统(二期)已于 10 月 28 日正式上线，并同时加入全国商业汇票系统(Electronic Commercial Draft System，ECDS)。28 日上线当日，深发展携手中国工商银行票据营业部(下称工行票营部)成功办理了首单跨行商业承兑汇票转贴现业务，当日总金额达 1.91 亿元，成为 ECDS 上线后，国内首家实现商业承兑汇票转贴现跨行运作的银行。此笔业务的诞生，对于我国金融电子化建设具有里程碑式的重要意义。

……

工行票营部应俊惠总经理称，工行与深发展紧密合作将近 10 年，此次 ECDS 上线，深发展在很短的时间内为企业开立、贴现了多笔电子商业汇票并形成近 2 亿元的规模，表明深发展坚持沿产业链深耕发展、扶持供应链贸易的战略富有成效。他相信随着票据电子化的逐步普及，将为深发展沿着供应链推广票据业务搭建强大技术平台，也将为深发展与工行票银部之间建立起了转贴现快捷通道，双方的合作将更加快速和紧密。

深发展公司产品管理部总经理金晓龙表示，ECDS 上线不但打通了电子票据在银行间的流通壁垒，实现电子汇票的跨行流通，同时也将为该行供应链金融的快速发展提供全新推动力。票据电子化将可能带来供应链贸易融资的加速放量增加，同时带来直接贴现票据的增长，这将有利于深化深发展与工行票营部的友好合作，巩固"企业开票—深发展承兑—深发展贴现—工行票营部转贴"的合作链条。

……

"票据的流动性，加上电子票据的极大便利性，将会更高效率地在全国范围内拉平不同区域间的短期市场利率水平，短期融资市场利率将可能走低。"金晓龙提到，"那些使用电子商业汇票业务的企业将从中受益。一方面，企业融资成本会大幅节省；而另一方面，票据融资将可以避开向银行申请传统流动资金贷款的审批流程和手续，提升效率。"

(资料来源：http://money.163.com/09/1209/10/5Q394I2E00253B0H.html)

2. 银行业同质化竞争日趋激烈

目前，我国境内银行众多，其在客户、产品、区域等方面定位异常雷同，同业竞争异常激烈，外资银行的进驻更加剧了竞争性。大多数银行不论规模大小，都将主要经营集中在发达地区尤其是中心城市，外资银行更是如此。各商业银行推出的产品功能、服务内容、服务创新严重趋同。低水平的同质化竞争，不仅侵蚀着中国商业银行的盈利水平，也恶化了银行业的竞争环境。

3. 客户需求巨大改变

无论是公司金融还是个人金融，客户结构均出现了高、中、低端分化，客户需求日益多元化、个性化，传统融资、结算业务已远远不能满足客户需求。越来越多的大型公司客户能够凭借自身实力通过发行股票和企业债券方式来获得直接融资，对银行服务需求向高端服务转变，对服务质量和产品功能的要求越来越高，转向全方位的金融服务需求。与此相反，随着中国改革开放的不断深化，大量中小微企业不断活跃在经济社会的舞台上，对银行服务的要求更倾向于高时效、高频率、高额度以及低成本的融资需求。而我国中小微企业大都是固定资产少、资信水平差、传统放贷模式风险大，银行业界往往拒绝贷款或惜贷，巨大中小微企业融资市场一度处于无人问津的境况。

总之，新的竞争格局使得我国金融机构尤其是银行不得不改变竞争战略。随着传统业务的利润日趋降低，银行业更加注重核心竞争力，提升中间业务收入比例，提高中小企业战略地位。随着大型优质客户的金融脱媒化，中小企业必将是为未来银行服务特别是融资服务的主体对象和利润来源。中小企业数量多，分布范围大，资金分散但需求总量大，发展贷款业务的市场潜力大。因此，金融机构尤其是银行需要在产品更新、风险控制各方面来推进对中小企业服务以及开发新的业务，增加自己的竞争力，特别是开拓流动资产融资的业务创新，对物流金融的需求将会更加旺盛。

【知识拓展】

银行业告别利润高增长

银行盈利增速显著下降

2012年，银行业结束了利润高增长的时代，盈利增速显著下降。年报显示，2012年工行实现净利润2 387亿元，比上年增长14.5%；农行实现净利润1 451.31亿元，同比增长19%；中行实现净利润1 394.32亿元，同比增长12.2%；建行实现净利润1 936.02亿元，同比增长14.3%；交行实现净利润583.73亿元，增幅15.05%。五大行盈利增速较上年均有显著下滑，利润增速为近年来的低点。

"2012年银行业盈利增速明显放缓的主要原因是，宏观经济下行、基准利率降低、利率市场化改革提速，以及监管规则趋严等，由此导致实体经济对金融的有效需求下降，商业银行运行的景气度显著下降。与此同时，净息差承受下降压力，中间业务收入增长受限。"交通银行金融研究中心副总经理周昆平分析说。

利润增长依然主要依靠生息资产的增长，利息收入还是银行收入的主要来源。与传统信贷资产平稳增长相比，五大行同业业务增长较快，带来同业资产规模和利息收入的快速增长，成为提升利润增长的新的动力。建行年报显示，2012年，建行存放同业款项及拆出资金利息收入208.60亿元，较上年增加150.19亿元，增幅为257.13%。

银行手续费和佣金净收入大幅回落

去年快速增长的中间业务收入出现了大幅下降。"去年监管部门严格对银行收费的管理,银行手续费和佣金净收入大幅回落。"周昆平说,2012 年,五大行中除农行、中行外,其他 3 家银行的手续费和佣金净收入均在 8%以下,这与上年高达 40%～50%的增幅相比,下降不少。

尽管利润增速下滑,但是银行仍然向投资者分红。其中工行共计派发现金股息人民币 835.5 亿元,分红比例超过 35%,创近年来新高,股息率高达 5.63%,超过一年期定期存款利率,其他 4 家银行的股息率也在 5%左右,高于其他商业银行。

……

未来银行业净息差水平将如何变化?中银国际近日发布报告预测,中国银行业的净利差还可能呈逐步下降的趋势,主要原因是当前我国基准利率上升的空间不大,商业银行的定价能力难以提升,同时随着利率市场化改革的不断推进,当存款利率进一步放开后,资金成本可能将继续上升。此外,债券等其他直接融资方式快速发展,银行业资产业务面临更大的竞争压力,传统贷款利率还面临下行压力。

(资料来源:http://finance.sina.com.cn/money/bank/bank_hydt/20130401/084015013434.shtml)

3.2.3　中小微企业

中小微企业对国家发展实体经济很重要,国家过去几年虽然大力提倡民营企业发展,但实际上国企垄断越来越多,民企空间越来越小,与欧美发达国家企业 90%都是中小微企业相比,我国中小微企业数量少,发展也相对困难。中小微企业虽然在自身信息化方面做出了努力,引进了 ERP 等先进信息管理系统,但就单个企业而言,企业信息管理并不成熟,管理成本过大,而企业之间也容易出现信息重复、信息不对称等问题,造成资源极大浪费的同时也给企业之间的合作和发展带来极大不便。中小微企业欲寻求发展,对资金的需求不可缺少,但单个企业势单力薄,由于信息不对称、经营不善等不利因素,导致在传统的融资业务中处于十分弱势的地位,融资成本高,融资渠道窄,企业难以扩大发展。物流金融的提出给大量中小微企业带来了福音。它通过较高的信息化水平、突出的风险规避手段、上下游各企业价值链的整合等方式能够有效降低中小微企业的融资成本,大量金融机构的介入也为企业融资提供多方选择。同时物流金融特殊的贷款偿还方式,中小微企业能够有效地盘活资金,增加资金周转率,更大程度上提高企业自身的竞争力,对其寻求进一步发展具有重要的意义。

目前,我国中小微企业发展迅猛,已有 5 000 多万户,占全国实有企业总数的 98%,提供了近 80%的城镇就业岗位,完成了 75%以上的企业技术创新,创造的最终产品和服务价值相当于国内生产总值的 60%左右,纳税额占国家税收的 50%左右。中小微企业,特别是民营企业的蓬勃发展已成为推动中国经济向前的重要动力。但是由于国家政策的倾斜、自身规模等原因，中小微企业的发展遇到了人才、技术、资金等诸多瓶颈，而资金瓶颈已成为中小微企业发展道路中的主要障碍。信贷资金的缺乏和风险投资、资本市场融资等其他融资渠道的狭窄使许多企业产生利用存货进行融资的迫切需求。伴随着持续的通胀、人民币升值、原材料和用工成本高企等压力，我国中小企业也面临日益复杂的外部环境和趋于恶化的内部问题，经营困难不断加剧。外部环境直接催生了更大的融资需求，使先天融资困难的中小企业更加窘困，出现了中小企业资金需求旺盛而供给不足的局面。

总地来说，中小企业的资金需求表现为"短、小、频、急"等主要特点，且中小企业资金链易断裂，抵御风险能力较差，难以造成稳定的现金流。资金投入大，外部资金需求大。

从图 3-9 可以看出，银行贷款仍是中小微企业首先的融资方式，但中小微企业却很难从国有商业银行得到贷款。国有商业银行是国家的大型金融机构，主要服务于国有大型企业，对小额贷款不屑一顾。同时，中小企业市场风险大，财务制度不健全，资信状况堪忧，且缺乏足额的财产抵押又无人担保，银行考虑到风险性因素惜贷、惧贷。近年来，贷款利率持续攀高(图 3-10)，中小企业融资成本也不断攀升即使中小企业从银行得到贷款，它们的融资需求并没有得到很好的满足(表 3-2)。

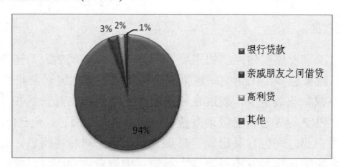

图 3-9　中小企业融资选择方式

(资料来源：渣打银行．中国中小企业融资现状调查，2008)

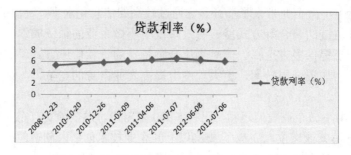

图 3-10　我国商业银行近 8 次贷款利率调整变化

(资料来源：中国人民银行网站)

商品从原材料制造到最终消费者手中的整个供应链过程中,都存在着大量的库存。虽然合理的库存可以满足顾客的需求,应付供货周期与制造周期的不匹配,但是库存就意味着存在相应的资金成本。企业在发展的过程中面临的最大威胁是流动资金不足,而存货占用的大量资金使得企业可能处于流动资金不足的困境。这种资金不足的风险在中小企业的发展中更加明显,往往成为制约其发展的瓶颈。信贷资金的缺乏和在资本市场上融资能力的缺乏,使得许多企业产生了利用存货融资的需求。与大型企业相比,中小企业成立时间短,规模小,自有资本偏少,资信水平较低,抗风险能力差,传统信贷模式很难满足中小企业融资需求。而物流金融业务的开展是基于存货或供应链真实交易背景为基础的,更有利于发现中小企业的核心价值,降低金融机构尤其是银行对中小企业的偏见。对银行而言,可以更好地拓展客户并控制风险。而对中小企业而言,将有效地满足高时效、高频率、高额度、低成本的融资需求,还有助于中小企业进入资本市场直接融资。

表 3-2　中小企业融资需求未得到满足的情况

项　目	数量/家
贷款金额未得到满足	298
贷款期限未得到满足	208
贷款品种未得到满足	127
其他金融服务未得到满足	64

(资料来源:渣打银行.中国中小企业融资现状调查,2008)

综上所述,物流金融不仅能给物流企业和金融机构带来新的利润源,有效提高核心竞争力,还能更好地拓展业务,挖掘潜在客户,而且能够有效解决中小微企业融资的困难,有效降低融资成本并维持经营,形成物流企业、金融机构以及中小微企业共赢的局面。从大的方面讲,物流金融业务将有效促进我国经济发展方式转变和技术转型,促进国民经济健康可持续发展。因此,无论是物流企业、金融机构还是融资需求主体都迫切地希望开展物流金融,物流金融业务需求将呈现日益旺盛的态势。

【知识拓展】

目前我国中小企业融资现状

中国人民银行金融市场司司长谢多 3 月 28 日在"2013 中国中小企业投融资交易会"新闻发布会上表示,下一步将加大对中小企业的融资扶持力度,对符合条件的劳动密集型中小企业扩大信贷力度,大力推进中小企业信用体系和担保体系建设等。据悉,2012 年年末我国中小企业贷款余额达 11.58 万亿元,同比增长 16.6%,增速比大型企业贷款高 8 个百分点。

工业和信息化部总工程师朱宏任介绍,截至目前,我国工商注册的中小企业超过 1 300

万户，占我国企业总数的99%，个体工商户超过4 000万户。许多中小企业面临融资困难、信用体系不健全、成本上升、资源环境约束等问题，需要继续改善信贷环境，满足小微企业信贷需求。

中国中小企业协会会长李子彬对此表示，国内中小企业创造的最终产品和服务价值相当于GDP总量的60%，纳税占国家税收总额的50%，并创造了80%左右的城镇就业岗位。企业和银行之间的信息"不对称"等，导致融资难、融资成本高、融资渠道窄的问题突出。

(资料来源：http://news.xinhuanet.com/fortune/2013-03/29/c_124519415.html)

3.3　物流金融发展前景与趋势

随着国际物流业的发展以及产业供应链的形成，如何降低融资成本，这是目前供应链发展中面临的最主要的挑战。可以说，现代物流的发展已经离不开金融服务的支持。但是，由于当前内地金融服务发展较慢，这在一定程度上影响了现代物流发展。因此，把物流服务和金融服务相结合进行业务模式的创新，是当前第三方物流公司、金融机构(银行等)或相关企业在激烈市场竞争中脱颖而出的主要途径之一。由于现代物流和金融服务的创新——物流金融，不仅为中小企业或经销商解决了融资困境，同时也能为第三方物流企业以及金融机构(银行)进行业务创新和寻求新的利润增长点，提供新的思路和实施方法。因此，物流金融在物资流通领域具有良好的发展前景。

3.3.1　物流金融发展前景

金融业与物流业的结合，是金融资本与商业资本的有效结合形式，抓住了资金流的关键之一。当前，中国宏观经济在通胀与反通胀中过度，经济下行、成本上升与信贷从紧使得物流园区或物流企业自身资金缺口加大，中小企业的资金困难更甚于2009年，金融机构尤其是银行间的低服务水平的同质化竞争更加激烈。实体经济对物流金融需求总量不断增加，可以肯定地说，物流金融在当前以及未来均具有广阔的市场发展空间和前景。

1. 物流金融带来参与多方共赢，关注度日益高涨

物流金融是物流业与金融业的有机结合，创造了一个跨行业、相互交叉发展的新的业务空间，为各自走出同质化经营，转向差异化经营提供了可能，也为资金需求方提供了一条有效的融资解决途径。首先，物流企业借助物流金融业务不仅能够有效解决自身的融资难题，还能获取新的竞争优势。物流金融业务使得物流企业得以控制全程供应链，保证特殊产品的运输质量与长期稳住客户。在供应链管理模式下，企业逐渐转而强调跨企业界限的整合，使得顾客关系的维护与管理变得越来越重要，大幅度提高物流企业自身在供应链中的地位，并获得长期稳定的新的利润源，将有助于形成物流企业的竞争优势。其次，物流金融使得金融机构避免日益激烈的同质化竞争,培育优质客户,为金融机构尤其是银行完善现代结算支付工具,提高中间业务收入创造了机会,更重要的是,专业物流企业通过库存管理和配送管理,可以掌握库存的变动,掌握充分的客户信息,从而充分保证银行放贷风险的可控性。最后,物流金融能够有效解决中小企业"融资难"问题,降低融资成本,满足企业生存发展的需要。正因为物流金融能够带来多方共赢,其日趋受到社会以及政府的重视并不断地创新与推广,为物流金融的发展奠定了良好的生存发展空间。

2. 宏观经济持续回调,物流金融业务需求总量增加

作为宏观经济重要的先行指标,自 2012 年 10 月以来,中国 PMI 已连续 5 个月位于 50%的临界点以上。2013 年前两个月 PMI 指数连续出现小幅度回调,这意味着制造业扩张趋势已稍显乏力。尤其是中小型企业 PMI 指数环比下降,表明中小型企业生产经营活动活力减弱。

物流金融业务为中小企业突破融资瓶颈提供了新途径。当前国内银根紧缩,借贷成本居高不下,很多中小企业资金缺乏。有着强烈资金需求的中小企业在生产过程中常因库存沉淀大量资金,资金成本压力越来越大。流动资金不足,成为中小企业发展面临的最大瓶颈。物流金融可有效地使这部分沉淀资金流动起来,实现物流、资金流、信息流的有机统一。我国中小企业资金需求量巨大,不断创新的物流金融产品能够有效解决中小企业在采购、生产、销售等供应链各个环节预付、应收、库存上的资金难题。当前以及在今后一段时期内中小企业对物流金融的需求总量将不断增加。

3. 物流金融业务创新动力明显,各种新型业态不断涌现

当前,物流金融业务的竞争进一步深化,在专业性物流金融机构的引领下,大型银行也开始信贷结构调整。中小银行为了获得自己的生存发展空间,谋划战略布局,提高物流金融业务的战略地位。因此,各个金融机构以及物流金融业务参与方创新动力明显,陆续推出了一系列差异化物流金融产品,不断拓展服务领域,各种新型物流金融业态不断涌现,为物流金融业务注入了新的生机与活力。

随着移动互联网和物联网的发展,立体电子商务体系逐步成形,诸多金融机构与电子商务平台合作发展在线物流金融或供应链金融,通过在线审批、监管和运作提高效率、降低货贷风险,并不断进行物流金融产品创新。如金银岛、银货通在线、怡亚通等专业的物流金融服务公司,纷纷搭建供应链金融电子化平台,规范物流金融的操作,为企业提供了一站式、全方位的金融服务,整合整个产业链,甚至将供应链金融服务扩展到零售销售末端。随着居民消费升级和扩大内需政策的落实,居民消费服务需求占有的分量越来越重,相应的快递配送等物流业态加快发展,代收货款、代垫货款和电子结算等新型快递业物流金融陆续出现,并与电子商务平台有效结合,支持我国商品速运系统的一体化。再者,农村新型物流金融、政府采购订单融资、第四方物流金融、专业物流金融监管服务等物流金

融业态也开始在实体经济的各个环节出现。

【实例 3-2】

聚焦电商 B2B：金融与物流 B2B 浪尖上的博弈

"让天下没有难做的生意"，是马云建立阿里巴巴的初衷。但看看眼下外贸 B2B 货物贸易或服务贸易的现状，就会发现融资难、物流压力大、议价权低等短板依旧制约着中小企业的发展。或许，唯有产业联动、集约规模才能解决 B2B 发展之困。

近日，阿里巴巴正式宣布其 B2B 平台退市，伴随这一消息的尘埃落定，阿里巴巴退市之后的发展模式成了业界讨论的热点话题。有业内人士向网络导报记者透露，阿里巴巴或将在未来建立 B2B 诚信平台，这一平台会从金融和物流两个方面发力，给电商 B2B 带来全新的发展机会和广阔的市场。

而这个消息对中小企业而言无疑是一大福音。金融和物流服务一直是企业运作过程中的短板，如何解决中小企业的金融、物流服务之困，将是开启 B2B 新征程的起点。

……

当前我国的信用支付比例很低，深圳一达通副总裁肖锋表示，在对华贸易中间，缺少信用支付比例往往会导致中小企业没有议价权，单子不敢接，没能力接。在国家政策方面，支持实体、支持中小企业的呼声很高，但作为商业化的服务而言，这些呼声需要商业化机构落实。由于风险成本太高，银行等商业机构却不敢给中小企业做信用支付。做一个 1 000 万元的贷款和做一个几十万元的贷款，银行在贷前贷后的管理、利息、手续方面付出的精力相差无几。如此一来，银行即使能做小的也不愿意去做，加上银行担心出现坏账，更亏不起，在风险与成本的夹击之下，银行往往贷款积极性不高。

……

肖锋认为，当前外贸企业多为中小企业，规模小，物流等需求都是细小的需求，如果能被有效组织起来，那就是大需求。"一达通不管订单多少和金额大小，通关、物流、融资都给企业做。"这种整合企业资源的模式，既提升议价能力，又能大大节约成本。

而在金融服务方面，一达通同样采用了集约规模的服务模式，以保底的方式解决了银行的风险和成本问题，也解决了企业的风险。对中小企业来讲，银行通过一达通给小企业进行贸易贷款，小企业还不敢贷款。不敢贷款的原因还是风险问题，他们担心万一有一单采购商没给钱，企业还得还银行钱。通过集约规模，一达通会通过自身去跟银行贷款，企业再跟一达通贷，一旦出现坏账，企业只要赔 20%，剩下 80% 由一达通来出，这样一来，中小企业就敢贷款了。

肖锋同时表示，诸如一达通这样的新型 B2B 平台，本身还需要一个更加严谨的技术改进或创新。他们期待国家能从这个层面去做个试点，看到这个模式的可行之处，从而给予这些企业以政策方面的支持。例如，给担保公司补贴坏账。当前，国家对担保公司、小贷公司有一些政策，一达通目前这个担保政策是一个动产担保，中小企业的动产，最大的在于它们的贸易，这种担保比用不动产的担保更有把握，国家应该对这样的中介机构进行支持。

(资料来源：http://www.cfi.net.cn/p20120612000634.html)

4. 物流、金融与电商实现实时数据交互，引领走进新型物流金融时代

电子商务是将商流、资金流、信息流电子化，将商务、广告、订货、购买、支付、认证等实物和事务处理虚拟化。电子信息化可更快、更有力地促进和推动现代物流业的发展，并加快物流体系的完善，现代物流第二空间(即电子物流)将是现代物流发展的目标，物流第一空间与物流第二空间将日益走向融合。发展电子商务可以促进现代物流信息化，并促进现代物流与商流的融合，在电子商务时代现代物流业将逐渐多功能化、系统化、社会化、网络化、信息化。

电商与金融结合同样具备很大优势，从阿里巴巴、敦煌网到金银岛、亚马逊，再到京东商城，发展供应链金融正成为电商巨头抢占市场份额、争夺供应商的必经之路。国内电商布局金融服务主要分为两种模式，一种是扮演担保角色，不用自有资金，而是用银行资金放贷；另一种则是电商直接用自有资金放贷，电商面向商户提供投融资服务，具有一定的信息优势，能与银行、商户间实现互惠多赢。

【知识拓展】

中信银行将与阿里巴巴共享小企业客户资源

为了扩大中小企业客户数量，中信银行(601998.SH/00998.HK)计划通过阿里巴巴的电子商务平台，共享数百万的中小企业客户资源，这将成为两家公司战略合作的重要方向之一。中信集团董事长常振明和中信银行行长陈小宪均表示，中信银行将进一步在零售银行、电子商务和现金管理、小企业金融等业务领域方面，为阿里巴巴的电子商务客户提供优质高效的在线金融服务。

陈小宪表示，尤其在小企业金融方面，双方正酝酿实现客户资源的共享，一旦实现共享，将成为中信银行加大中小企业信贷投放的重要渠道。

阿里巴巴集团董事局主席马云同时指出，电子商务与金融服务融合是未来趋势。但目前中小企业融资困境依然存在，因此双方进行全面合作后，阿里巴巴将向中信银行提供包括云计算在内的数据分享，帮助更多的中小企业融资。

中信银行表示，通过阿里巴巴的互联网平台，可以获取广阔的中小企业金融业务发展空间，并在广泛开展传统小企业信贷业务的同时，还将探索开展网络联保贷款、订单融资等创新型融资业务。

根据合作协议，在零售银行业务方面，双方计划推出"无限额"快捷支付信用卡。中信银行表示,对信用良好的网上支付客户,中信银行将提供没有支付额度限制的信用卡。相对于传统的有一定信用额度的信用卡来说,这就是银行与阿里巴巴第三方支付的创新产品。

(资料来源:http://www.caijing.com.cn/2011-04-20/110697578.html)

3.3.2 物流金融发展趋势

1. 信贷政策逐渐放松,物流金融业务供给总量将获稳定增长

为提振经济,在通胀压力不明显的情况下,货币政策与信贷政策在 2012 年上半年得到了阶段性的结构性放松,中国人民银行分别于 2012 年 2 月 24 日、5 月 18 日两次下调存款类金融机构人民币存款准备金率 0.5 个百分点。5 月 18 日下调后,大型金融机构存款准备金率降至 20%,中小型金融机构存款准备金率降至 16.5%(图 3-11)。此举有望释放 4 000 多亿元流动性,对于稳定经济增长、物流金融融资供给量无疑是一个利好。考虑到通胀的隐形压力和房地产调控的需要,也不会出现信贷的大幅增长。因此,信贷资金会出现稳步增长,而且更偏向于获得金融界更多关注的中小企业的物流金融业务。我国经济增长速度放缓将使我国实体经济运行更加困难,对物流金融既有刺激又有负面影响作用。它使得物流金融的需求更加急迫和更加必要,对物流金融的拓展营造了良好的社会氛围,但也会对物流金融的需求总量造成影响。事实上,目前市场上物流金融总量主要受到供给影响,仍然是供不应求的现状。因此,稳定、健康、均衡增长将是我国物流金融在今后一定时期内的主基调。

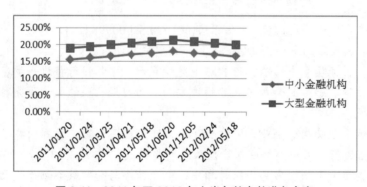

图 3-11 2011 年至 2012 年上半年的存款准备金率

(资料来源:中国人行银行)

2. 物流金融融资结构不断优化

在我国,物流金融从其诞生起就受到社会各界人士的密切关注。这几年,物流企业、金融机构、电子商务平台商等主体更是纷纷迈进这一领域,助推了物流金融业务的迅猛发展,竞争也更加激烈。面对竞争,要想生存发展,就必须创新。这一发展态势就使得参与主体更加关注物流金融运营模式、技术管理上的创新,优化物流金融的行业分布和空间分布,提升物流金融的运营水平,促进物流金融业务的结构调整,拓展差异化的高附加值的物流金融产品,从而保障我国物流金融业务的良性发展。

受世界经济影响,外部订单大幅减少,扩大内需将成为我国经济增长的动力,相应地,物流金融业务内外结构将发生重大调整,国内战略地位将显著提高。我国经济较发达的东部沿海地区容易较先受到国外高新技术的影响,因而沿海地区一直是我国物流金融业务发展的重头戏。但随着我国西部大开发的继续推进以及我国产业结构的梯度转移,中西部地区经济高速发展,物流金融业务在中西部地区的成功运作也日趋常见,并在今后一定时期内有着良好的发展势头,物流金融业务的空间结构也更加合理化、更加均衡。

3. 物流金融与信贷市场、资本市场加速融合,服务产品不断创新

近年来,物流金融业务作为金融机构、准金融机构、物流企业等多参与主体融合发展的产物,不仅有效缓解了各参与主体来自自身所处行业激烈的竞争压力,还为各参与方开辟了新的业务领域和新的利润源,受到了业界较高的评价。其中,物流企业起到了非常重要的纽带作用。若物流企业自身融资问题不能较好解决,将会影响到物流金融业务的进一步拓展和持续的健康发展。

我国物流金融业务起步晚、竞争不足、相对缺乏创新、运营模式和管理技术落后,相比国外物流金融业的标杆水平,仍然存在较大的差距。目前,信贷市场和资本市场作为我国企业融资的两大资金来源,已成为服务实体经济的双轮驱动力。鉴于此,加速物流金融与信贷市场、资本市场融合发展,在物流金融原有业务基础上创新物流金融服务产品,与信贷市场联合开发中小企业集合贷款、融资租赁、典当融资、中小企业集合信托以及互保互联等创新服务产品,与资本市场联合试点债券融资和私募、股权融资等服务产品,以及与保险业联合发展中小企业贷款保证保险和短期贸易信用保险等服务创新产品,在满足物流企业(尤其是大型物流园区)大规模的资金需求下,进一步服务广大的中小企业,服务实体经济。

4. 物流金融业务分工深化,社会化生态大系统初步形成

物流金融业务在我国已发展多年,我国物流金融业的分工将更加明细。在物流金融业务的庞大系统里,不仅有物流企业、金融机构、保险机构、担保机构、供应链核心企业、行业协会等老面孔,而且还将出现专门从事物流金融业务的第三方物流金融监管公司、物流金融资产评估公司、物流金融专业咨询公司甚至第四方物流金融电子商务平台或第四方物流金融系统解决方案商等新兴机构。它们将纷纷基于自己的核心优势开展物流金融服务或参与物流金融业务,以提高我国物流金融服务运作效率,初步形成我国物流金融业的社会化生态大系统。在这一趋势的引领下,在物流金融业务的拓展与创新过程中,参与方没

有必要面面俱到，而是努力发展自己的核心技术、主动融入物流金融社会化生态大系统，整合全社会的优势资源以实现参与各方的协同共赢。

本 章 小 结

物流金融作为物流业与金融业融合发展的创新服务，近年来在我国发展十分迅速，遇到了前所未有的机遇。本章从物流业产融特征出发，分析当前我国物流金融的巨大现实需求以及发展前景和趋势，为物流金融业务产品创新、风险管理与控制提供一定的借鉴和指导。为应对日趋激烈的竞争压力，物流金融各参与主体势必追求创新，物流金融将拥有良好的发展前景和趋势。

课 后 习 题

一、选择题

1. 物流行业的融资特征包括(　　)。
    A. 流动资金需求旺盛　　　　　　B. 不同规模物流企业融资差异性大
    C. 政策落实不到位　　　　　　　D. 商业银行借款积极性高
2. 中小企业在融资过程中存在的问题包括(　　)。
    A. 信息管理不成熟　　　　　　　B. 融资成本高
    C. 资金需求量大，贷款渠道窄　　D. 信用不足
3. 未来物流金融的发展方向是(　　)。
    A. 信贷政策逐渐放松　　　　　　B. 融资结构将更趋优化
    C. 与电商结合　　　　　　　　　D. 分工深化

二、名词解释

1. 产融特征
2. 内源融资
3. 信托融资

三、简答题

1. 简述物流行业的产融特征。
2. 物流企业、金融机构、中小企业在物流金融市场中有着哪些需求？
3. 物流金融发展前景如何？你认为未来的发展趋势是怎样的？

四、案例分析

物流业转型走电商之路

在电子商务迅速发展的今天,物流无疑成为电商成就的最有力支柱。但在迅猛发展的同时,物流业也出现了一系列问题。

物流企业成本压力大增

当前,不少物流企业面临巨大的成本压力,比如国家实施"营业税改征增值税"政策后,许多物流类交通运输业主体的成本大幅上升,同时还负担着高额的油费、税收等成本,企业发展由此受到制约。据了解,遭受了金融危机后,制造业与物流业之间的矛盾被市场放大。一方面,制造企业的物流需求分散在各个部门和企业,没有转化为社会化的需求,物流运作成本高,效率低。另一方面,由于社会化需求不足,专业化物流的发展受到制约,适应制造企业需要的物流服务能力不高,出现了有效需求不足和有效供应不够并存的矛盾。

物流企业电商之路

目前,摆在物流企业面前的共同难题是:如何推动物流产业转型升级,降低风险,提升服务质量,提高物流效率,掘取更多的"第三方利润"?如何发挥制造业和物流业之间的融合联动,实现共赢?

专家认为,物流企业亟须提升企业的信息化水平,使物流企业的交易链得以缩短,交易环节减少,交易成本大幅降低。同时,物流企业更要建设物流信息平台,以物流市场"线上"和"线下"交易服务为切入点,利用供应链管理模式和先进的物流科学技术(物联网技术等),推进现代物流业再上一个新台阶。

不久前,阿里巴巴物流平台打造了一套完整的物流在线交易流程,其通过比较价格、服务及评价,在网络平台自主选择物流服务供应商进行在线下单。在这个平台上,物流公司就是卖家,发货方就是买家,发货方通过物流平台寻找可以承运货物的物流公司,并在线下单,物流服务交易得以轻松实现。而8 000万的阿里巴巴中文站用户、6.5亿淘宝会员,对物流企业来说,这两个数字确实蕴含着海量商机。目前,一些已入驻阿里物流平台的企业,每天获得超过10%的订单及超过20%的新用户。而且,平台还给入驻的物流企业提供包含账号、运单、线路、网点、投诉、评价等店铺管理以及增值、保障服务等功能的后台服务。

对发货企业和用户来说,通过阿里物流平台能享受到平台规模效应带来的价格优势、网络订单的方便快捷、物流纠纷快速赔付处理的安全保障,以及信用累计带来的交易行为的决策依据和阿里小微金融贷款的机会。通过平台,可有效帮助物流企业降低行销成本,同时提高运营效率。据物流企业透露,通过阿里物流平台获得新用户的成本、人员管理成本只有线下的一半甚至更低。

目前,阿里物流平台已有3 500多家货运、快递公司入驻,2.2万个网点、225万条线路6折起发货,直达全国各地。"基于目前提供的网点线路查询、在线发货、货运险等功能,平台还增加了在线支付等功能,更好地为物流企业和用户服务。"平台负责人表示,今后将在快递、零担业务(指货主需要运送的货不足一车,则作为零星货物交运,承运部门将不同货主的货物按同一到站凑整一车后再发运的服务形式)的基础上加强专线、整车、空运等物流服务,并有针对性地提供行业化的物流解决方案,使平台成为一个线路全、行业全、保障全的全服务专业化物流平台。

(资料来源:http://www.chinawuliu.com.cn/information/201305/21/229806.shtml)

思考题:

阿里巴巴物流平台有哪些特点?存在什么优势?

第 4 章　物流金融结构要素分析

教学目标

- 理解并掌握物流金融市场主体要素；
- 理解并掌握物流金融服务载体要素；
- 理解并掌握物流金融规范与支撑要素。

【案例导入】

兰州新区探索建立多元主体参与融资机制

兰州市委常委、常务副市长、兰州新区党工委书记李森洙在接受采访时表示，力争到 2020 年，基本建成特色鲜明、功能齐全、产业集聚、服务配套、人居环境良好的现代化新区。当前要重点做好招商引资、基础设施建设、财税融资等工作。

兰州新区在积极搭建融资平台的同时，加大了融资力度，正努力探索建立多元投资主体参与新区建设的融资机制，为新区开发建设提供资金保障。目前核心区 80 平方公里的基础配套已基本建成，招商引资累计签约项目 148 个，总投资达到 1 791.22 亿元。

在新区建设投融资方面，李森洙表示，资金是新区开发建设的"血液"。兰州新区目前正通过各项努力吸引各类资金，一是加大与国家、省市财政及金融机构的沟通协调，最大限度地争取资金投入。今后省市财政每年将投入 10 亿元专项资金支持新区建设，并且在财政预算、对口资金上给予新区重点扶持。二是全力做好新区企业的税收征管工作，着力培植优质税源，应收尽收、应缴尽缴。三是加大间接融资力度，密切与国有股份制商业银行、全国性股份制商业银行和民间资本的联系，利用发行企业债券、中长期票据等方式，吸引各类资金投入新区开发建设。2013 年上半年已争取到位银行贷款资金 20.6 亿元。同时，搭建新的融资平台，与省国投集团联合成立公司，共同发行的 25 亿元短期融资券资金已经到位。

李森洙表示，兰州新区正面临千载难逢的历史机遇，在财税融资上要有新举措。应积极克服国际国内金融大环境给新区融资带来的不利影响，继续加强与国开行、光大、兴业、中信等各大银行的沟通联系，扩大贷款融资规模。积极推动与信托、基金等的对接洽谈，尽快与银河证券、中信证券、民生证券、鑫桥融资租赁、欧力士融资租赁等金融机构达成合作，拓宽新的融资渠道，争取全年实现自身融资 100 亿元以上。

(资料来源：http://www.gs.xinhuanet.com/zhuanti/2013-08/20/c_117014925.htm)

想一想：

你认为物流金融业务的发展需要哪些方面的努力？

物流金融的结构要素由市场主体、服务载体、规范和支撑体系组成。其中，服务载体、规范和支撑体系是市场主体存在和发展的支撑条件，而市场主体可以通过自身的创新对已有的服务载体、规范和支撑体系进行改善和完善，并在与其他行为主体要素的利益博弈中逐渐达到动态均衡，构成一个既相互约束、相互牵制，又相互促进、共同发展的生态平衡系统(图4-1)。

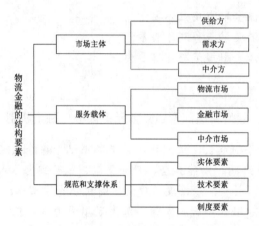

图 4-1 物流金融的结构要素

4.1 市场主体要素分析

在物流金融生态体系中，市场主体包括物流金融服务的供给方、需求方以及中介方。供给方由以商业银行为主的金融机构和资金实力雄厚的大型物流企业(如中储、怡亚通等)组成；需求方主要包括中小型物流企业和其他行业的中小微企业；中介方作为供需双方的联系纽带，以第三方、第四方甚至是第五方的形式提供服务，对物流金融业务的高效开展有着重要意义。

4.1.1 物流金融供给方

1. 金融机构

物流金融业务中，金融机构类供给主体主要包括银行业金融机构，证券业金融机构，保险业金融机构，信托公司以及小额贷款公司、典当行、融资性担保公司、融资租赁公司以及金融仓储公司等在内的准金融机构。

1) 银行业金融机构

银行业金融机构是指在中华人民共和国境内设立的商业银行、城市信用合作社、农村信用合作社等吸收公众存款的金融机构以及政策性银行。截至2012年年末，银行业金融机构的总资产达到 131.27 万亿元，总负债达到 122.63 万亿元。2012 年是银行业金融机构资产总额增加最快的一年，全年新增总资产规模达到 19.75 万亿元，增幅达 17.7%。分地区看，东部地区银行业金融机构网点个数、从业人员和资产总额在全国占比最高，其中北京、上海、广东、江苏、浙江、山东 6 省(直辖市)银行业资产总额在全国比重达到 49.4%。中西部资产总额占也有所提升，具体营业网点数如表 4-1 所示。

表 4-1 2012 年年末银行业金融机构地区分布

	营业网点			法人机构
	机构个数占比/%	从业人数占比/%	资产总额占比/%	个数占比/%
东部	39.5	44.3	59.5	33.4
中部	23.4	21.1	14.9	23.3
西部	27.7	24.1	18.5	33.6
东北	9.4	10.6	7.1	9.7
合计	100.0	100.0	100.0	100.0

注：各地区金融机构网点不包括国家开发银行和政策性银行、大型商业银行、股份制商业银行等金融机构总部数据；部分数据因四舍五入的原因，存在于分项合计不等的情况。

(资料来源：中国人民银行上海总部、各分行、营业管理部、省会(首府)城市中心支行)

外资银行稳步发展。截至 2012 年年末，全国共有 27 个省(自治区、直辖市)有外资银行入驻，机构网点总数 839 家，资产总额达到 2.4 万亿元。外资银行 82.5% 的机构网点和 93.5% 的资产集中在东部。中部地区对外资银行吸引力增强，机构网点数和资产总额较比上年都有大幅增长，西部与东北地区机构网点数和资产总额也保持稳步增长。

农村金融机构快速发展，到 2012 年年末，全国小型农村金融机构资产总额达到 15.6 万亿元，相比去年，小型农村金融机构资产在东部、西部和东北地区的增长率分别是 21.9%、27.4% 和 28.4%。新型农村机构如村镇银行、农村资金互助社、贷款公司、小额贷款公司等也得到快速发展，各类新型农村机构共计 6 923 家。

2) 证券业金融机构

证券业金融机构为有实力的大型物流企业的上市提供了便利条件，也为大宗现货商品在期货市场的套期保值等活动奠定了基础，同时也有利于物流企业通过资本市场进行直接融资活动等。截至 2012 年年末，境内上市公司总数(A、B 股)2 494 家，其中创业板上市公司 355 家，中小板上市公司 701 家。分地区看，东部、中部、西部和东北地区境内上市公司数量占全国的比重分别为 65.0%、14.9%、14.6% 和 5.6%，东部地区境内、境外公司数量在全国占比保持在 60% 以上，并在最近 3 年占比逐年提高。各地区证券分布如表 4-2 所示。

表 4-2 2012 年年末各地区证券业分布

	东部/%	中部/%	西部/%	东北/%	全国/%
总部设在辖内的证券公司数	68.4	10.5	15.8	5.3	100.0
总部设在辖内的基金公司数	97.4	0.0	2.6	0.0	100.0
总部设在辖内的期货公司数	71.4	10.6	9.9	8.1	100.0
年末境内上市公司数	65.0	14.9	14.6	5.6	100.0
年末境外上市公司数	75.2	15.9	8.7	0.2	100.0
当年国内股票(A 股)筹资额	66.9	11.6	17.1	4.4	100.0
当年发行 H 股筹资额	87.2	3.8	9.0	0.0	100.0
当年国内债券筹资额	72.6	10.8	12.4	4.2	100.0
其中：短期融资券筹资额	75.1	9.0	12.4	3.4	100.0
中期票据筹资额	70.0	11.8	13.5	4.6	100.0

(资料来源：各省(自治区、直辖市)证监局，中国人民银行工作人员计算)

3) 保险业金融机构

保险业金融机构可以有效分散物流金融业务过程中的风险，日益受到了业界的重视。截至 2012 年年末，全国保险公司合计 153 家，保险公司分支机构 1 536 个。保险业总资产保持平稳增长，总额达到 7.4 万亿元，增长 22.3%，其中银行存款、投资类资产分别增长 32.2%、19.5%。保费收入上，东部、中部、西部、东北地区保费收入分别增长 9.0%、4.1%、8.8%和 6.9%，总体而言，保费收入增速缓慢。各地区保险业分布如表 4-3 所示。

表 4-3 2012 年年末各地区保险业分布

	东部/%	中部/%	西部/%	东北/%	全国/%
总部设在辖内的保险公司数	86.9	3.3	5.2	4.6	100.0
其中：财产险经营主体	78.7	4.9	9.8	6.6	100.0
人身险经营主体	90.1	2.8	2.8	4.2	100.0
保险公司分支机构数	46.5	18.7	23.8	10.9	100.0
其中：财产险公司分支机构	45.4	18.5	26.2	9.9	100.0
人身险公司分支机构	47.5	18.9	21.7	11.9	100.0
保费收入	54.5	19.1	19.0	7.4	100.0
其中：财产险保费收入	55.5	16.6	20.7	7.2	100.0
人身险保费收入	54.0	20.5	18.1	7.5	100.0
各类赔款给付	54.9	18.0	19.5	7.6	100.0

(资料来源：各省(自治区、直辖市)保监局，中国人民银行工作人员计算)

4) 新型金融机构(准金融机构)

2009 年中国人民银行发布了《金融机构编码规范》，明确我国金融机构的范围不仅涵盖传统的银行业、证券业和保险业，也包括企业年金、贷款公司、农村资金互助社及村镇银行等新型金融机构，还将交易及结算类金融机构、金融控股公司及小额贷款公司等纳入金融机构范围，丰富了金融机构的内涵。准金融机构一般包括 4 类：一是从 2008 年始日益增多的小额贷款公司；二是即将由地方政府履行监管职责的融资担保公司；三是如 PE 私募股权投资基金；四是如典当行等。在实践中，准金融机构与传统金融机构在各方面仍然有着较为明显的区别。它的基本特点包括：经营业务具有金融性质，体现了金融上的创新；规模一般较小，涉众面相对较窄，一般不会产生系统性风险；监管体制特殊，不受人民银行、银监会、证监会、保监会直接监管，而是由地方政府监管。新型的准金融机构的蓬勃发展为物流金融领域注入了新的活力，有利于借助新型金融机构的特色优势开展多元化的物流金融服务创新产品。

【知识拓展】

当前国内准金融机构发展迅速，以四川省准金融机构发展为例，截至 2012 年 6 月底，四川省小额贷款公司 171 家，小额贷款公司累计发放贷款 261 亿元，同比增长 148%。贷款余额 250.88 亿元，同比增长 168.65%，新增贷款余额 88.23 亿元。全省融资性担保公司 497 家，累计提供融资性担保金额 783.5 亿元，同比增长 16.7%。融资性担保余额 1 788 亿元，同比增长 32%。融资性担保余额占全省贷款余额的 7.27%，占全省小微型企业贷款余额的 30.77%。截至 2011 年年底全省共有 201 家典当行。截至 2012 年 4 月，四川省金融办已经审批 5 家金融仓储公司，这 5 家公司创新性开展的金融仓储业务已先后为 200 余户小微企业获得银行业金融机构贷款逾 10 亿元。

综合而言，多元化的金融机构发展体系为我国物流金融的服务创新发展提供良好的土壤。各类金融机构要充分发挥我国金融组织体系相对健全、金融环境相对较好的优势，以加快转变我国经济发展方式、促进工业转型升级为契机，以服务中小微企业为重点，分别从建立、健全组织体系、强化物流金融产品、加强风险管控能力 3 个方面推进物流金融。

(1) 建立、健全金融组织体系。

健全的物流金融组织体系是业务得以顺利开展的基础保障。鼓励各类金融机构优化组织结构，创新服务机制，设立物流金融或供应链金融业务部，依托专业的运营管理团队，加强物流金融业务销售、日常运营管理以及风险管控，全方位地完善物流金融业务发展的组织体系，以便更好地拓展、推广物流金融业务。鼓励打破传统区域限制，推行"全国业务全国办"模式，改变传统异地授信的烦琐与周期长问题。

(2) 强化物流金融产品创新与服务。

物流金融服务产品创新是物流金融进一步拓展的核心动力。银行类金融机构应以产业集群内核心企业为支点，借鉴深圳发展银行的"1+N"或者兴业银行"M+1+N"模式，全方位开拓存货质押、应收账款融资、预付款融资以及订单融资等供应链融资模式；小额贷款公司、融资担保公司以及金融仓储等为代表的准金融机构，充分发挥自身专业优势，积极与银行合作，开发更多物流金融创新产品；鉴于当前物流保险发展较为欠缺的事实，建议各保险机构与物流企业合作开发物流活动全过程的保险品种，积极展开信用险以及小微企业保证保险试点；鼓励银行类金融机构与股权投资基金、物流企业、担保公司等展开合作，推行小微企业信贷桥隧模式，实现投贷联动。

(3) 不断强化物流金融风险管控能力。

基于当前经济下行压力，物流金融风险成为掣肘物流金融发展的最大因素，强化自身风险管控能力是开展物流金融产品和服务创新的前提和基础。为合理管控风险，金融机构应与产业集群以及物流园区、大型物流企业等建立战略合作关系，以"银群"会商、整体授权等方式，加大对产业集群示范区建设的金融支持力度的同时，基于平台类企业对服务对象的前期筛选以及信用担保机制，降低自身风险；加强与政府、科研院所展开合作，共同展开物流金融风险防控能力研究和产品创新研究，提升自身服务创新和风险管控能力。

2. 物流企业

物流金融业务中，物流企业扮演双重角色，即物流金融服务的供给方和需求方。作为供给方主要是指自身实力较强的平台类及大型物流企业，比如中储、中外运、中远物流、越海全球物流、怡亚通、飞马国际以及江苏飞力达等。对物流企业而言，在整个物流过程中的各种保险、贷款、投资、信托、租赁、抵押、贴现、结算、有价证券的发行与交易、收购兼并与资产重组、咨询、担保以及金融机构所办理的各类涉及物流业的中间业务等活动，都有可能成为物流企业的利润来源，这为物流企业大大提升了盈利空间。

当前，由于受我国银行分业经营和其他相关政策的影响，物流金融业务中提供资金和进行相关结算的主体仍较为单一，以商业银行为主。正因为如此，我国具有较强实力的大型物流企业遇到了前所未有的发展机遇，物流金融势必为物流企业增添新的竞争实力。以我国 A 级物流企业为代表的大中型物流企业必须以国内上市企业(中储、怡亚通等)为标杆，充分立足于自身的服务优势和行业地位，强化与其他多参与主体合作，深入核心企业客户产业链条中，深度开展嵌入式供应链集成服务，实现由货运、仓储等单一物流功能的基础物流体系向全方位的综合物流体系以及以物流金融为代表的特色物流体系转变。在推进物流金融业务的具体过程中，应以存货质押、代收货款等物流金融基础产品为起点，同时进一步创新思想，加强与金融机构、科研机构合作，探索研究包括物流银行、物流保险以及物流投行等一体化物流金融服务模式，加强风险控制体系建设，真正实现让银行放心、客户满意、股东支持，将物流金融业务打造为企业的核心竞争力，帮助企业做大做强。

4.1.2 物流金融需求方

1. 供应链上下游的中小企业

近年来，我国已把加快中小企业发展作为推动科学发展、加速崛起的重要着力点，中小企业经过多年发展，总数已达 5 000 多万户，逐步成为经济稳增长的主力军。与此同时，受欧洲主权债务危机影响，全球经济复苏面临严峻考验，国内经济稳增长压力凸显，我国中小企业融资难现象普遍存在。事实上，据央行内部统计，我国中小企业大约有 16 万亿元的资产由于受到法律的限制，不能用于担保生成信贷资金(中小企业资产价值的 70%以上为应收账款和存货)。若按照 50%的贷款折扣率，16 万亿元的资产可以担保生成约 8 万亿元的贷款。2010 年，监管层给银行制定的信贷总规模为 7.5 万亿元，动产融资释放的能量由此可见一斑。因此，以动产质押业务为代表的物流金融对缓解我国中小企业的融资难问题具有重大意义。

在物流金融业务中，供应链上下游的中小微企业一直都是物流金融的主要服务对象和需求主体，且处于融资参与方的劣势地位。因此，中小微企业应加强企业间的联系(比如积极进驻物流园区、科技园区、产业园区)，努力创造互保联保、中小企业集合贷款和产业链贷款的条件。此外，中小企业应从完善自身组织结构和管理、加强社会信用积累、提升物流金融认识水平等多角度出发，致力于解决自身融资困难问题。

(1) 完善中小企业自身制度建设。

就全国中小企业而言，普遍存在企业组织机制不健全，管理松散，固定资产少，财务状况不透明，信用低下等特点。以中小物流企业为例，由于自身实力弱小，只能向客户提供单一的货运代理、运输、仓储等单一物流职能，同质化竞争激烈，企业盈利能力薄弱，造就中小物流企业融资难问题凸显。同时，这些不利因素也影响到与商业银行的合作发展。因此，中小企业在物流金融推进工作中，首先要完善企业自身组织机构，提高企业管理水平，提升员工相应专业素养，积累企业信用，全方位完善自身机制建设。

(2) 加强中小企业社会信用积累。

中小企业由于规模小、固定资产少、财务制度不健全等因素，普遍信用偏低。作为物流金融的融资需求方，中小企业常出现抵押不足、找不到担保人或手续不全等现象，较少能顺利完成物流金融融资。因此，中小企业应增强企业信用认识，积极配合中国人民银行启动的中小企业信用体系建设以及动产质押和应收账款登记公示制度的完善，加强企业信用积累，塑造良好的信用形象，致力于解决自身融资问题。

(3) 提高物流金融运营水平。

物流金融作为一种创新融资业务，众多中小企业或物流企业并未认识到物流金融的优势。因此，在政府职能部分的引导下，加强科研院校与中小企业或物流企业的产学研互动，加强中小企业或物流金融关于物流金融服务优势认识，了解、熟悉物流金融的基本业务操作流程、业务风险以及可行性。同时，加强现代物流技术的引进和运用，提高物流金融业务监管能力。此外，加强与上海自贸区的互动，在企业组织机制、产品设计、业务运营等方面形成优势互补和共赢，全方面提高物流金融运营水平。

2. 物流企业

作为需求方的物流企业主要是指物流行业中，规模小，数量众多，面临资金缺口的小微物流企业，以及有较大资金缺口的物流园区等大型平台类企业。

中小型物流企业作为我国中小企业中的特殊群体，同样普遍存在"散、小、弱、差"的特征，仍然以仓储、运输等传统经营业态为主，低层次同质化竞争愈演愈烈，造成物流企业近乎无利润可言。以四川省为例，调查研究表明，银行业对物流企业的财务制度并不看好，65%的银行认为物流企业财务制度普遍得分在60~75分，说明了我国物流企业要取得更长远的发展，需要建立、健全完善的财务制度，并在业务运营中积累社会信用。另外，中小物流企业应积极入驻物流园区等物流集聚区、大型商圈，以平台类企业或核心企业为依托，拓宽自身业务量，提高资信水平，积极向银行申请中小企业集合贷款，集合保险，以及互助担保基金等创新融资模式。致力于解决自身融资问题之后参与物流金融的多方协调发展，有条件的企业可以吸引相关人才设立专门的物流金融部门，为企业量身设计合适的物流金融增值业务。

对平台类物流企业而言，自2012年以来，银监会的"降旧控新"政策、土地、人力、燃油等物流要素价格的不断攀升等多因素叠加下，我国部分物流园区的建设运营资金缺口愈加凸显。因此平台类企业尤其是政府主导的平台类企业，要切实转变以往"坐地收租"的运营模式，认真研究商务部和银监会下发的《关于支持商圈发展的指导意见》(商秩发〔2011〕253号)，着力开展以商圈担保融资、供应链融资以及商铺经营权、租赁权质押等创新融资模式，同时加大力度吸引工商、税务、商检等政府部门的入驻，并加强信息平台建设，实现与政务系统的对接，同时定期举办银企对接会，搭建小微企业与银行等机构的合作平台，为园区内入驻小微企业及商户提供政务、商务一站式集成服务，同时联合风险投资基金对集聚区的优质企业进行股权投资服务，实现投贷联动，切实解决小微企业的融资困境。

此外，拓宽自身融资途径，应充分发挥作为政府投资平台的政策优势。一方面，盘活园区内的存量资产，继续开展融资租赁、信托融资等拓展自身融资来源；另一方面，扩充增量，积极争取在银行间市场交易商协会发行区域集优集合票据、资产支持票据以及私募债等债务融资产品，并积极改善自身股权结构，争取在新三板市场挂牌，甚至在创业板、主板上市获得股权融资，改善单一融资结构，提高融资能力，更好为入驻企业提供集成服务。

4.1.3 物流金融中介方

随着电子商务以及物联网等新兴技术的发展，以第三方电子商务平台、商品交易所为代表的物流金融服务中介方可以快速兴起，在物流金融业务发展中发挥愈加重要的作用。比如阿里巴巴、怡亚通旗下的宇商融资、渤海商品交易所、天府商品交易所、金银岛大宗商品电子交易平台等。因此，物流金融中介方应充分发挥信息平台优势，搭建桥梁，利用电子商务技术，建立中小企业数字金融服务平台。通过平台递交贷款申请，中介机构专业化审核，匹配合适的融资产品，促进中小企业融资需求和银行贷款产品高效对接，降低银企交易成本，满足多层次融资需求。就融资企业而言，电子商务平台可基于平台动态数据库，实现质押动态智能监管和咨询，对其真实的贸易背景量身定制动产质押监管与融资方案，并匹配最优的资本机构或资本来源。对金融机构而言，电子商务平台可根据自己的平台优势提供贸易真实性评估、行情动态及动产评估，并拓展优质客户等。因此，整合电商平台优势，引入高新科技，强化多方协作，努力实现集定价、贸易、物流、信息、融资为一体的高效性的综合性服务，更好地促进物流金融的发展。

【知识拓展】

据亿邦动力网获悉，2013年年初，慧聪网和民生银行联合发布了一款名为"民生慧聪新e贷"的信用卡产品，可以为慧聪网的买卖通会员企业提供50万元以下的信用贷款。这标志慧聪网继阿里巴巴、敦煌网、网盛生意宝、京东商城和苏宁易购后，成为第六家正式涉足网络贷款的电子商务企业。相比于银行，电商开展金融更加快速灵活，更能切中电商小微企业的真实需求。

上述6家企业中，阿里巴巴和苏宁都已拿到了开展独立贷款业务的牌照，采用的是由旗下独立子公司直接放贷的模式。这种模式的优势在于可以直接积累用户的信用及行为数据，放贷灵活，且有较强的控制力，劣势则在于有政策风险和巨大的资金压力，且受区域限制。

京东、慧聪等大多数电商企业则采用的是与银行合作的方式，电商将平台数据转化为银行认可的信用额度，银行依此完成独立审批、发放贷款。这种模式有利于回避政策和资金风险，由银行出面，也能方便地提供更高额度、更长授信。此外，电商企业的信用数据还能被银行征信体系认可并使用。

目前，这6家企业中，阿里小贷在市场份额上已经取得了一定的优势。阿里金融此前公布的数据显示，2012年上半年时间阿里金融完成170万笔贷款，平均每笔贷款7 000余元，上半年累计投放贷款130亿元。

电子商务企业金融服务产品对比如表4-4所示。

表4-4 电子商务企业金融服务产品对比

	阿里小贷	慧聪民生新e贷	建行敦煌网e保通	网盛贷款通	京东商城	苏宁
发贷主体	阿里小贷公司	民生银行	建设银行	光大、中信等多家银行	京东商城、中国银行	苏宁小贷公司

续表

	阿里小贷	慧聪民生新e贷	建行敦煌网e保通	网盛贷款通	京东商城	苏宁
授信凭据	诚信通交易数据	慧聪网商誉数据	敦煌网交易记录及累计信用	生意宝数据	京东商城交易数据	未公布
	无抵押、免担保	无抵押、免担保	无抵押、免担保	无抵押、免担保	无抵押、免担保	未公布
贷款额度	5万~100万元	3万~50万元	最高2000万元	5万~500万元	未公布	未公布
申请条件	诚信通&中国供应商会员	慧聪网买卖通会员	敦煌网注册卖家	网盛生意宝旗下各网站会员	京东商城供应商	未公布
服务地域	上海、浙江、江苏	民生分支机构所在地(69个地区)	全国	浙江	全国	未公布
授信时长	12个月	3年有效，随借随还	12个月，可循环贷款	3个月或6个月	未公布	未公布
发展现状	截至2012年6月，贷款总额超过260亿，目前单日利息收入超过100万元	2013年1月15日正式推出，尚没有数据	2010年月推出，上线一周年时的放款金额为800万元	与不同银行合作推出多种贷款产品，不同产品的贷款利率与额度都不同	获多家银行共50亿元授信业务，2012年向供应商发布近1个亿的合作融资	公司注册资本3亿元

(资料来源：http://www.ebrun.com)

4.2 服务载体要素分析

物流金融的服务载体要素主要包括金融市场、物流市场和中介市场，本部分主要通过3类服务载体的角度，分析发展物流金融的制约因素。

4.2.1 金融市场

金融市场是指资金供应者和资金需求者双方通过信用工具进行交易而融通资金的市场，广而言之，是实现货币借贷和资金融通、办理各种票据和有价证券交易活动的市场，是金融资产为交易对象而形成的供求关系及其交易机制的总和。金融市场中，作为间接融资渠道的信贷市场和直接融资渠道的资本市场成为金融服务实体经济的双轮驱动力。对于物流金融，金融市场为物流金融的资金供需双方提供了直接交易的场所，反映了金融资产在供应方和需求方之间的供求关系，是物流金融中资金流的服务载体。

中国人民银行原副行长、全国人大财政经济委员会副主任委员吴晓灵，曾指出"要解决中小企业的融资难题，就要建立多层次的资本市场和信贷市场，服务企业成长的不同阶段"，银行间市场交易商协会副秘书长杨农也曾撰文指出信贷市场和资本市场是金融市场服务实体经济的双轮驱动力。

总体而言，国内金融市场交易活跃，信贷市场和资本市场继续保持良好的发展势头。2012年，全国各地区非金融机构部门融资总额稳步扩大，直接融资和间接融资总体增速平稳，融资结构更趋多元。贷款融资仍占主导地位，在融资总额中占比67.2%。直接融资比重提升，其中，债券融资增速较快，在融资总额中占比29.2%，同比提高6.7%[①]。

1. 信贷规模回归稳健，多层次信贷市场雏形呈现

中国人民银行按照国务院统一部署，积极引导货币信贷平稳增长，保持合理的社会融资规模，引导金融机构合理把握信贷投放节奏，努力调整信贷结构。2011年，金融机构本外币存款余额为82.67万亿元，同比增长13.50%，本外币贷款余额58.19万亿元，同比增长15.70%，如图4-2、图4-3所示。信贷投放在保持稳健发展的同时，仍呈现出增长态势，对国内经济平稳较快增长发挥了重要的支撑作用。

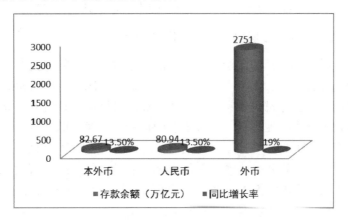

图4-2 金融机构(含外资)各项存款余额比较

---

① 中国人民银行货币政策分析小组. 2012年中国区域金融运行报告[R]. http://www.pbc.gov.cn/publish/goutongjiaoliu/524/2013/20130614185911936484032/20130614185911936484032_.html.

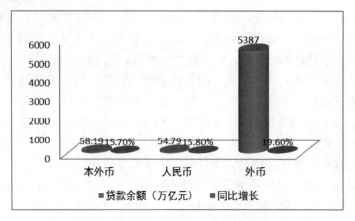

图 4-3　金融机构(含外资)各项贷款余额比较

村镇银行、社区银行、小额贷款公司、融资性担保公司、典当行、融资租赁公司以及金融仓储公司等新型金融机构、准金融机构加速发展,对实体经济特别是中小微企业支持力度显著增加,我国多层次信贷市场已具雏形。截至 2012 年年末,全国共有小额贷款公司 6 080 家,贷款余额 5 921 亿元,全年新增贷款 2 005 亿元。融资性担保贷款余额 14 596 亿元,同比增长 12.3%,增速较上年下滑 24.97 个百分点。而到 2013 年 9 月底,全国融资租赁企业总数约为 746 家,较上年年底增加 560 家,全国融资租赁合同余额约为 1.9 万亿元,较年初增长 22.6%,注册资金达到 2 280 亿元,较上年年底增幅为 23.2%。

2. 资本市场加速发展,多层次资本市场日趋完美

当前,我国金融市场规模和活跃度都保持活跃稳定增长,随着我国金融市场功能进一步深化,各子市场运行差异加大,市场结构变化明显,金融市场产品和交易方式创新继续稳步推进,市场制度得到了进一步完善。金融市场的发展和各种债务融资工具的运用,为包括中小企业在内的更多企业提供了直接融资的可能,这对于促进经济结构调整和转变经济发展方式十分有利。就 2011 年而言,融资性债券品种(包括国债、政策性金融债、政府支持机构债、政府支持债券和公司信用类债券等)的发行总量较 2010 年有了较大幅度的增加,总计发行 5.97 万亿元,同比增长 23.14%;银行间债券市场推出了非公开定向债务融资工具,也使得金融市场融资功能进一步增强,如表 4-5 所示。

表 4-5　融资性债券发行量比较

债券种类	融资量/亿元	融资增幅/%
公司信用类债券	23 900	46
商业银行债券	3 518.5	279
短期融资券	8 028.3	19
中期票据	7 269.7	48

续表

债券种类	融资量/亿元	融资增幅/%
集合票据	66.23	42
交易所市场可转债、可分离债、公司债	1 707.4	29.3
非公开定向	899	—

股票市场筹资规模减少，证交所债券筹资额增加。截至 2012 年年末，境内上市公司总数 2 494 家，股票累计筹资 3 862 亿元，比上年减少 33.4%，其中，A 股累计筹资 3 128 亿元，H 股累计筹资 734 亿元。沪、深交易所全年债券累计筹资 2 722.8 亿元，比上年增长 59.5%，其中公司债、可转债、中小企业私募债筹资额占比分别为 90.8%、5.8% 和 3.4%。

私募股权投资为企业和项目融资提供了新的融资来源。从 2005 年开始，中国私募股权市场新募集基金的数量和规模呈现出持续强劲增长的态势。2007 年 1 月，经国务院特别批准，渤海产业投资基金成立，基金总额 200 亿元，首期募集 60.8 亿元。在渤海产业基金的示范效应下，各地政府的积极性被充分调动起来，纷纷建立了本地区的产业投资基金，包括广东核电基金、山西能源基金、上海金融基金、四川绵阳高科技基金，以及中新高科产业投资基金 5 只产业基金[①]。2010 年共有 82 只可投资于中国大陆地区的私募股权投资金完成募集，募集规模达 276.21 亿美元，各机构完成投资交易 363 起，投资总额 103.81 亿美元，完成募集的基金数量与投资交易数量均创下历史新高[②]。

通过上述分析，可以发现我国多层次的信贷市场体系和资本市场体系已具备雏形，这为我国物流金融的发展奠定了良好的基础。但与此同时，企业依然过多的依赖于银行信贷资金，直接融资比重偏低。为促进物流金融的快速发展，更好地服务于实体经济，加速多层次信贷市场和资本市场的建设是必然选择。

4.2.2 物流市场

物流市场是指为保证生产和流通过程顺利而形成的为商品流动和暂时保留提供服务的服务性市场，其主要功能有资源配置、实现规模经济和集约经济、提高物流效率、降低物流成本等。物流市场作为物流金融的"物流"的服务载体，提供了物流金融参与方的物的暂时保管等服务，实现了资源的有效配置，降低了物流成本。

物流金融作为物流业和金融业协同发展的产物，其致力于解决物流行业自身的融资缺口问题，以此培育壮大一批优秀的物流企业，从而全方位为其他产业链上的中小微企业提供集物流、信息流、资金流、商流四位一体的供应链集成服务，真正实现物流业、金融业共同服务于实体经济。而物流市场作为物流金融业务中提供物流服务的主要载体，其发展

---

① http://www.souqian.com/infor/19373.html.
② 马宁. 关于我国私募股权投资市场发展现状及问题研究[J]. 现代管理科学，2012(12)79-81.

程度，直接决定了物流金融业务的成败。

我国物流业起步较晚，存在问题较多，总体而言，散、小、弱依然是国内物流行业最典型的特征。目前，国内物流市场主要存在以下几个问题。

1. 缺乏政策引导和规范

我国物流行业缺乏与之相适应的法律、法规，而且没有健全的物流标准体系，市场准入门槛低，导致物流企业间恶性竞争，提供的服务价值低。

2. 高端供给不足，粗放型供给过剩

物流企业多数尚处于小而落后的局面，短时间内过快的发展，企业规模小、科技含量低、管理素质低。这就不可避免地造成了大量的粗放式供给，提供的服务依然为运输、仓储、配送等利润率极低的基本业务，而对于物流金融这类物流、信息流、资金流以及商流四流合一的供应链集成服务却没有能力发展，造成高端供给不足。

3. 物流需求方理性需求不足

物流需求方主要是指生产性企业(制造业)、商贸流通企业以及最终消费者。虽然最终消费者作为接受物流服务的终端，是产生物流需求的基础因素，但是，他们的需求一般并不直接传递到物流企业，而是通过生产企业、商业企业、其他服务企业进行传递。长期以来，国内第三方物流发展不足，生产性以及商贸流通企业往往自身开展物流业务，造成物流资源长期整合不彻底，造成粗放式供给过剩，理性需求不足。

4. 缺少物流服务的中介组织

物流服务中介组织具有双重身份，对供给主体来说，它是物流需求者；对需求主体来说，它是物流的供给者。比如新型业态的第四方物流企业，如深圳怡亚通、飞马国际等可视为物流服务的中介组织。截至目前，国内此种业态的企业少之又少，同发达国家相比，国内物流服务中介组织的发展严重不足。同时，物流服务中介组织的成长缺少自由竞争的环境，常常作为行政机关附属机构来发展，专业技能同职业操守也存在严重不足，这也制约了物流金融这一高端物流服务的快速发展。

4.2.3 中介市场

物流金融中的中介市场是继金融市场和物流市场之后，为物流金融服务的供需双方提供辅助的市场。其主体主要包含担保、拍卖、公估、律师事务所、会计师事务所、咨询机构、信用评级、第三方电子商务平台以及第三方支付机构等，此外还包括工商、海关、行业协会，以及政府主管部门(物流办、金融办等)。近年来，我国物流金融中介市场主要呈现出以下几个特征。

1. 中小企业信用担保体系建设尚需进一步推进

我国担保机构规模与数量相对有限，政府出资的政策性担保机构占到担保机构总量 90%以上，成为中小企业信用担保体系的主要支柱，而各地担保机构也由于地方政府财政限制等因素无法进一步发展，规模普遍较小。数据显示，全国资金规模 3 000 万以下的信用担保机构占到 90.9%，而为中小企业提供融资服务的担保机构数却只占到 13%左右。信用担保机构管理滞后，流程不规范，缺乏资金补偿机制和风险分散机制，都从一定程度上影响了中小企业融资市场的发展，在业务范围上也表现为品种单一，期限过短，接近 55%的信用担保机构表示只提供流动资金贷款担保，表示同时提供流动资金信用担保和其他形式信用担保的机构却只占到 40%，再者，3 个月到半年(最长不超过 1 年)的担保期限是目前大部分担保机构所能提供的，这与国外担保期限一般都在 2 年以上的水平相比，显然不太能够满足现如今中小企业大量资金需求的情况。

2. 第三方支付发展迅速

以"支付宝"为代表的第三方支付是在银行监管下保障交易双方利益的独立机构，是买卖双方在交易过程中的资金"中间平台"，其基本模式是：买方在购买商品后，将货款交付给第三方支付平台，由第三方通知卖方发货，买方收到商品并满意后，由第三方将货款交付给卖方；若买方不满意，第三方支付平台确认商家收到退货后，将货款退还给买方。第三方支付的出现，对于简化交易操作、降低商家和银行成本、保证交易顺利进行具有重要的意义。我国目前已有上海、北京、广东、浙江、四川等多个省市拥有具备第三方支付牌照的企业，2011 年，央行先后 3 次发放牌照，目前获得牌照的第三方支付企业超过 100 家。数据显示，去年第三季度全国支付行业互联网支付业务交易规模超过 6 000 亿元，这为快速发展建设第三方电子商务平台以及大宗商品电子交易市场，加速物流金融发展，奠定了较好的基础。

3. 政府部门互动积极，政策合力促物流金融发展

国家相关部门均高度重视物流金融这一金融业和物流业协同发展的新兴业态。2010 年 1 月，中国物流与采购联合会向政府相关部门提交《关于物流业税收问题的政策建议》和《关于物流业发展中有关交通管理问题的政策建议》，其中提到，融资政策是调整和振兴物流业的重要政策杠杆，也是企业最为关心的政策问题之一。2011 年 8 月，《国务院办公厅关于促进物流业健康发展政策措施的意见》中提到，要切实减轻物流企业税收负担，加大对物流业的投入，积极引导银行业金融机构加大对物流企业的信贷支持力度，加快推动适合物流企业特点的金融产品和服务方式创新，积极探索抵押或质押等多种贷款担保方式，进一步提高对物流企业的金融服务水平。完善融资机制，进一步拓宽融资渠道，积极支持符合条件的物流企业上市和发行企业债券。2012 年 8 月，国务院发布《国务院关于深化流通

体制改革加快流通产业发展的意见》，要求完善财政金融支持政策，促进金融与物流的深度融合。相关政策的施行有利于物流金融市场的发展，进一步推动我国物流与金融行业的合作融合，提高物流行业整体发展水平。

全国部分省市物流金融政策一览表，如表 4-6 所示。

表 4-6 全国部分省市物流金融政策一览表

省　市	出台政策
江苏	将物流金融作为一项重点工程进行推进：积极推动物流业与金融业的融合互动，推进金融机构创新物流金融服务产品，为物流企业提供个性化金融服务；提高物流企业的监管和服务水平，增强融资能力；加快构建融资体系，搭建银企合作平台，推进连接银行、物流企业和客户的信息网络和数据库建设；加强对物流金融市场的监管，加快制定物流金融行业服务标准，提高行业服务水平；围绕重点领域，推进物流金融示范项目建设
山东	实施"投资金融政策"：鼓励、引导金融机构围绕物流业发展规划，进一步加大对物流企业的贷款授信；组织开展多层次、多形式的政银企对接活动，实现物流政策与信贷政策的有效对接；鼓励物流企业通过股票上市、发行债券、兼并重组、中外合资等途径筹集建设资金，引导和吸引更多的社会资金投向现代物流业
河北	鼓励物流企业通过银行贷款、股票上市、发行债券、增资扩股、中外合资等途径筹集资金。积极发展物流业投资基金，努力为物流企业和投融资机构搭建对接平台，促进银企合作。鼓励物流园区建立投融资平台，多渠道筹集建设资金，进行土地前期开发、基础设施和公共服务体系建设
湖南	拓宽物流发展投融资渠道：省财政安排物流发展专项引导资金，用于引导扶持现代物流业发展；鼓励符合条件的物流企业通过上市、发行债券、增资扩股、内联引资、中外合资、仓单质押、股权质押贷款以及供应链融资等途径筹集项目建设资金；积极引导和鼓励金融机构对重点物流项目予以信贷支持，在控制风险的前提下，加快开发物流业发展金融产品
天津	构建"交易+物流+金融及信息服务""三位一体"的国际型港航物流服务体系；完善港航物流金融服务体系，设立物流金融服务中心，创新物流金融服务产品；鼓励金融企业服务网点进驻各类物流基地和物流园区，为物流企业开展贴身式金融服务。支持第三方物流企业利用保险基金、产业基金等开展仓单质押、融通仓、融资租赁等金融业务；支持行业协会、业内龙头企业，通过联合发债、产业基金等多种形式，解决中小物流企业融资问题

4.3 规范和支撑要素剖析

物流金融在发展过程中不仅受市场主体和服务载体的制约，包含实体要素、技术要素和制度要素的规范和制约因素同样阻碍物流金融的发展。

4.3.1 实体要素分析

物流基础设施是物流业的基础，更是物流金融这一高附加值业务的基础，但物流基础设施依然是我国物流业发展的薄弱环节之一。当前一个时期,是我国经济结构调整的关键时期,也同样是物流设施调整的关键时期,调整好了,会对经济有促进作用,调整不好将会制约经济的发展。毕竟物流成本过高,物流布局不当会加大物流成本,从而会增加商品流通费用,推高物价,造成浪费。物流园区等设施是现代物流发展所必需的关键因素之一,包括各类运输场站、仓储等专业化设施,当前大多省区、城市、企业的发展规划中认为只有物流园区、物流中心、配送中心才是物流基础设施,忽略了运输枢纽、货运场站等的建设和发展,导致在物流组织的不同环节中运输、储存等功能有所缺失,对物流的发展十分不利。

【知识拓展】

发改委在发布的《全国物流园区发展规划》中谈到,加强物流园区基础设施建设需做到优化物流园区所在地区控制性详细规划,加强物流园区详细规划编制工作,科学指导园区水、电、路、通信等设施建设,强化与城市道路、交通枢纽的衔接。大力推进园区铁水联运、公铁联运、公水联运、空地联运等多式联运设施建设,注重引入铁路专用线,完善物流园区的公路、铁路周边通道。提高仓储、中转设施建设水平,改造装卸搬运、调度指挥等配套设备,统一铁路、公路、水运、民航各种运输方式一体化运输相关基础设施和运输装备的标准。推广甩挂运输方式、集装技术和托盘化单元装载技术。推广使用自动识别、电子数据交换、可视化、货物跟踪、智能交通、物联网等先进技术的物流设施和装备。

(资料来源:http://www.askci.com/news/201310/15/15205845518.shtml)

4.3.2 技术要素分析

本部分主要从信息技术、金融技术以及仓储管理三大物流金融的技术要素角度分析其对我国物流金融的制约影响。

1. 信息技术

物流金融业务作为金融业和物流业协同发展的产物,具有现代物流业和金融业的共性,即二者均属于信息密集型行业,其发展与电子信息技术的发展息息相关。目前,利用通信技术、数据处理与应用技术,以及系统集成技术等建立起来的信息系统一般包括3个层面,以银行为例:首先是银行内部信息系统,包括柜台业务服务网络和银行管理信息系统网络;其次是银行之间的信息系统,如统一、标准的清算体系;最后是银行业与客户之间的信息系统,包括自动客户服务系统网络等。

从物流金融业务来看,这些系统为商业银行和物流企业开展该业务提供了必要的技术基础。与此同时,信息技术的发展还为物流金融的业务的供给方开发出符合物流金融业务特点的新的应用系统提供了可能。比如,平安银行的"线上供应链金融"、招商银行的"电子供应链金融"以及怡亚通的"供应链整合服务云平台"等。当然,为了保证系统运行安全,还需要相应的信息安全防护技术做配套。

【知识拓展】

物流业从被称为"第一方物流"的供方物流、"第二方物流"的需方物流,再到不断加入第三方契约服务、咨询规划、代购供销、"零库存"等,逐步发展到"第六方物流",而随着金融业对物流业深度介入,"第七方物流"也就应运而生。在广州启动的"全球物流金融网",以物联网、互联网、云技术等现代信息技术为支撑,联合金融机构进行物流金融合作,可为全产业链客户提供一站式服务,建立金融机构、供应链企业及第三方物流企业间的紧密合作快车道,预期可有效降低企业运营成本,帮助企业实现价值增值的最大化。

(资料来源:http://news.qq.com/a/20121221/001494.htm)

2. 金融技术

金融技术包括对金融契约进行风险和收益评估的具体的统计计量方法和财务分析数据。金融技术的发展水平决定着金融产品与服务的提供水平,也决定着金融市场的广度和深度。就物流金融业务而言,金融技术主要体现在如何对整条供应链不同环节开发不同的融资产品,如何分析评估各类融资产品的风险水平,如何选择具有不同风险表现的行业组合开展供应链融资,以及如何把供应链融资产品与其他金融产品进行组合,从而将风险控制在合理的水平上。

【知识拓展】

由美国住房按揭信贷市场的次贷危机引发的国际金融危机发生发展的过程说明,构建稳定均衡的大金融体系,离不开大数据理念与技术的支持。危机前的美国金融体系,受制于信息化理念与技术的不足以及监管理念的画地为牢,金融机构的数据采集范围狭窄、机制僵化。金融机构通过衍生品创新规避监管,微观衍生品的运行使观察货币政策效果的中间指标失灵,也使金融监管部门缺乏连续完整的关键数据,无法在系统风险的形成阶段及时发现问题,危机爆发后又因缺乏正确的预测而不能采取正确的行动。监管当局没有足够的金融市场数据,缺乏各金融机构间的交易信息,相关数据碎片化,难以评估各金融机构的风险暴露规模及其对结构性产品价格的敏感程度,无法准确评估整个金融体系的稳定性。金融机构也因缺乏全面准确的数据,很难估计交易对手的风险暴露程度。金融机构间错综复杂、相互关联的信息缺失成为预测与治理危机的主要障碍,政府未能识别金融机构间、金融市场间以及机构和市场间的风险传染途径。于是,流动性危机很快演变成全面的信用危机,直至全球金融危机。

(资料来源:http://news.xinhuanet.com/newmedia/2013-11-29/c_125780119.htm)

3. 仓管技术

和国外以应收账款、预付款等权利质押不同,我国的物流金融很长时期以来是以动产质押为主，因此提供动产质押监管的仓储业在我国物流金融中占有非常重要的地位。国内最早开展物流金融的中储股份也是得益于在仓储业领先地位。因此，仓储管理技术水平直接决定了物流金融的发展水平。

现如今，仓储业已进入高技术时代，开始更广泛应用信息技术，更广泛使用机械化、自动化的装卸搬运技术和分拣技术。首先，刘易斯拐点的临近，促使我国劳动力成本持续上升，必须用机械化、自动化、信息化来取代人力。同时货物的精细化，要求设备和作业的精细化，以提高效率和准确度。先进的仓储管理技术，如看板管理、精益管理、持续改进、平衡计分卡等也得到快速推广。

【知识拓展】

当前国内整个仓储行业更多依赖于人工，仓储企业对仓储作业的信息化、机械化、自动化认识不足，加之物流企业表现出"小散弱"的特点，自有资金不足，从而对仓储技术的升级缺乏动力和能力，这直接制约了我国物流金融的快速发展。仓管技术的落后日益阻碍了我国物流金融的发展，整个物流产业表现出粗放式供给过剩，高端供给不足。因此，必须加强多层次信贷市场和资本市场的建设，拓宽物流企业融资渠道，助其进行仓储管理技术的升级，从而有效开展物流金融这一高附加值业务，最终缓解中小微企业的融资难问题。

4.3.3 制度要素分析

物流金融的制度要素主要包含法律法规、司法体系以及金融监管体系3方面。法律法规即为有关动产担保物权设定和保护的法律制度；司法体系则是有关保障动产担保物权顺利实现的法律和制度；金融监管体系则为物流金融这一金融创新业务的监管体系，合理的监管的体系在能及时发布业务风险警示同时，促进物流金融业务的创新。

1. 有关动产担保物权设定和保护的法律和制度

完善的法律框架对于信贷市场的发展意义重大，有关资料显示，良好的信贷人权利保护和信贷市场发展之间存在明显的正相关关系。物流金融业务主要是资产支持型信贷业务，有关信贷人权利的法律安排，尤其是涉及动产担保物权的安排，将直接影响金融机构开展此类业务的安全性，进而决定银行开展此项业务的积极性。

目前，有关动产担保物权设定和保护的法律和制度，国内和国际均有实践。在国外，许多国家已经认识到动产担保交易法律对金融市场的益处，纷纷采取措施(比如拓宽借款人可用于动产担保的范围；建立担保登记机构以避免优先权冲突；为担保物权人提供优先权并明确其他债权人的受偿顺序等)，以实现动产担保交易法律的现代化。近年来，包括欧洲复兴开发银行、美洲国家组织和联合国国际贸易法委员会等在内的国际性和地区性组织都相继制定了动产担保交易示范法，旨在帮助其成员国制定简便高效的现代动产担保交易法律制度。

据世界银行和国际金融公司发表的《2005年全球企业经营报告》对145个国家有关企业经营的规制情况进行评估。报告显示,中国的政策法规在整体上对投资者是友好的。唯一的例外是支持信贷市场的法律和制度方面,中国被列为最差的20%国家之一。

在我国,有关信贷人权利的法律规定分散在若干部法律、行政法规、部门规章以及相应的司法解释之中。这些法律中比较重要的有:《刑法》《商业银行法》《民法通则》《担保法》《合同法》《企业破产法》《企业动产抵押物登记管理办法》《关于加强金融债券管理、建立防范和制裁逃废债务制度的通知》,及2007年10月开始实施的《物权法》。尽管这些法律规定从内容看涉及广泛,然而,通过对有关信贷人权利的几大方面的详细考察发现,有关动产担保法的内容模糊、可操作性差。具体表现在以下几个方面。

(1) 根据《担保法》,可以作为抵押物的动产为"抵押人所有的机器、交通运输工具和其他财产",而许多有形动产如生产原材料、半成品和成品,无形权益如作为债券的应收账款没有明确的法律规定可以用于贷款抵押或质押。另外,资产池和整体资产直到最近才通过《物权法》纳入了可用来担保资产的范围。

(2) 担保登记制度混乱,表现为不同担保物需要到不同的政府部门登记,而且不同的登记部门及同一登记部门不同地区机构之间缺乏统一的信息网络

中国的贷款担保登记部门与法律依据,如表4-7所示。

表4-7 中国的贷款担保登记部门与法律依据

序号	抵、质押物	类型	登记部门	登记的法律依据
1	无地上定着物的国有土地使用权	不动产	国土资源管理局	《城市房地产管理法》第60条
	集体荒地土地使用权、有乡(镇)村企业厂房等地建筑的集体土地使用权			《农村集体土地使用权抵押登记的若干规定》第2条
2	城市房地产、乡(镇)村企业厂房等地建筑的集体土地使用权	不动产	房产管理局	《担保法》第42条、《城市房地产管理法》第60条
3	企业设备、原辅材料、产品或商品	动产	工商行政管理局	《企业动产抵押物登记管理办法》第3条
4	非农用机动车	动产	车辆管理所	《机动车登记管理办法》第3条
5	农用机器设备	动产	农机站	——
6	农作物和其他农业收获物	动产	农业局	——
7	果园、树林	动产	林业局	《担保法》第42条

续表

序号	抵、质押物		类型	登记部门	登记的法律依据
8	船舶	小型船舶	动产	海事局	《海商法》第13条
					《小型船舶登记办法》(征求意见稿)第3条
		渔业船舶		渔政渔港监督管理局	《渔业船舶登记办法》第4条
9	民用航空器		动产	民用航空管理部门	《民用航空法》第16条
10	上市公司的股份、股票		权利	中央证券登记结算有限公司深圳分公司	《中国证券登记结算责任公司深圳分公司证券公司股票质押登记业务运作指引》
				中央证券登记结算有限公司上海分公司	《证券公司股票质押贷款管理办法》第4条
11	专利权、著作权中的财产权;商标使用权		权利	知识产权局、工商行政管理局	《担保法》第79条
12	出口退税		权利	国税局	——
13	公路桥梁、公路隧道、公路渡口、高速公路收费权		权利	交通局	——
14	高等院校学费、住宿费		权利	教育局	——
15	非企业所有机械设备、牲畜等生产资料;农村私有房产;家具、家用电器、金银珠宝及其制品等生活资料		动产	公证处	《公证机构办理抵押登记办法》第3条

(资料来源:中国人民银行研究局.中国信贷人权利的法律保护总报告,2006)

(3) 长期缺乏一套完整、合理的优先权规则,难以保证担保债权人在清偿过程中处于优先地位。

《物权法》的颁布是动产担保制度的突破,该法对物流金融业务的意义尤其重大,表现在:

① 扩大了动产担保物的范围。变现为:允许以协议方式对现有或将有的生产设备、

原材料、半成品、产品进行抵押；允许抵押人将其财产一并抵押；允许应收账款抵押等。

② 明确了动产抵押登记原则。由于动产的流动性大，其所在地可能经常变动，难以确定在哪个那个所在地登记，《物权法》将在"动产所在地"的工商行政管理部门登记修改为"抵押人住所地"的工商行政管理部门登记。

③ 不再要求对担保物进行具体描述，而由当事人书面进行约定。

④ 确立了动产担保登记的优先权规则。已登记的优先于未登记的清偿，并按照登记的先后顺序清偿。

⑤ 明确了应收账款的登记机构为人民银行信贷征信系统。

⑥ 赋予当事人更多的自治空间。

尽管如此，由于法律的可操作性和执行力问题，动产担保物权在物流金融业务实践中仍存在种种不确定性。

另外，我国现行法律规定了动产以占有和交付为其权利享有与转移的公示方法，但对于市场经济条件下大量的动产物理形态不转移的权利享有，只要动产的占有权、使用权、收益权和处于分离或可能分离的状态，就需要登记公示以获得对抗第三人的效力。随着我国动产融资业务的蓬勃发展，占有和交付这种权属公示方法以及分散在近20个部门的动产登记制度现状，已不能满足市场经济发展的实践需要。建立我国动产权属统一登记制度，将使全社会各类动产上的权利得到有序有效保护，有效降低动产融资的风险和成本。鉴于此，中国人民银行征信中心和中征动产融资登记公司联合建立应收账款质押和转让登记公示系统和租赁登记公示系统，该系统率先在天津市运行并取得了实质性进展。据动产融资(权属)统一登记系统2013年季度运行情况简报显示，在应收账款系统中，出质人为中小微企业的融资额约占系统登记总额的一半，超过83%的登记融资方为中小微型企业，12万余家中小微型企业通过质押或转让应收账款获得融资。

【知识拓展】

动产融资(权属)统一登记系统2013年第二季度运行情况简报显示：二季度应收账款系统累计发生登记69 139笔，较上季度增长约10%，较去年同期增长约12%，工作日日均登记1 098笔。其中，应收账款质押登记39 802笔，转让登记29 337笔，分别占季度登记总数的58%和42%。截至二季度末，应收账款系统累计发生登记886 361笔，其中，质押登记473 206笔，转让登记413 155笔，分别占应收账款系统累计登记总数的53%和47%。二季度应收账款系统发生的54 463笔初始登记中，出质人/出让人为中小微型企业的初始登记46 539笔，占二季度初始登记总数的85%，共有28 088家中小微企业通过质押或转让应收账款获得融资。截至二季度末，出质人为中小微企业的累计初始登记579 465笔，占应收账款系统初始登记总量的83%，法人类中小微企业出质人/出让人个数累计为121 435个。中小微业获得的融资金额约占登记的融资总额的49%。

2. 有关动产担保物权实现的法律和制度

司法体系作为社会权利的救济部门，在信贷人权利的保护中同样能够发挥重要作用。经济转型国家的经验告诉我们，动产担保物权设定的法律和制度固然重要，然而法律能否实施更为重要，司法能力及效率的提升比立法更为缓慢。

图 4-4 列出了中国人民银行研究局关于中国动产物权实现的时间，其中 53%的担保物权实现需要 1 年以上，有时甚至长达数年。司法程序的繁杂与费时导致我国动产担保物权的实现代价非常高，这对于物流金融业务中的银行和物流企业而言均是一个很高的或有成本。

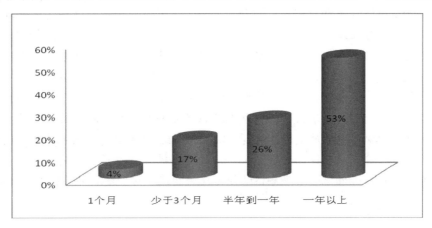

图 4-4　中国担保债权执行时间

(资料来源：中国人民银行研究局．中国信贷人权利的法律报告，2006)

3. 金融监管制度与政策

物流金融业务中，由于参与主体之多，包括多层次的信贷市场体系和资本体系中的金融机构和金融市场，为了保障业务的健康发展，除了现有的"一行三会"的监管主体之外，还应遵循属地原则，积极发挥地方政府部门监管职责，比如新型农村金融机构、小额贷款公司、典当行、融资担保、融资租赁等民间准金融机构的准入、运营、退出监管，此外大型物流企业在物流金融中也日渐具备了金融属性(功能)，因此也必须进行前瞻性的监管。央行在《中国金融稳定报告(2012)》中就发布警示，需密切关注具有金融功能的非金融机构的风险，防止非法集资、高利贷等领域风险向银行体系传递。

值得一提的是，为了进一步推进银行业小微企业金融服务工作，《国务院办公厅关于金融支持小微企业发展的实施意见》(国办发〔2013〕87 号)和《中国银监会关于进一步做好小微企业金融服务工作的指导意见》(银监发〔2013〕37 号)要求各银行业金融机构在商业可持续和有效控制风险的前提下，单列小微企业信贷计划，优化绩效差异化监管、考核机制，鼓励银行业金融机构适度提高小微企业不良贷款容忍度，并相应调整绩效考核机制。差异化的金融监管政策体系为物流金融的进一步发展提供了良好的制度环境。

现阶段，我国物流金融业务依然处于起步阶段，物流企业自身的融资仍是依赖于银行信贷，因此业务的监管中，更多的还是体现在银监会及其下属机构对商业银行的监管。为了促进拓宽物流企业融资渠道，促进物流金融业务的发展，物流与金融相关部门应加强与银监局、证监局、保监局以及人民银行的沟通协调，形成监管合力，进一步推进物流金融业务的创新，并严防系统性风险的积聚、形成。

【知识拓展】

国家"十二五"规划明确指出，把推动服务业大发展作为产业结构优化升级的战略重点，营造有利于服务业发展的政策和体制环境，强调加快服务产品和服务模式创新。此外，国务院关于进一步支持小型微型企业健康发展的意见中，明确提出探索产业供应链生产模式下的供应链金融，以及适合中小企业特点的应收账款质押、仓单(提单)质押、金融仓储、小企业联保等信贷产品创新模式陆续开发，这为我国物流金融带来了空前巨大的发展机遇，营造了切实服务实体经济的有益土壤。纵观全国各省市已出台的现代物流业"十二五"规划，均对物流金融做了重要规划和部署(表4-8)。根据上述部署，以物流业发展趋势和金融服务需求为导向，分别从政策、金融、人才、风险控制4个方面构建完善我国物流金融支持保障体系，全面提升物流金融服务供给能力，为物流业转型发展提供有力金融支撑。

4. 行业标准与规范

总的来说，我国物流金融业务现阶段缺乏规范标准的操作流程和细则，加快研究出科学的行业标准和操作规范显得极为迫切。鉴于此，中国物资储运协会、中储发展股份有限公司、中国外运长航集团有限公司、西安交通大学、淮矿现代物流有限公司联合起草《动产质押监管服务规范》及《质押监管企业评估指标》2项行业标准，目前已向中华人民共和国商务部流通业发展司报批。此外，部分地方政府也正在加紧制定适合本省特色的物流金融行业标准与规范，以期进一步促进本地区物流金融业务的健康持续发展，更好地服务实体经济。

本 章 小 结

物流金融的发展需要各市场主体之间协调合作，由于各自出发的动机不尽相同，行动上难免偏重己方利益，因此市场的规范标准显得更加重要。分析物流金融市场的服务载体、规范支撑等结构性要素，有利于参与各方更清楚地认识当前的市场环境，进一步把握住当前物流金融发展所需条件，对物流金融市场进一步发展具有一定的指向意义。

课 后 习 题

一、选择题

1. 物流管理已从物的处理提升到( )。
   A. 物的运输方案管理　　　　　　B. 物的流通管理
   C. 物的附加值方案管理　　　　　D. 物的客户管理
2. 物流金融劣势主要体现在( )。
   A. 融资成本高　　　　　　　　　B. 风险大
   C. 缺乏专业人员　　　　　　　　D. 业务流程繁杂，效率不高
3. 物流金融的参与主体包括( )。
   A. 物流企业　　　　　　　　　　B. 银行
   C. 中小企业　　　　　　　　　　D. 准金融机构
4. 当前国内物流市场存在的主要问题有( )。
   A. 缺乏政策引导和规范　　　　　B. 高端供给过剩，粗放型供给不足
   C. 物流需求方理性需求过多　　　D. 缺少物流服务中介组织
5. ( )是物流业的基础，更是物流金融这一高附加值业务的基础。
   A. 物流基础设施　　　　　　　　B. 专业人员
   C. 政策措施　　　　　　　　　　D. 市场需求

二、简答题

1. 物流金融市场的参与主体有哪些？分别担任什么角色？
2. 请对物流金融市场服务载体进行概要介绍。
3. 物流金融市场的发展需要哪些要素的支撑？各要素对物流金融市场的发展有何影响？

三、案例分析

不同角度分析北京物流金融发展现状

从物流业视角分析

北京市物流企业发展迅速，但运作水平与发达国家相比尚有较大差距，增值服务能力弱，85%的物流中心仅具备传统的仓储、运输、流通加工、物流配送等功能，在北京物流企业中，80%物流服务针对大企业，针对中小企业的服务较少。在物流金融业务发展中，中储运、中外运及中国铁路物资总公司等大型物流企业开始尝试物流金融业务，而中小型物流企业的实践几乎为零。

从银行业视角分析

北京市具有强大的金融优势，国内大部分金融机构如中国银行、中国建设银行、中国农业银行、中国工商银行、中信银行、华夏银行、光大银行、民生银行等总部都在北京，金融资源集聚，在信息系统建设、部门设置、业务推广方面优势明显。信贷结构上，商业银行偏好于向大企业融资，出台的多项扶持政策有助于缓解文化创意产业和高新技术企业的融资困境，而普通生产型中小企业收益面较少。

从中小企业视角分析

北京市运行良好的经济形势为中小企业提供了良好的发展环境，中小企业的快速发展使得其对第三方物流服务和资金的需求增加，然而，当前北京市中小企业融资能力与其所做出的经济贡献并不相符，中小企业缺乏不动产抵押及其他有效担保，承担国企拖欠账款带来巨大的资金漏洞，这进一步加剧了中小企业的融资困难。特别对于普通生产性中小企业而言，融资模式的创新亟待出现。

(资料来源：马秋君，陆雪亮. 北京市物流金融发展途径研究[J]. 物流技术，2013, 32(4): 92-95)

思考题：

请以上述3个视角就你所在省市的物流金融发展现状进行分析。

第 5 章　物流业与信贷市场

教学目标

- 了解信贷市场的概念，熟悉信贷市场的构成；
- 理解信贷市场对物流业的影响；
- 掌握物流企业自身融资方式；
- 掌握物流结算的业务模式；
- 掌握供应链融资的内涵与业务模式。

【案例导入】

目前，国际产业经济的发展已经从企业与企业的竞争，转向了供应链与供应链之间的竞争。然而长期以来，中国企业在供应链发展上并不顺利，国内中小企业的资金压力相当紧张。一方面，中小企业因缺乏有效的抵押物和担保措施，很难获得银行贷款。另一方面，中小企业的资金压力还来自供应链内部的权利义务失衡。在特定商品供应链里，核心企业通常占绝对优势，它对上下游配套的中小企业在交货、价格、账期等方面要求苛刻，使得配套的中小企业资金链十分紧张。

世界最大的快递物流公司 UPS 发布的年度《亚洲商业监察》报告显示，中国 23%以上的中小企业正在遭遇现金流的困扰。另一方面，2005 年全国中小企业有近 11 万亿元的存货、应收账款。如果这些闲置的资源可以进行信贷担保，相当部分的中小企业可解决"贷款难"的问题。

据国内第一家推出"供应链金融"服务的平安银行(原深圳发展银行)人士介绍，一方面，利用供应链整体信用对中小企业信用的支撑，通过对物流和资金流的全程监控，有效地降低了对中小企业放贷的风险；另一方面，平安银行推出了"自偿性贸易融资"风险评审制度，将当前银行业传统的注重财务报表分析的主体评级方法，改革为重点考察贸易背景和物流、资金流控制模式的债项评级办法，从而衍生出一套新的信贷分析及风险控制技术；同时与第三方物流公司建立了全面合作关系，搭建物流金融平台，通过异业紧密合作实现核心能力互补，为中小企业提供便捷的融资服务。

供应链金融不但得到中小企业追捧，也让银行受益匪浅。据平安银行的企业关系管理部副总经理夏逸楠说，"供应链金融"自 2003 年正式推出以来，该业务年复合增长率超过50%，累计投入资金总额数千亿元，不良率仅仅 0.4%。据了解，在平安银行之后，渣打等外资银行也在国内推出了"供应链金融"，取得了不俗的成绩。

中储、中远物流的人士也表示，物流管理已从物的处理提升到物的附加值方案管理，在供应链管理模式发展下,国内企业逐渐转而强调跨企业界限的整合,而顾客关系的维护与管理变得越来越重要。借助金融物流供应链,它们为客户获得低成本的融资提供了服务,也大幅度提升了自身在客户心中的地位。

"国内正在搞金融物流供应链,这是金融服务的一个创新。"香港浸会大学物流管理研究中心主任史新平对内地的供应链金融评价很高,"金融物流供应链融资,这甚至在国际化程度很高的香港都没有做到,香港至今还没有某一个产业、某一种经营模式的信贷服务。而在内地,平安银行做到了金融物流供应链融资。从这个角度来讲,国内已经有一个很好的出发点。"

据了解,平安银行除了与三大物流巨头有战略合作之外,已经与大连、天津、深圳、青岛、湛江等国内大型港口及超过 200 家以上的第三方物流公司签约合作,与中华商务网及多家担保公司建立了战略联盟合作关系。而国内其他银行与物流企业的合作,也已逐步向建立物流金融平台发展。

(资料来源:中国宏观资料信息网,http://www.macrochina.com.cn)

想一想:

1. 你认为中小企业"贷款难"的原因是什么?
2. 据你了解,中国的物流企业有哪些特点?是否存在融资难问题?
3. 你认为文中供应链金融业务模式有何创新之处?

5.1 信贷市场概述

5.1.1 信贷市场的概念与构成[1]

1. 信贷市场的概念

信贷市场是信贷工具的交易市场。对于属于货币市场范畴的信贷市场交易工具的期限是在 1 年以内,不属于货币市场范畴的信贷市场的交易工具的期限在 1 年以上。信贷市场是商品经济发展的产物。在商品经济条件下,随着商品流通的发展,生产日益扩大和社会化,社会资本的迅速转移,多种融资形式和信用工具的运用和流通,信贷市场逐渐形成,而商品经济持续、稳定协调发展,又离不开完备的信贷市场体系的支持。

2. 信贷市场的构成

信贷市场上的市场主体可以划分为信贷资金的供给者和信贷资金的需求者两大类,而信贷市场的主要功能就是在上述双方间融通资金。

---

[1] 信贷市场,http://wiki.mbalib.com/wiki/.

1) 信贷资金的供给者

信贷市场上的资金供给者主要是商业银行、非银行金融机构和具有闲置资金的企业。

(1) 商业银行。

信贷资金市场的资金供给者主要是商业银行，资金融通业务是商业银行的最主要业务。商业银行是信贷市场上最活跃的成分，所占的交易量最大，采用的信贷工具最多，对资金供求与利率的波动影响也最大。目前，在我国信贷市场上国有商业银行占据了这个市场绝大部分的市场份额，不过随着中国金融体制的改革，股份制商业银行和地方城市商业银行的市场份额表现出逐步扩大的趋势。另外，在我国农村信贷市场上，农村信用社是最主要的资金供给者。

(2) 非银行金融机构。

其他金融机构，如银行以外的金融公司、财务公司、典当公司、保险公司和信托公司等，也是信贷市场的重要资金供给者。在混业经营的金融市场上，这些非银行金融机构也积极的在信贷市场上拓展信贷业务，实现业务和收入的多元化。在我国目前的分业经营格局下，非银行金融机构还不能直接进入信贷市场，但是也存在非银行金融机构通过其他渠道间接进入信贷市场的情况。

(3) 具有闲置资金的企业。

企业由于销售收入的集中性会形成企业资金的暂时闲置，它们通过与合适的贷款对象以私下约定的形式向信贷市场注入资金。在我国私募融资市场上，具有闲置资金的企业在解决中小企业非主流渠道融资方面发挥着日益重要的作用。

2) 信贷资金的需求者

信贷市场上的资金需求者主要是企业、个人和金融机构。

(1) 企业。

企业是信贷市场资金的最主要需求者。企业在生产经营活动中会经常出现临时性和季节性的资金需求，同时企业由于企业自身的发展也经常产生各种长期的资金需求，于是就在信贷市场上通过借款的形式来筹集所需的资金。对于我国的企业，信贷市场是它们融资的最主要渠道，但是广大中小企业在这个市场上的融资难度还比较大。

(2) 个人。

个人由于大额消费和不动产投资也经常产生短期和长期的信贷需求，他们也经常到信贷市场中通过借款的形式筹集所需的资金。我国信贷市场上个人业务最主要的一块是住房信贷业务。随着中国国民收入的提高，汽车信贷和信用卡信贷业务也正快速的发展起来。

(3) 金融机构。

金融机构和工商企业一样，各类金融机构在经营活动中也经常会产生短期和长期的融资需求，例如我国的证券公司、信托公司一度曾经是信贷市场的重要资金需求者。

3) 中央银行和监管机构

中央银行和金融监管机构也是信贷市场的重要参与者。

(1) 中央银行。

中央银行通常要根据国民经济发展的需要，在信贷市场上通过准备金率、贴现率、再贷款率等货币政策工具来调控信贷市场的规模与结构。目前，我国的信贷市场由中国人民银行发挥中央银行的宏观调控职能。

(2) 金融监管机构。

金融监管部门作为保证金融机构合规运作业务的主管机构，对银行等金融机构的信贷业务的合法合规性进行着监控，防范并化解金融业务风险。我国信贷市场上银行业监督管理委员会发挥着金融监管职能。

【知识拓展】

混业经营：金融混业有狭义和广义之分，狭义的金融混业主要是指在银行业、证券业和保险业中任意两个或者多个领域进行业务的交叉经营；广义的金融混业是指所有金融业之间甚至是金融业和非金融业之间的经营关系，即银行、保险、证券、信托等金融机构进入上述任意业务领域甚至非金融领域，进行业务多元化经营。[1]金融混业经营是世界金融发展的大趋势，也是中国金融改革的最终目标之一。从国内外的情况看，混业经营有诸多公认的好处，比如：为资金更合理的使用、更快的流动创造了有利条件；有助于金融各个领域之间发挥协同作用，减少或避免拮抗作用；有助于对风险的系统监管等。只有混业经营才有助于对风险的系统监管。

私募融资：可分为私募股权融资和私募债务融资两种形式。私募股权融资是指融资人通过协商、招标等非社会公开方式，向特定投资人出售股权进行的融资，包括股票的发行以外的各种组建企业时股权筹资和随后的增资扩股；私募债务融资是指融资人通过协商、招标等非社会公开方式，向特定投资人出售债权进行的融资，包括债券的发行以外的各种借款。[2]

5.1.2 信贷市场对物流业发展的影响

1. 我国物流产业的资金运行特征

近年来我国物流企业数量增加迅速，并且以中小企业居多，真正具有竞争力的企业寥寥无几，普遍存在资金紧张和融资困难。由于产权特征与企业规模的差别，不同类型的企业在融资渠道和融资规模上，也存在明显的差异，主要存在以下几个特征。

---

[1] 郑高明. 中国金融业混业经营的路径选择[M]. 北京：中国经济出版社，2012.
[2] 盛立军，郑海滨. 中小民营企业私募融资[M]. 北京：机械工业出版社，2004.

1) 平台类企业物流基础设施建设融资缺口大

物流园区以及物流中心等物流基础设施是带有基础性、公益性的重要特点，具有前期投资规模大、资金占用周期长、投资回收慢的特点。由于承担了大量的物流基础设施建设任务，目前，许多平台类物流企业存在建设资金不足的巨大压力。

2) 大中型物流企业转型升级融资缺口大

物流业是资金密集、劳动密集、技术密集的产业。只有加大技术创新力度，加快设备升级改造和信息系统建设，才能提升服务能力，形成差异化竞争优势。随着经营规模不断扩大，业务范围持续扩张，大中型物流企业在物流装备和信息化建设等方面的资金压力越来越大，单靠企业自身能力无法解决。

3) 小微物流企业流动资金需求旺盛

小微物流企业在提供运输、仓储等传统物流服务过程中，不仅利润率偏低，往往需要为客户垫付大量资金，而且账款回收周期较长，一般为1~3个月，有的达6个月，由此带来了较大的流动资金压力和风险。

物流企业的转型升级需要大量的资金支持，但是从目前我国物流企业的状况来看，大规模的资金需求依靠物流企业自身是很难筹集到的，而通过资本市场或者金融机构筹集资金都存在重重障碍。在我国，融资方式重要不外乎银行贷款、信托、企业债券、私募中小企业融资、委托贷款、上市等几种途径。物流企业看似融资渠道较多，但是在现实中，信托融资要求实际上比银行贷款更高。信托公司往往只选择基础设施建设等收益稳定的项目，中小物流企业几乎没有发行信托中小企业融资的可能。另外，由于资本市场的严格限制，物流企业很难从发育不完善的资本市场筹集资金。因此，相对来说，信贷市场融资就成为物流企业的最佳选择。

2. 信贷市场对物流业的作用

信贷市场是中央银行进行信贷总量宏观调控，贯彻货币政策意图的主要场所。信贷市场的主要功能是调剂暂时性或长期的资金余缺，促进国民经济的发展。信贷市场对物流业发展的作用有可以概括为以下两个方面。

1) 信贷市场的基础功能是调剂物流业暂时性或长期性资金余缺

在经济生活中，资金盈余单位有多余的资金，而它们又并不想在当前作进一步的开支；而赤字单位想作更多的开支，但又缺少资金，计划不能实现。信贷活动的实质就是储蓄资金从盈余单位向赤字单位有偿的转移。以银行为代表的金融体系的介入形成了信贷市场机制，极大地推动了这个转移过程，对经济体系的顺利运转具有重要意义。而目前，我国的物流企业还多是中小企业，普遍面临资金短缺的问题，合理地利用资本市场，为企业融资，保证企业现金流的稳定，可以为企业稳定发展提供保证。

2) 信贷市场的发展与物流业的发展相互推动

信贷市场促进了资本的再分配和利润的平均化。物流业的迅速发展，靠的是各部门的协调发展,而这主要是通过资本自发转移来实现的。资本总是从利润低的行业向利润高的行业流动,以保证企业获得最大的利润,然而资本并不能够完全自由流动的,信贷市场的出现使这些限制不复存在,从而使得一国国民经济能够较为迅速的发展。从目前来看,我国的物流企业利润还普遍偏低。因此,信贷市场相对来说是资金的输入方,但是随着物流业的发展壮大,物流企业必将逐步增加利润,进而为信贷市场服务。

3. 物流业与信贷市场结合运作模式

物流企业与信贷市场结合,一方面,是指物流企业通过多种方式,从信贷市场获取资金支持;另一方面,是指物流企业运用信贷市场,结合自身业务特点,努力改善企业的盈利结构,扩大企业的盈利范围。因此,我们将物流业与信贷市场结合运作模式分为物流企业自身融资、物流结算、供应链融资 3 类。本章后面的内容将对这 3 种类模式进行详细介绍。3 类中业务模式如表 5-1 所示。

表 5-1　物流业与信贷市场结合运作模式类别

类　别	模　式
物流企业自身融资	融资租赁、典当融资、桥隧模式、中小企业集合信托、中小企业集合贷款和产业链贷款、互保联保
物流结算	代收货款、垫付货款、物流保理、保证
供应链融资	存货质押融资、应收账款融资、订单融资

【知识拓展】

物流业调整和振兴规划

多渠道增加投入

物流业的发展,主要依靠企业自身的投入。要加快发展民营物流企业,扩大对外开放步伐,多渠道增加对物流业的投入。对列入国家和地方规划的物流基础设施建设项目,鼓励其通过银行贷款、股票上市、发行债券、增资扩股、企业兼并、中外合资等途径筹集建设资金。银行金融机构要积极给予信贷支持。对涉及全国性、区域性重大物流基础设施项目,中央和地方政府可根据项目情况和财力状况适当安排中央和地方预算内建设投资,以投资补助、资本金注入或贷款贴息等方式给予支持,由企业进行市场化运作。

加大对物流业的投入

各级政府要加大对物流基础设施的投资扶持,积极引导银行业金融机构加大对物流企业的信贷支持,拓宽融资渠道。

5.2 物流企业自身融资活动

本节主要从创新物流企业融资方式以及减少资金供给方风险的角度,介绍适合物流企业运用的几种融资方式。

5.2.1 融资租赁

1. 融资租赁概念与发展

不同的国家对融资租赁提出了不同的定义,甚至在我国不同的部门,融资租赁的定义也有所不同。例如,银监会将融资租赁定义为出租人根据承租人对租赁物和供货人的选择或认可,将其从供货人处取得的租赁物按合同约定出租给承租人占有、使用,向承租人收取租金的交易活动;商务部将其定义为出租人根据承租人对出卖人、租赁物的选择,向出卖人购买租赁财产,提供给承租人使用,并向承租人收取租金的业务。从融资租赁业务的操作过程出来,可将融资租赁定义为:出租人根据承租人对租赁物件的特定要求和对供货人的选择,出资向供货人购买租赁物件,并给承租人使用,承租人则分期向出租人支付租金,在租赁期内租赁物件的所有权属于出租人所有,承租人拥有租赁物件的使用权。租期届满,租金支付完毕并且承租人根据融资租赁合同的规定履行完全部义务后,对租赁物的归属没有约定的或者约定不明的,可以协议补充;不能达成补充协议的,按照合同有关条款或者交易习惯确定,仍然不能确定的,租赁物件所有权归出租人所有。融资租赁是集融资与融物、贸易与技术更新于一体的新型金融产业。由于其融资与融物相结合的特点,出现问题时租赁公司可以回收、处理租赁物,因而在办理融资时对企业资信和担保的要求不高,所以非常适合中小企业融资。

融资租赁产生于第二次世界大战后的美国。"二战"后美国国内出现了资本和技术密集型为特点的耗资巨大的新兴工业部门,一方面造成固定资产投资规模急剧扩大,设备更新速度空前加快;另一方面企业还要面临因采用新技术使设备淘汰加快的风险。在战后经济不景气、企业通过传统的融资方式获得中长期贷款的来源十分有限的情况下,传统的融资方式已经无法满足旺盛的投资需求。1952 年,加利福尼亚州一个食品工厂的老板费尔德用每月 125 美元租用带小型升降机的卡车,和经纪人达成协议后获得成功。他根据这一经验产生了建立租赁公司的设想并最终成立了美国第一家融资租赁公司——美国租赁公司,开启了融资租赁的新纪元。这一做法打破了"先一次性投资,购买设备后再进行生产"的传统观念。融资租赁诞生以后,取得了迅速发展。到了 20 世纪 60 年代,日本及西欧的大部分工业国家都成立了融资租赁公司。20 世纪 70 年代,融资租赁在经济发达国家得到急速发展。到了 20 世纪 80 年代,经济发达国家的融资租赁已进入成熟期,不少发展中国家也开展了租赁业务。融资租赁成为许多国家发展最快的一种融资方式[①]。

1981年,中国东方国际租赁公司及中国租赁有限公司的成立标志着中国租赁业的诞生。我国融资租赁业的产生于发展,引进了不少先进设备和技术,开辟了利用外资的新渠道,对我国经济发展起了一定的作用。2012年6月18日,商务部《关于鼓励和引导民间资本进入商贸流通领域的实施意见》明确指出支持民间资本发展融资租赁业务。加快融资租赁业立法步伐,建立、健全行业标准体系,完善金融、财政、税务、外汇、海关等政策,加强行业监管,支持符合条件的民营企业规范发展融资租赁业务。鼓励民营融资租赁企业为中小微企业、"三农"企业提供交通运输工具、生产设备、工程机械、农用机械等融资租赁服务,通过设备融资租赁方式参与铁路、电信、电力、石油天然气、水利工程等基础产业建设。支持民营融资租赁企业加强与各类金融机构合作,拓宽融资渠道。我国物流基础设施的建设以及物流企业的设备更新换代完全可以借助于融资租赁这一融资模式。

2. 融资租赁分类

在我国,因为监管者的不同,融资租赁大致被分为金融租赁、企业融资租赁和外资融资租赁。金融租赁公司由银监会监管,大都是为银行系投资建立;企业融资租赁由商务部监管,为实体企业出资设立。具体的租赁方式可分为以下几类。

1) 直接融资租赁

租赁公司根据承租企业的选择,向设备制造商购买设备,并将其出租给承租企业使用。租赁期满,设备归承租企业所有。适用于固定资产、大型设备购置以及企业技术改造和设备升级。

2) 售后回租

承租企业将其拥有的设备出售给租赁公司,再以融资租赁方式从租赁公司租入该设备。租赁公司在法律上享有设备的所有权,但实质上设备的风险和报酬由承租企业承担。适用于流动资金不足的企业、具有新投资项目而自有资金不足的企业以及持有快速升值资产的企业。

3) 厂商租赁

厂商租赁是设备制造厂商与租赁公司结成战略合作伙伴,以融资租赁方式为购买其产品的客户进行融资,并进行后续设备资产管理的一种业务模式。适用于设备制造厂商。

4) 杠杆租赁

由租赁公司牵头作为主干公司,为一个超大型的租赁项目融资的租赁方式。租赁公司通过成立一家项目公司,通过投入租赁物购置款项的部分金额,即以此作为财务杠杆,为租赁项目取得全部资金。适用于飞机、轮船、通信设备和大型成套设备的融资租赁。

---

① 蔡正子. 融资租赁实务[M]. 郑州:河南人民出版社,2007.

5) 联合租赁

租赁公司与国内其他具有租赁资格的机构共同作为联合出租人,以融资租赁的形式将设备出租给承租企业。合作伙伴一般为租赁公司、财务公司或其他具有租赁资格的机构。

6) 委托租赁

租赁公司接受委托人的资金或租赁标的物,根据委托人的书面委托,向委托人指定的承租人办理融资租赁业务的一种租赁方式。租赁期内租赁物的所有权归委托人。此模式可实现与投资机构、优势企业进行租赁投资合作。

7) 转租赁

转租赁是以同一物件为标的物的融资租赁业务。在转租赁业务中,租赁公司从其他出租人处租入租赁物件再转租给承租人,租赁物的所有权归第一出租方。此模式有利于发挥专业优势、避免关联交易。

3. 融资租赁的功能与作用

融资租赁的功能主要体现在以下 4 个方面。

1) 融资功能

融资功能是融资租赁最基础也是最重要的功能,从其本质上看,融资租赁是以融通资金为目的的,它是为解决企业资金不足的问题而产生的。需要添置设备的企业只需付少量资金就能使用到所需设备进行生产,相当于为企业提供了一笔中长期贷款。

2) 促销功能

融资租赁可以用"以租代销"的形式,为生产企业提供金融服务。一方面,可避免生产企业存货太多,导致流通环节的不畅通,有利于社会总资金的加速周转和国家整体效益的提高;另一方面,可扩大产品销路,加强产品在国内外市场上的竞争能力。

3) 投资功能

租赁业务也是一种投资行为。租赁公司对租赁项目具有选择权,可以挑选一些风险较小、收益较高以及国家产业倾斜的项目给予资金支持。同时,一些拥有闲散资金、闲散设备的企业也可以通过融资租赁使其资产增值。而融资租赁作为一种投资手段,使资金既有专用性,又改善了企业的资产质量,使中小企业实现技术、设备的更新改造。

4) 资产管理功能

融资租赁将资金运动与实物运动联系起来。因为租赁物的所有权在租赁公司,所以租赁公司有责任对租赁资产进行管理、监督,控制资产流向。随着融资租赁业务的不断发展,还可利用设备生产者为设备的承租方提供维修、保养和产品升级换代等特别服务,使其经常能使用上先进的设备,降低使用成本和设备淘汰的风险,尤其是对于售价高、技术性强、无形损耗快或利用率不高的设备有较大好处。

融资租赁对出租人而言,是一种安全高效的投资方式,并且具有安全性好、收益率高的特征。另外,出租人若为设备生产商,租赁可助其扩大产品销售。对承租人而言,有助于加快企业技术改造和企业引进先进设备,并且融资租赁使承租企业得到税收优惠的好处,减轻了企业财务负担,增强了企业发展后劲。目前,中国融资租赁依然还是较为简单的商业模式,以融资性租赁尤其是融资性售后回租为主,在银行系租赁公司中,融资性售后回租的比例达到80%以上。

融资租赁业在西方发达国家已是仅次于银行信贷的金融工具,全球近1/3的投资通过这种方式完成。在欧美工业发达国家,设备的租赁已占全部设备销售量的20%,其中工程机械、飞机、船舶、各种车辆等,60%以上都是通过租赁方式销售。相比之下,我国金融租赁的渗透率比较低,在发达国家,金融租赁渗透率为15%~30%,而据中国银行业协会金融租赁专业委员会估算,中国租赁渗透率为4%~5%。可见,中国租赁市场仍有相当大的发展空间。

【实例5-1】

盘活资产以"融资租赁贷款"业务优化中小微企业资源配置

2011年9月26日,四川临江寺味业有限公司以100多项、净值为1 500万元的生产设备作为基础资产,从成都金控融资租赁有限公司拿到了一笔3年期、本金为1 500万元的资金,同时以约10%的租赁成本将基础资产回租使用。这看似是一笔简单的设备售后回租融资业务,实际上是国开行四川分行主导的业务创新品种,上述1 500万元资金来源中,有1 050万元是国开行四川分行以7.3%的低利率提供的。据记者了解,国开行目前正在大力推动与租赁公司的合作,着力将信贷与租赁两种金融工具相结合,盘活企业资产,优化资源配置,在不提高负债率的同时,大力解决微小企业信用缺失产生的融资难问题。截至2012年4月末,该行与成都金控融资租赁有限公司合作,共为14家微小企业签订金融租赁贷款合同13 127万元,并全部发放完毕。

据业内专家介绍,金融租赁贷款实质上是银行与租赁公司合作,由银行提供资金,由租赁公司采用售后回租或直接租赁的方式为企业提供租赁融资服务。该模式一方面缓释了银行风险,另一方面盘活了企业资产,在不提高负债的同时,解决了因担保物缺失而产生的信用风险,是一种有效的风险分担、缓释机制。

国开行四川分行富民业务处负责人介绍说,金融租赁贷款在促进设备投资、解决中小企业融资难、优化资源配置方面具有重要作用。该产品具有4个显著特点:一是企业除了获得贷款外,可以通过盘活企业现有资产,实现物的"融资"功能;二是对于通用性和保值性比较强的设备,一般通过租赁取得的融资比例会高于贷款的融资比例,从而节省企业流动资金并维护现有的信用额度;三是融资租赁的用途相对贷款资金的使用更为宽松,可以作为企业资本金使用;四是融资租赁可以实现长期融资目的,能调整企业的负债结构。

该行同时还积极地协调"国开系"旗下的国银租赁有限公司加大对四川的投放力度,后者与成都中小企业融资担保有限责任公司和四川昊鑫融资担保有限公司开展了一系列融资租赁业务,累计发放5 500万元,进一步拓展了省内中小微企业的融资渠道。

(资料来源:金融时报,2012-06-18)

5.2.2 典当融资

1. 典当融资的概念

2005 年 4 月 1 日实施的《典当管理办法》中指明典当是指当户将其动产、财产权利作为当物质押或者将其房地产作为当物抵押给典当行,交付一定比例费用,取得当金并在约定期限内支付当金利息、偿还当金、赎回典当物的行为。从 1987 年 12 月中国第一家典当行成立开始,2011 年年底,我国典当行数量为 5 237 家。

典当融资是中小企业在短期资金需求中利用典当行救急的特点,以质押或抵押的方式,从典当行获得资金的一种快速、便捷的融资方式。典当融资作为一种间接融资方式,是对金融借贷的有效补充,其自身所具有的一些特点弥补了中小企业融资难的缺陷,成为中小企业新融资的绿色通道,越来越受到中小企业的重视。

2. 典当融资的优势

(1) 融资门槛低。典当融资对企业的信用要求和限制较少,只注重典当物品是否货真价实,无须担保,只要当物合适,典当行都可以发放贷款。同时,典当融资对于贷款的用途也不设限制,对企业拿到资金后的经营方式不加干预,这使得企业经营不受任何干涉,增强了企业的自主性。

(2) 借贷灵活自由。典当融资在典当期限和典当金额上有很强的自主性。

(3) 融资手续简便,时效性强。典当融资不用像银行发放贷款一样经过层层审批,客户无须提供财务报表和贷款用途等相关资料,只要提供符合规定的抵质押物即可。

(4) 典当融资抵质押品种类较多。中小企业的闲置设备、积压产品、多余原材料以及其他各种生产资料物品也都可以进行典当,可以使企业资源得到最充分的利用。企业还可以将上述物品进行任意组合,典当行根据其总的抵押品价值,决定发放贷款的数额。

(5) 融资费用相对合理。按国家有关规定,典当融资的当金利率按人民银行规定的银行同期法定贷款利率最高上浮 50%掌握,一般月息可在 0.8%左右。同时又规定质押典当的月综合费率不得超过 4.7%(房地产抵押费率月息不超过 3%)。两项相加典当融资的月息费率约在 5%左右。与银行贷款之外的其他融资方式相比,采用典当方式融资中小企业还是可以接受的。同时,我们还应看到,典当行发展到一定数量后,在同业竞争条件下,其息费率还会进一步自动调低。这对平抑市场利率、维护中小企业利益、促进经济发展都具有积极意义。

我国物流企业可以也应该借鉴这一新型融资模式,以解决企业运营过程中的短期资金缺口。但是,除贷款月利率外,典当贷款还需要缴纳较高的综合费用,包括保管费、保险费、典当交易的成本支出等,因此它的融资成本高于银行贷款。另外,我国的典当行的立法体系和监管体制不够完善,市场准入体系也过于严格,业务规则也不尽详细,这些都限制了典当融资在我国的发展。然而,随着国家的重视和问题的解决,典当融资将在我国经济发展的历史上取得一定的地位，为企业的融资提供一种高速有效的融资方式。

【知识拓展】

商务部关于鼓励和引导民间资本进入商贸流通领域的实施意见(部分)

引导民间资本规范发展典当业务。加快典当业立法步伐，研究制定相关标准，引导民间资本规范发展典当业务。促进民营典当企业规范化、品牌化经营，鼓励有条件的民营典当企业做大做强，开展品牌建设，发展连锁经营。推动建立典当企业之间、典当企业与银行、担保公司等其他社会融资机构之间的合作机制，支持民营典当企业拓宽融资渠道。积极研究出台有利于典当业务发展的支持政策，争取获得与小额贷款公司等非银行金融机构同等待遇。

支持民间资本发展融资租赁业务。加快融资租赁业立法步伐，建立、健全行业标准体系，完善金融、财政、税务、外汇、海关等政策，加强行业监管，支持符合条件的民营企业规范发展融资租赁业务。鼓励民营融资租赁企业为中小微企业、"三农"企业提供交通运输工具、生产设备、工程机械、农用机械等融资租赁服务，通过设备融资租赁方式参与铁路、电信、电力、石油天然气、水利工程等基础产业建设。支持民营融资租赁企业加强与各类金融机构合作，拓宽融资渠道。

【实例5-2】

2009年2月，集美××物流公司因购买昂贵的进口物流设备，急需资金。由于银行贷款资金无法迅速到位，该公司将原有设备作为当物，质押给厦门鼎诺典当有限公司，取得300万元当金，解了燃眉之急。

一个多月后，银行贷款发放到手，物流公司立即向鼎诺典当赎回当物。"典当的费用虽然贵些，但为我们赢得宝贵的时间，我们的新设备得以提前投入使用。算起来，我们还是赚了！"该物流公司负责人说。

典当，打开了集美民间融资的又一扇大门。2009年年初成立的鼎诺典当，是集美区现有的两家典当公司之一，注册资本达3 000万元。根据《典当管理办法》的规定，单笔当金一般不得超过注册资本的10%，也就是说，鼎诺典当的单笔当金最高为300万元。

与其他渠道相比，典当融资可谓"短平快"：手续简便、资金到位迅速，具有很强的应急性。以鼎诺典当为例，从当户提出申请到资金到位，一般只要两三天，如果对抵质押物的价值已非常清楚，当天即可发放当金。如今，典当日益受到中小企业和个人投资者的青睐，鼎诺典当开业一年多来，已完成50多笔典当业务。

(资料来源：http://www.fjsen.com/d/2010-05/17/content_3211550_3.htm)

5.2.3 桥隧模式

1. 桥隧模式的概念

所谓桥隧模式，就是指在担保公司、银行和中小企业三方交易组成的传统担保贷款模式中导入第四方(业界相关者：包括风险投资公司/上下游企业等)，第四方以某种形式承诺，当企业现金流发生未预期的变化而导致财务危机发生并进而无法按时偿付银行贷款时，第四方将以股权收购等形式进入该企业，为企业带来现金流用以偿付银行债务并保持企业的持续经营，规避了破产清算，从而最大可能地保留企业的潜在价值[①]。

2. 桥隧模式的优势

1) 满足银行风险控制的要求，帮助企业顺利融资

众所周知，传统的三方担保模式主体包括银行、担保公司和企业三方，而桥隧模式构建起信贷市场和资本市场的桥梁和隧道，使得中小高科技型企业的贷款申请能够通过担保公司的信贷担保和风险投资公司的相应承诺和操作，提高应对银行风险控制的要求，顺利地实现贷款融资，从而满足中小企业进一步发展的需要和风投的投资目的。与传统的三方担保模式相比，这个新模式中出现的第四方，为中小企业担保贷款建起"第二道风险控制防线"。[②]

2) 实现参与方的多方共赢

在新型的贷款担保模式下，将能实现四方共赢：对业界相关者而言，通过股权的购入等方法，能够以较低的价格获得具有较好价值潜力的目标公司；对企业而言，桥隧模式实现了中小企业、担保公司、风投的"整体价值链"，正是这条整体价值链，有力地提升了企业与银行谈判的筹码、增加了谈判的话语权，提高了在信贷市场融资的概率；对银行而言，业界相关者的介入为其降低了交易成本，减少了其业务风险；对担保公司而言，由于业界相关者的介入，降低了所承担的代偿风险，有利于争取与银行开展业务，最后还可以扩大其资本金的担保放大倍数，提高担保公司业务发展的空间。

3. 桥隧模式的现实意义

1) 涵盖了广泛的经济主体，体现出较强的生命力

桥隧模式不仅涵盖了担保业，还囊括了银行业、投资行业、实业界等。在该模式下，所有的经济主体都有动力为了自己的利益积极参与进来，具有很强的利益兼容性。因此，自提出以后，桥隧模式在实践中表现出较大的生命力，随着一些业务实践的成功，在相关领域引起了较大的反响。

---

① 王东华. 中小企业融资另辟蹊径——从"桥隧模式"到"路衢模式"[J]. 经济管理, 2009(11)：73-76.
② 金雪军, 卢绍基, 等. 融资平台浙江模式创新[M]. 杭州：浙江大学出版社, 2010.

2) 拓展空间大

第一，桥隧模式所面向的企业不仅仅局限于有可能失败的新生企业。对于那些成立时间较长、盈利情况较好的企业，业界投资者仍可以通过参股的形式来适用于该模式。第二，桥隧模式所提到的业界投资者也可以包括很多经济主体。除了风险投资者、上下游企业以外，专项发展基金、产业基金、投资公司等其他经济主体同样能够在这个模式下运作发展。

目前的物流金融业务，物流企业起的作用相当于桥隧模式中担保公司，但是目前物流金融业务还没有能够较好地引入第四方。对物流金融业务而言，可以运用的第四方资源很多，比如供应链上核心企业以及从事物流保险的保险公司。如何较好地引入第四方、拓展物流金融业务是物流企业值得思考的问题。

【实例5-3】

浙江中新力合担保有限公司成立于2004年，注册资本金2.85亿元，是浙江省最大的以融资担保为主业的中外合资金融服务企业。中新力合担保公司首创"桥隧模式"，并将其付诸实践，取得了很大成功。例如，处于初创期的杭州一家动漫公司——丰泽科技，由于无抵押物和现金流，无法获得银行贷款。中新力合引入第四方——红鼎创投，并约定由中新力合与红鼎创投共同担保，帮助丰泽科技向商业银行融资100万元；同时，红鼎创投获得丰泽科技10%的期权行权权利(期限为3年)，而丰泽科技的股权则质押给中新力合。目前，中新力合担保公司通过桥隧模式做成的案例已经达到20来笔，行业主要集中在广告、科技、收藏品等行业，担保贷款总额在6 000万左右，对象基本是成长型的小企业。

(资料来源：http://www.hangzhou.gov.cn/main/zwdt/ztzj/syms/cxal/T272073.shtml)

5.2.4 中小企业集合信托

1. 中小企业集合信托的含义与优势

中小企业集合信托，又称路衢模式。2008年9月首次在浙江杭州出现，是指多家中小企业联合起来，作为一个整体，通过信托公司统一发行信托计划募集资金，并把募集到的资金分配到各家企业。在集合信托中，企业各自确定资金需求额度，各自承担债务，互相之间没有债务担保关系，而是共同委托一家担保公司为所有企业承担担保责任。其核心是"以政府财政资金为引导，吸引社会资金有效参与"，资金来源由地方政府扶持资金、担保公司及风投机构资金、银行发行理财产品募集的社会投资组成，募集资金由信托公司以信托贷款形式投向融资需求的小企业群，到期后，由企业按期依约偿还本息。利益分享上理财投资优先、政府引导资金第二位(本金回收)、风投机构第三受益。风险分担上按照风险投资机构出资、政府引导资金、社会理财投资的顺序依次承担。

中小企业集合信托较好地协调了政府、银行、担保公司、中介机构、社会资金等各方面力量，并通过各取所需、各尽所能的风险收益匹配方式形成协同效应，为化解中小企业单位融资所面临的成本高、风险大、损失难抵偿的弱点进行了有益尝试。

2. 中小企业集合信托的特征

和传统的担保模式相比，路衢模式体现出了独特因子的组合：一是"主动"的中小企业集合融资形式；二是与桥隧模式相比，融资参与主体得到了扩大；三是政府财政资金发挥引导功能，有效吸引了社会资金的参与；四是实行"分级化"信托，从而实现不同主体对风险收益的差异化需求；五是担保公司在风险投资公司投资之后仍可实行不完全担保，从而极大地降低了担保风险，提高了担保的效率；六是主模式的标准化与通道发散性设计的结合，既实现了路衢模式推广的畅通无阻性，又实现了衍生产品的多样性与丰富性，更好地体现风险与收益的匹配，扩大融资主体面，从而有效解决中小企业融资难问题。表 5-2 列出了中小企业信托的参与机构，较为清晰地呈现了各参与方的职能。

表 5-2　中小企业集合信托参与机构

参与机构	职　能
信托公司	向银行监督部门进行审批备案、准备合同文本、设计信托产品、发售信托产品等
担保公司	提供担保
再担保公司	提供再担保
商业银行	信托资金的监管方、产品发售、推荐企业
政府主管部门	协调政府相关部门、宣传组织、提供政策资金扶持
中小企业	配合提供申报文件等

有鉴于此，从扩宽融资渠道的角度考虑，我国众多的中小物流企业，完全可以借鉴这一模式，联合发行中小企业集合信托，解决自己的融资问题。

【实例 5-4】

西湖区发行首期"小企业集合信托债权基金"

西湖区小企业集合信托基金是杭州市西湖区政府将政府扶持资金、银行、担保公司、社会资金捆绑在一起，为帮助中小企业解决融资难所采取的一项重要举措，基金数额为 2 亿元。由区科技局、财政局联合相关金融机构组织实施。首期"平湖秋月"规模 5 000 万元，期限 2 年，年利率 7.5%，浙江中新力合担保有限公司对 5 000 万元债务进行全额担保。入选企业共 20 家，涵盖电子信息、新材料、文化创意、高效农业及现代服务业等产业。其中，电子信息企业 7 家，占总数的 35%。发放的贷款金额从 20 万至 750 万元不等，户均 250 万元，户均贷款金额小，降低了政府资金的投入风险，提高了信托贷款的稳定性和安全性。

5.2.5　中小企业集合贷款和产业链贷款

1. 集合贷款和产业链贷款的产生

中小企业集合贷款，简称集合贷。针对中小企业一般具有规模小、行业散、分布偏远等特点，地方政府设立的平台公司通过转变传统贷款模式，变零售为批发，推出"集合贷款"和"产业链贷款"新模式。平台公司挑选同一行业、同一领域或同一地域有关联的中小企业，进行集中考察、集中管理、集中办理手续，集合起来与银行谈判准入和授信。通过这种新型业务模式，把低收益的银行零售业务做成了批发业务，提高了银行的积极性，帮助中小企业抱团获得银行信贷支持。

2. 集合贷款与产业链贷款的借鉴意义

(1) 集合政府及国有平台资源，为中小企业集体增强信用。

通过政府的专项政策支持，在政策支持下，为中小企业甚至包括初创期的高科技企业提高申报银行贷款的信用等级。中小企业获得信用增级后，使其达到银行发放贷款的标准，弥补了中小企业财务指标偏小、信用等级偏低，甚至无银行信用记录等融资的瓶颈性问题。

(2) 集合中小企业资源集体谈判，降低融资成本。

集合贷款一方面通过政府增信、集体谈判，以及集合企业批发式金融合作方式与银行商谈合作，最大程度降低了企业贷款利率；另一方面，对贷款企业给予利息补贴和中介费用补贴，极大地降低了企业融资成本，减轻了企业还本付息的压力。

(3) 集合中小企业无形资产开展质押等反担保方式，实现信用创新。

考虑到众多中小企业，特别是初创期高科技企业都是轻资产型企业，固定资产及有形资产偏少，在担保公司为集合贷款提供担保后，实现银行接受中小企业以实物资产(土地、房产、设备)、公司股权、经有关部门评估确认并登记注册的商标、专利等知识产权类抵(质)押品、股东或实际控制人个人财产等标的物提供反担保。

集合贷款和供应链贷款模式为我国物流企业自身的融资，供应链上下游小微企业融资提供了新思路。比如，以物流园区、物流中心等为代表的物流集聚区便可以为园区内入驻物流企业以及小微企业提供集合贷款或者产业链贷款。

【知识拓展】

实践中的业务模式有华夏银行开展的"商圈贷"，交通银行的"商惠贷"，中信银行针对"一链两圈三集群"(一链指供应链上下游，两圈指商贸集聚圈和制造集聚圈，三集群指市场、商会、园区集群)内优质小企业客户量身定制的"成长贷"等。2011年8月，商务部和银监会联合下发了关于支持商圈融资发展的指导意见，支持发展商圈担保融资、供应链融资，积极推动商铺经营权、优先承租权质押的试点，以拓展包括物流园区在内的商圈内小微企业的融资渠道。

【实例 5-5】

（1）青岛市担保中心自 2009 年以来，在城阳和即墨组织了 4 个千万元以上的集合贷款项目，分别为轨道交通行业、亨达制鞋产业链、水处理行业和汽车销售行业。这种"产业链贷款"模式，既扩大了业务量，又满足了银行需求，使得上下游产业链企业共同成长，而且使担保中心能够有效规避风险，一举三得。

（资料来源：http://paper.dzwww.com/jjdb/data/20100811/html/10/content_2.html）

（2）武汉东湖国家自主创新示范区创新集合贷款方式解决中小企业"融资难"。2006 年以来，以集合贷款方式，已累计支持 15 家科技型中小企业，申请贷款金额逾 3.23 亿元。据了解，示范区享受到集合贷款的中小企业涵盖光电子、消费电子、信息技术、节能环保、新能源等产业项目，且经济效益及社会效益显著。经初步统计，集合贷款前期所支持的 7 家企业，资产规模平均增长了 90％，利润增长了 199％，税收增加了 1.88 亿元，就业人数增加了 1 800 多人。

（资料来源：http://news.163.com/11/0625/13/77D9N78200014JB5.html）

5.2.6 互保联保

1. 互保联保贷款的定义与作用

互保是指互相担保，即企业之间对等为对方保证贷款，当其中一方无法按期偿还贷款时，另一方需要承担连带责任，代替对方还款。当互保涉及两家以上的经济行为时，就形成换脸互保、担保链、互保圈，就是我们在此所说的联保。互保联保模式的主要作用首先是解决了个体工商户和中小企业贷款难、担保难的问题。其次，作为普通信贷方式的有益补充，互保贷款方便快捷地满足了客户的需求。最后，通过互保联保小组之间的连带责任以及横向监督等各种手段，有效地降低了银行的风险。

2. 互保联保贷款的分类

1）按照联保小组成员的性质分类[①]

一般可分为农户联保贷款和企业联保贷款。对于联保贷款的定义，也一般按照农户和企业的划分各自进行定义。如中国人民银行对农户联保贷款的定义，是指没有直系亲属关系的农户在自愿基础上组成联保小组，信用社对联保小组成员按照"多户联保、按期存款、分期还款"的原则提供贷款。多户联保是指联保小组共同向银行申请贷款，组内所有成员

---

① 中国银行业监督管理委员会. 银监发〔2004〕第 68 号. 中国银行业监督管理委员会关于印发《农村信用合作社农户联保贷款指引》的通知，2004-10-10.

对其他借款人的借款负有连带责任,任一成员不能按时归还时,联保小组成员都有责任共同代为偿还;按期存款是指借款人在得到贷款前,应在信用社存入不低于借款额的一定量活期存款;分期存款是指借款人应按照借款合同规定的时间,分期、足额、按时归还贷款本息。

2) 按照是否设立风险保证金分类[①]

按照中国银行业监督管理委员会 2006 年印发的《农村信用社小企业信用贷款和联保贷款指引》(银监发〔2006〕7 号)的分类方法,我国中小企业联保贷款按照是否设立风险保证金可分为一般联保和特殊联保。一般联保是指由多个企业组成联保小组并签订协议,在借款人不能按合同约定偿还贷款时由联保小组成员承担连带责任的贷款;特殊联保是指由多个企业共同出资设立风险基金、设定还款责任和风险补偿机制,由贷款人对联保小组内的企业发放的贷款。

特殊联保是联保技术在中小企业信贷领域的应用中的一次创新,能够降低一旦联保小组内发生无法按时还款现象后对小组其他成员带来的巨大还款压力。目前,我国大部分中小企业联保贷款采用的均是特殊联保。由于特殊联保能够更好地防范中小企业的信贷风险,绝大多数中小企业联保贷款业务均采用特殊联保方式,因此,按照是否设立风险保证金对中小企业联保贷款模式进行分类,对于进一步分析解读该模式的区分度不高。

3) 按照中小企业和金融机构间的沟通载体分类

由于银行与联保小组之间仍然存在信息不对称的问题,因此,将联保技术应用在中小企业信贷领域中时,银行往往依赖于第三方机构以进一步破解与联保小组间的信息不对称现象,规避风险。按照银行与联保小组间沟通的第三方机构进行分类,大致可分为商会(协会)联保和网络联保,基本能够涵盖在中小企业中运作比较成功、影响较大的联保模式,代表性较好。

3. 互保联保模式风险控制的原则

联保模式要降低风险需遵循两条原则:一是一组企业互保,每次只允许一户借款,还清之后才可下一户再借;二是互保企业的业务景气不相关或负相关。反之,上下游或同业互保,一旦出现行业不景气,所有企业都可能同时出现问题,出现当前江浙一带互保贷款的"火烧连营"之势。

【知识拓展】

民生银行互助基金模式

互助基金包括互助保证金和风险准备金,保证金账户余额超过 1 000 万元方可进行放

---

① 徐盈盈. 我国中小企业联保贷款模式研究[D]. 青岛:中国海洋大学,2011.

款。互助保证金：收取标准为授信金额的 20%。可由借款人缴纳 20%，也可由借款人缴纳 10%，园区或者平台商或追加的第三方缴纳 10%。风险准备金：统一按贷款金额的 1% 收取。基金存续期内不退还，除非基金解散。互助基金贷款建议单户授信金额控制在 100 万～200 万之间。贷款利率给予一定优惠，贷款无须抵押物，无须费力组建联保体，类似于信用贷款，会员获取贷款更容易。

【实例 5-6】

安徽省物流与采购联合会与民生银行联袂推出"省物联小微企业互助合作基金"

"安徽省物联小微企业互助合作基金"是指符合中国民生银行授信条件的安徽省物流与采购联合会会员单位以"自愿互助、风险共担、利益共享"的原则共同组建互助合作组织，通过交纳一定数额的资金，委托专门的管理机构为该组织各成员在中国民生银行贷款提供担保而设立的担保资金集合。基金成员可向中国民生银行申请小微企业互助担保贷款，该贷款具有"互助共赢、大数定律、有限责任"等特点。该互助基金具有完善的准入、运作、设立及退出机制。

5.3 物流结算

结算是指各经济单位之间因商品交易、劳务供应、资金转移等原因所引起的货币收付行为。结算主要包括两类，一类是现金结算，是指以现金收付方式结清往来款项的业务，该业务必须在现金管理条例①规定的范围内进行，在现金结算中，买卖双方同时在场，交货与付款是在同一时间，同一处所进行的，交易双方一手交钱，一手交货，交易可以当面两清，手续也较简便。另一类是转账结算，是指通过银行将货币资金从付款人账户划转到收款人账户的货币收付行为，其实质是以存款货币的流通代替现金的流通，在银行办理的货币收付总额中，转账结算约占 95% 以上，是货币结算的主要形式。物流结算业务主要包括物流企业提供的代收货款和垫付货款以及在此基础上发展形成的贸易执行等。下面我们分别对这几类模式进行介绍。

5.3.1 代收货款

1. 代收货款概述

代收货款业务的出现打破了买卖双方一对一、面对面的交易方式，它为商户解决了商

---

① 《现金管理暂行条例》与 1988 年 8 月 16 日国务院第十八次常务会议通过，1988 年 10 月 1 日起实施，于 2011 年 1 月 8 日被中华人民共和国国务院令第 588 号发布的《国务院关于废止和修改部分行政法规的决定》所修订。

品配送与资金结算不方便、不及时的难题,也避免了买卖双方非面对面交易带来的信用风险。在物流领域,通常是指:在合同约定的时限与佣金费率下,第三方物流商(3PL)为发货方承运、配送货物的同时,向收货方收缴款项转交发货方的附加值业务。这种模式具有直接投资小、见效快,业务在原有营业网点进行,需要追加的投资较少的特点,并且其业务的附加值较高,除了正常的实物传递资费之外,还可以收取结算手续费。国际上著名的物流公司在国外早已开展了此类业务,而且开展国际代收货款业务,但是由于我国实施外汇管制,因此国内还无法开展国际的代收货款业务。

代收货款模式常见于 B2C 业务,并且已经在发达地区的邮政系统和很多中小型第三方物流供应商中广泛开展。在代收货款模式中,发货人与第三方物流供应商签订委托配送和委托收款合同,第三方物流供应商每日向用户送货上门,同时根据合同代收货款,每周或者每月向第三方物流供应商与发货人结清货款。和垫付货款模式一样,代收货款模式的资金在交付前有一个沉淀期。在资金的这个沉淀期内,第三方物流供应商等于获得了一笔不用付息的资金。

2. 代收货款发展现状

目前,国内从事全国范围内代收货款业务的物流公司主要有 EMS、宅急送及佳吉快运等,更多的快递企业从事的是特定区域范围内的代收货款业务。从代收货款所覆盖的区域来看,EMS 的覆盖范围最广,包含了近 1 800 个城市及乡镇,而其他快递公司则以一二级城市为主。

从代收货款的收费标准来看,通常物流企业采用在快递邮寄费的基础上,增加代收货款业务手续费的计费方式,手续费一般为代收款项金额的 0.5%~3%不等。中国邮政 EMS 代收货款业务的资费则包括了基本资费、投递代收服务费和代收手续费。其中,基本资费即快递邮寄费用,按照当地 EMS 收寄局与发货方签订的合作协议中资费标准收取,投递代收服务费为每件 10 元,代收手续费按代收货款的一定比例收取,范围为 2%~5%。此外,使用 EMS 代收货款业务的企业还必须缴纳 1 万元/年的系统维护费,用于该项业务双方货币的计算、账务核对、信息处理等工作。

3. 物流企业代收货款业务发展的瓶颈[①]

(1) 第三方物流企业的规模实力不足,我国物流行业进入门槛低。

据中国物流与采购联合会 2006 年调查,民营物流企业资产总额不到 5 000 万元的企业占 29.63%,拥有 100 个以上网点的企业仅占受调查企业的 18%,而在未受调查的企业中这一比例将更高。绝大多数供公司在二三级以下的地区则采用的大都是代理和外网形式,民营企业"小、散、乱"的局面始终未得到根本的改变。

---

① 冯霞. 我国第三方物流企业代收货款业务发展探析[J]. 科技创业,2008(1):52-53.

(2) 缺乏良好的商业信用和金融信用。

代收货款业务中发货方承担的风险最大，由于与第三方物流企业通常采用的都是定期结算方式，资金流滞后于物流，加上中国目前商业信用体系的不完善，国内第三方物流公司更无法像 UPS 公司那样做到先代付货款，因此，往往会出现货送到后资金难以回笼的情况。物流与资金流的不同步极大地限制了物流的运作及商业流通的发展，商业信用成为选择合适的第三方物流供应商的关键。

(3) 业务操作不能统一、规范。

目前不同的地区、不同的第三方物流企业都有不同的代收货款操作模式及合同条款。为了控制代收货款业务中的风险，有的第三方物流特别是实力较强的企业根据企业的自身情况和经验积累，制定出各自的管理规范，从企业着手控制风险，起到了一定效果。但从行业角度来看，这种状况不利于业务操作的风险控制，程序也比较烦琐，同时不同企业的规范也给发货方带来了一定程度的风险。

现阶段，我国发展代收货款物流增值服务还面临着众多问题。但这也是我国整个物流行业以及政府需要努力改进的方向。第三方物流企业应该对发货方的需求进行适时引导，为其分析市场形势，提供量体裁衣式的代收货款服务模式，并努力让发货方体验到该增值服务所带来的好处。如果第三方物流公司能以自己的抵押或信用作为保证，借助现代金融创新支付方式与信息网络，就能够更大规模地推动发货方选择第三方物流企业代收货款业务。只有满足了发货方的个性化、多样化需求，才能提高广大货主对物流企业的信任度和认可度，也才会放心地接受其提供的增值服务，使其顺利发展。此外，构建完善的信用管理体系是第三方物流代收货款业务发展的关键。这需要政府倡导信用道德教育、增强全民信用意识，建立企业信用联合征信制度、企业与个人信用等级评价制度及信用信息披露制度，构筑社会信用体系的技术平台。

【知识拓展】

为了解决代收货款的混乱局面，国家邮政局曾针对代收货款的具体操作问题进行调研。日前，国家邮政局已将《快递服务代收货款服务规范(草案稿)》(以下简称《草案》)交予国内不少快递企业进行讨论，代收货款的乱象或将得到终结。

《草案》中针对资金流转进行了详细描述，其中要求，从事代收货款业务的快递企业应按照相关金融管理规定对代收货款业务进行处理，并接受相关部门的监督管理。《草案》中还建议快递服务组织应向加盟快递企业收缴保证金；快递企业与商家进行代收货款结算时尽量采取转账的方式，减少现金使用等，这些措施一定程度上减少了"代收货款跑路"的可能性。

不过有快递企业相关负责人指出，《草案》要求快递企业对代收货款快件的内件品类、数量信息均进行详细的记录，但对于庞大的快件量操作难度较大。除此之外，保证金如何缴纳，也需要进一步明晰。

5.3.2 垫付货款

与代收货款不同，垫付货款常见于 B2B 业务中。垫付货款主要有两种模式，一种模式没有金融机构的参与，物流企业在接运货物时，即时支付一定比例的货款给供方企业，待物流企业将货物送达买方企业，收取买方货款之后，再付清全部货款，其业务模式如图 5-1 所示。

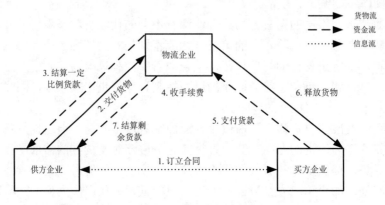

图 5-1 垫付货款模式 1

上述模式对于多数物流企业是很难接受的，因为它需要占用物流企业大量的流动资金。除了少数大型物流企业，如 UPS、MAERSK 这样的跨国公司有雄厚的资金实力来支撑，一般物流企业不可能存在庞大的流动资金以垫付供方企业货款。因此，金融机构参与下的垫付货款模式应运而生，即金融机构参与下的垫付货款业务，其业务模式如图 5-2 所示。

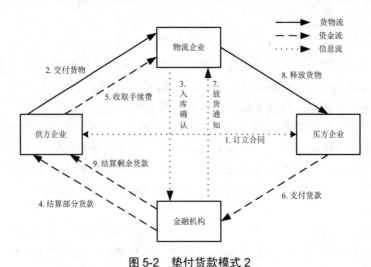

图 5-2 垫付货款模式 2

在货物运输过程中，发货人将货权转移给银行，银行根据市场情况按照一定比例提供融资，当提货人向银行偿还贷款后，银行向物流企业发出放货指示，将货权还给提货人。如果提货人不能在规定时间内向银行偿还贷款，银行可以在国内、国际市场上拍卖由物流公司监管的货物或者要求发货人承担回购义务。在整个过程中，物流公司为银行提供货物信息，追踪货物动态，承担货物运送，协助银行控制风险。

5.3.3 物流保理

保理业务主要是以赊销方式进行销售的企业设计的一种综合性金融服务，是一种通过收购企业应收账款为企业融资，并提供与此相关的包括债款回收、信用销售控制以及坏账担保等单项或者多项其金融服务业务或产品。物流保理的出现正是源自保理市场的迅速发展，在保理业务的初期，物流企业并未真正介入其中，从中受益的主要是金融机构和保理公司。但是随着保理业务的迅速发展，物流企业开始认识到这一业务的巨大潜力和自身从事保理业务的潜在优势。从保理业务的服务内容来说，物流保理业务与银行保理业务并无本质的不同，只是保理商由银行变成了物流企业，使物流和资金流的联系更为紧密，由此衍生出许多银行保理业务所不具备的优势，其优势主要体现在以下 3 个方面。

(1) 有效降低风险。由于物流企业对于买卖双方的经营状况和资信状况都有较深入的了解，当物流企业越来越多地介入到客户的供应链管理中时，在进行信用评估时，手续往往比金融机构为经营主体时更为简捷方便，而且风险也能够得到有效的降低。

(2) 可以快速进行融资。银行保理业务一般必须在货物装运完毕后再凭借相应单据向金融机构要求预付贷款。物理企业在其产品装箱的同时就能凭提单获得物流企业的预付的货款，相比较而言更为简捷方便。

(3) 易使货物变现。提供保理业务的公司有可能因无法追讨货款而将货物滞留于手中，金融机构相对而言没有从事商品贸易的工作经验，与商品市场缺乏必要的沟通与联系，因此在货物变现时常常遇到很多困难。而物流企业，尤其是专业化程度很高的物流企业，对所运输的货物市场会有深入的了解，而且由于长期合作的关系，与该行业内部的供应商和销售商也往往有着密切的联系，因此使货物的兑现更方便。

5.3.4 保证

保证模式是对买方企业的融资，可以分为信用证担保和买方信贷担保两种模式。

1. 信用证担保模式

在信用证担保模式中，物流企业与买方企业合作，以信用证方式向供方企业支付货款，或是为买方企业向银行申请开立信用证时提供担保，间接向买方企业融资。供方企业把货物送至物流企业仓库，物流企业控制货物的所有权，根据保证金的比例，按指令把货物转移给买方企业。其业务流程如图 5-3 所示。

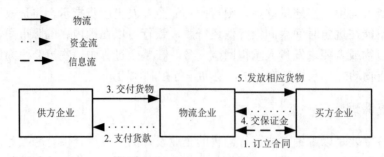

图 5-3　信用证担保模式

2. 买方信贷担保模式

买方信贷是买方企业向银行申请承兑汇票作为支付手段的一种融资模式，在该模式下，物流公司向银行提供承兑担保，买方企业以货物对物流公司进行反担保；借款企业凭借银行承兑汇票向供应商采购货品，并交由物流公司评估入库作为质物；金融机构在承兑汇票到期时兑现，将款项划拨到供应商账号；物流公司根据金融机构的要求，在借款企业履行了还款义务后释放质物。其业务流程如图 5-4 所示。

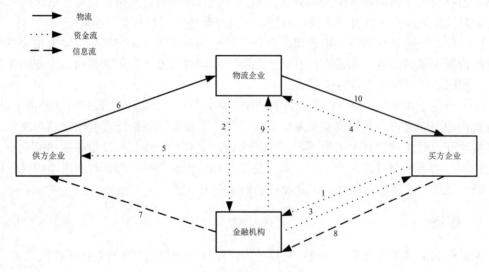

图 5-4　买方信贷担保模式

图中数字流程如下：1.申请银行承兑汇票→2.承兑担保→3.缴纳保证金，开具承兑汇票→4.反担保→5.采购货物→6.评估入库→7.承兑汇票→8.还款→9.放货通知→10.释放货物。

【实例 5-7】

邮政业标委会审查通过《智能快件箱》《快递代收货款服务规范》两项标准

2013 年 10 月 9 日，全国邮政业标准化技术委员会在银川召开 2013 年度第三次工作会议，审查通过了《智能快件箱》《快递代收货款服务规范》两项行业标准。国家邮政局副局长赵晓光出席会议并讲话，辽宁、江苏、浙江、福建、湖北省邮政管理局局长应邀参加会议。

赵晓光在讲话中指出，标准是国家竞争力的重要体现。自邮政体制改革以来，我国邮政业特别是快递服务发展迅猛。随着网络购物、跨境电子商务的不断发展，快递服务民生和经济社会发展的基础性作用还将不断增强。政府管理部门要做好服务工作，引导企业不断提升创新能力，依靠科学技术，增强发展后劲。标准是抓手、是杠杆、是导向，标准化工作应主动适应行业发展需要，加强总体设计，拓展发展空间，充分发挥引领和支撑作用，更好地服务行业发展。

对于《智能快件箱》行业标准的审定，赵晓光指出，智能快件箱利用科技手段，开创性地提出了快递服务末端"最后一公里"问题的解决思路，对于引导行业科技发展及转型升级起到十分重要的作用。标准审查一定要把握好标准的技术属性，从安全性、先进性和可扩展性上予以充分考虑，保证智能快件箱安全可靠，科学合理，并预留发展空间，满足行业发展的长远需要。

对于《快递代收货款服务规范》，赵晓光强调，代收货款业务适应了社会对快递服务个性化、纵深化的需求，标准的制定要进一步规范服务行为，以降低资金风险，提高行业信誉度，为行业发展创造良好基础。标准审查要把握好标准的服务属性，最大限度地确保标准内容完备、可操作性强，有效防范服务环节中容易出现的各种风险要素，推动市场健康发展。

会前，各位委员和专家认真阅读了《智能快件箱》《快递代收货款服务规范》(送审稿)，组织本单位相关人员进行了研究讨论；会议期间，委员们结合工作实际，积极发表意见和建议。大家认为，两项标准的制定符合推动邮政行业科学发展的需要，标准的内容科学合理，对于提高快递服务质量、提升服务水平、加快行业转型升级具有十分重要的指导意义，一致同意通过审查。

(资料来源：http://www.spb.gov.cn/dtxx_15079/201310/t20131015_243442.html)

5.4 供应链融资

5.4.1 供应链金融特征与实践

1. 供应链金融的特征

随着供应链管理思想的深入，物流金融的运作开始考虑从整个供应链的角度出发，为供应链上所有企业提供一体化融资服务的运作模式,即供应链金融业务。与传统的物流金融业务不同,供应链融资业务相对来说参与主体更加多元化,不仅包括银行、融资企业、物流公司,还增加了核心企业。核心企业在业务中发挥着重要的作用,核心企业为供应链金融提供信用支持,其运营状况直接决定了整条供应链的运行情况。另外,由于是在整个链上提供融资服务,因此业务具有自偿性、封闭性以及连续性的特点。自偿性是指还款来源为贸易自身产生的现金流;封闭性是指银行通过设置封闭性的贷款操作流程来保证专款专用,不用把资金挪为他用;连续性是指同类贸易行为在上下之间会持续发生。另外,供应链更加注重多方共赢的过程,其服务贡献在于协调买卖双方的利益冲突,并实现多方共赢,促使整个供应链资金流更加稳定[①]。

2. 供应链融资国内实践

针对供应链金融,我国学者和银行结合现实的操作过程,已经开发了众多的供应链金融模式,并且在国内广泛实践,为我国中小企业融资做出了突出贡献。比较突出的就是平安银行的"1+N"模式,1是指供应链中的核心企业,N是指供应链中的中小企业,其核心在于银行抓住供应链的核心企业"1",并以"1"带动整个供应链上下游的中小企业群,为其提供全面的金融服务。另外,还有深圳怡亚通的供应链"一体化"实现模式,广东发展银行的"物流银行"模式,这些模式在实践中都得到了广泛的推广。

5.4.2 供应链中的物流金融产品

1. 企业资金缺口的产生

在企业生产经营的周期中,上游供应商在接到下游厂商的订单后,一要组织生产,二要购买原材料,其不但要承受自身在制品和产成品库存的资金占用压力,还要承担购买原材料的采购预付款资金压力。此时,企业的资金需求不断上升,并达到整个周期的峰值。之后,随着企业开始向下游厂商发货,依然要面对应收账款对资金的占用,直到应收账款的回流,企业的资金需求随之回落。在整个企业生产经营的周期中,企业的资金缺口如图5-5所示。

2. 供应链中物流金融产品分类

1) 物流金融对企业存货与应收账款的盘活作用

物流金融业务对于盘活企业存货和应收账款的资金占用具有显著效果。在原材料采购、半成品存货、产成品存货、销售回款等生产经营的不同阶段从银行获得融资,获得资金再次投入到生产运营中去,产生的存货等又可以继续融资,如此循环,最终可获得企业自有

---

① 李向文,冯茹梅. 物流与供应链金融[M]. 北京:北京大学出版社,2012.

流动资金的乘数倍,如图 5-6 所示。通过物流金融,企业最终可获得流动资金总额=自有资金×物流金融乘数,其中,物流金融乘数=1/(1-融资折扣率)。其中融资折扣率则可以理解为存货质押率、应收账款贴现率以及预付款融资折扣率的加权平均值。举一个简单的例子,如果一家企业目前有 500 万元的存货和应收账款存量,全部采用物流金融质押融资,若融资质押率设定为 0.5,则可衍生出约 1 000 万元的新增企业流动资金。由于流动资金的乘数放大效应,企业的供货能力、最终产品产量也将以乘数倍放大,最终使得整个供应链的竞争优势得以提升。

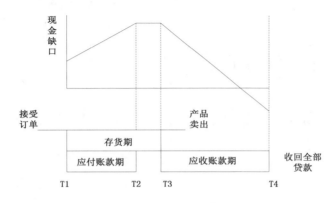

图 5-5　企业的生产周期的资金缺口

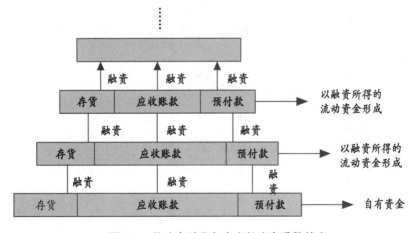

图 5-6　物流金融业务产生的资金乘数效应

2) 物流金融产品分类

为填补企业生产周期的资金缺口,解决企业资金短缺问题,物流金融为单一企业不同生产阶段提供的产品以及在供应链中为供应链上下游小微企业提供多种产品,分别如图 5-7 和图 5-8 所示。

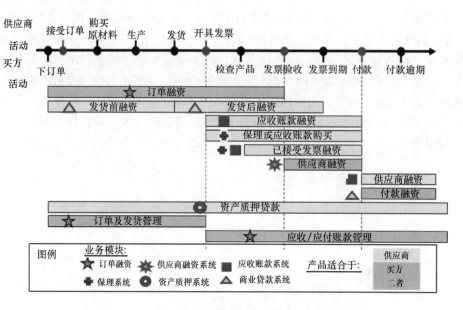

图 5-7 企业生产运营过程的不同阶段的物流金融产品

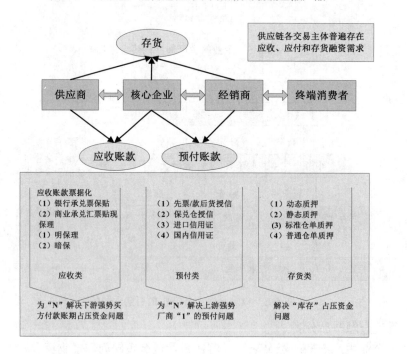

图 5-8 物流金融为供应链上下游企业提供的产品

根据上述,我国的物流金融业务类型按照企业融资的不同阶段以及生产经营方式的不同可分为 3 类：存货质押融资、应收账款融资、订单融资。3 类物流金融业务内涵与特点如图 5-9 所示。

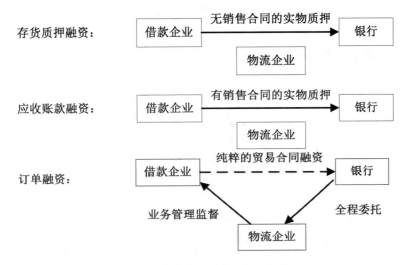

图 5-9　3 类物流金融业务内涵与特点

归纳而言，3 类业务模式特点如表 5-3 所示。

表 5-3　物流金融业务内涵与特点

物流金融业务模式	融资属性	银行风险监管重点	物流企业主要职能
存货/仓单质押融资	质押融资	质押物	存储监管质押物
应收账款融资	质押融资/信用融资	质押物/企业信用	存储/运输
订单融资	信用融资	企业信用、经营能力	银行的业务代理人

下面，我们详细介绍这 3 类模式的特点与运作模式。

5.4.3　存货质押融资业务

1. 存货质押融资业务内涵

存货质押融资业务(inventory financing 或 warehouse financing)是指需要融资的企业(即借方企业)将其拥有的动产或者存货作为担保，向资金提供方(即贷方)出质，同时，将质物转交给具有合法保管动产资格的中介公司(物流企业)进行保管，以获得贷方贷款的业务活动。

从供应链角度分析，这种模式的物流金融服务一般多产生于"推动式供应链"中。所谓"推动式供应链"是指以生产企业为主体、以生产为驱动模式的供应链，生产型企业并非根据订单而是自行决策产品生产量，进而生产并销售。因此，在这种模式的供应链中，生产型企业往往会拥有大量的采购原材料或是产成品库存占用资金，企业为了获取更多的流动资金以维持运作，在缺乏其他有效的融资途径时，只能将部分或者全部库存质押给银行获取短期贷款，借款企业完成产品销售向银行归还贷款本金和利息。物流企业在存货质押融资业务中受银行委托，负责储存监管借款企业提供的质押物。物流企业只有在接到银行开具的发货单和接收单时才允许借款企业对质押物进行出入库操作，并且随时记录归档。存货质押具体业务模式如图5-10所示。

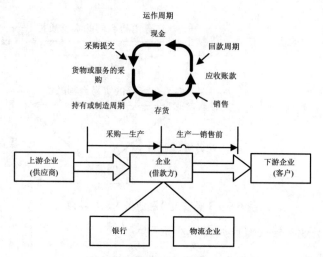

图 5-10　基于存货的物流金融业务基本模式

2. 商业模式特征

1) 存货/仓单质押融资业务属于质押融资

质押融资包括权利质押和动产质押，而非不动产抵押。根据法律规定，质押是介于抵押与留置之间，如果债务人不能偿债时，抵押权人对抵押物可以被授予货物的所有权，而留置权人只能扣留标的物，无出售权，而质权人可以不经债务人许可出售货物或作其他处分。

2) 物流企业参与，由两方契约关系变为三方契约关系

物流企业的参与保证了借款企业可以不用转移质押物的物理位置，而直接通过物流企业进行质押物入库、出库等操作。银行与物流企业是委托人和代理人的关系，银行不仅委托物流企业利用自身优势监管质押物，并且通过物流企业了解借款企业所在行业情况、财政状况等信息，以便控制业务风险。

3) 不影响商品流通

它把流动货物/存货拿来作为质押，一个主要特征就是不影响商贸型企业运作，其优点是质押物不被冻结，商家可以通过不断"追加部分保证金——赎出部分质押物"以满足正常经营需要，顺利解决融资和资金占压问题。在"总量控制"模式下，银行只规定任意时刻

质押给银行的质押物存量的即时价值加上借款企业在银行开设的专门账户内剩余资金的总量不得低于某一数值即可以保证业务的进行。这种模式允许借款企业根据自身生产需要自由调配资金和质押物在银行总资金中的比例。

3. 存货质押业务模式的3层次结构

总结国内物流金融业务的发展实践,依据物流企业的参与程度,可将存货质押分为以下3个层次。

1) 委托监管存货质押业务

委托监管存货质押业务是银行主导的。最简单的存货质押业务模式,包括物流企业、银行、借款企业(通常是中小企业)三方。在该业务模式下,借款企业将库存产品、半成品及原材料等作为担保,向银行出质,同时将质物转交给具有合法保管动产资格的第三方物流企业监管,以获得银行贷款,其业务模式如图5-11所示。在供应链背景下,供应链核心企业会参与其中,促使业务模式更加稳定。物流企业的主要职能是对货物的委托监管,即提供仓储监管等基本物流职能,可细分为委托简单监管和委托严密监管。

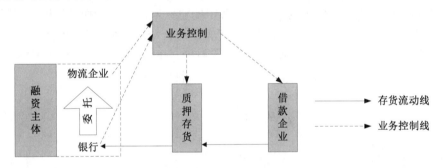

图 5-11 委托监管模式

2) 融通仓

融通仓是由物流企业和银行提供的一种金融与物流集成创新服务,除了提供基础的委托监管存货质押融资外,还可以提供信用担保融资,即统一授信模式。在该模式下,银行根据物流企业的规模、经营业绩、资产负债比例以及信用等级,授予物流企业一定的信用额度,物流企业根据上下游中小企业的信用状况以及真实贸易背景,分解授信额度向银行提供授信担保,融资的中小微企业,则以真实贸易中产生的存货/票据作为反担保。其业务模式如图5-12所示。因此物流企业除了提供基本的物流职能外,还担负了授信额度分配以及信用担保等金融职能。这大大简化了银行和中小微企业的贷款程序,降低了交易成本,与此同时物流企业能全面掌握交易中产生的物流、信息流以及资金流,降低融资业务风险。基于此,实践中以怡亚通为代表的新兴物流企业纷纷开展这一业务,形成了以采购和采购执行以及销售和销售执行为特色的业务模式,其自身也发展成为集商流、物流、信息流以及资金流服务四位一体的"供应链集成服务提供商"。

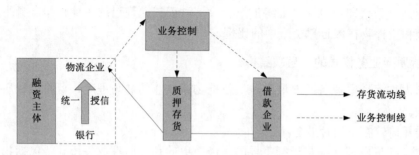

图 5-12　统一授信模式

3) 物流银行

物流银行即物流和金融的服务主体合二为一。在该业务模式下，物流企业与银行通过合并重组等方式有效整合，组建专门的物流银行，借款企业将质押物存入物流银行下属的仓库，然后向物流银行提出借款申请，物流银行在审核后向借款企业发放贷款，业务中，物流银行作为一个整体负责传统物流金融业务中的业务审核、风险控制等所有流程。其业务模式如图 5-13 所示。然而，限于我国分业经营的现行金融体制，商业银行或者物流企业并不能像国外一样，在同一法人主体内成立物流银行，开展物流金融业务(如 UPS 收购美国第一国际银行，将其改造为 UPS 资本，专司物流金融业务)。

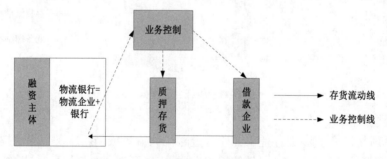

图 5-13　物流银行模式

4. 存货质押融资业务典型模式

1) 基于权利的存货质押融资业务

基于权利的存货质押融资业务，现实中也常常被称为仓单质押融资，主要是以代表物权的仓单或类似仓单权利凭证的质押融资。由借款企业、金融机构和物流公司达成三方协议，借款企业把质物寄存在物流公司的仓库中，然后凭借物流公司开具的仓单向银行申请贷款融资。银行根据质物的价值和其他相关因素向其提供一定比例的贷款。质押的货品并不一定要由借款企业提供，可以是供应商或物流公司。仓单质押融资业务按仓单的性质又可分为标准仓单质押融资和普通仓单质押融资。

标准仓单质押融资是指融资企业以自有或以第三人合法拥有的标准的仓单(即符合交易所统一要求的标准化提货凭证)为质押的授信业务。这种业务主要用于进行采购和销售的期货交易市场客户和通过期货市场进行套期保值、规避经营风险的客户，其业务流程如图 5-14 所示。

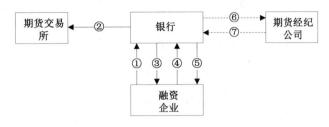

图 5-14　标准仓单质押融资流程

注：①交付仓单　②办理质押手续　③出账　④追加保证金
　　⑤释放仓单　⑥委托交割　⑦交割款偿还贷款

普通仓单质押授信指融资企业以仓库或其他其三方物流公司提供的非期货交割的仓单为质押物、对仓单作出质背书的一种授信业务，其业务流程如图 5-15 所示。

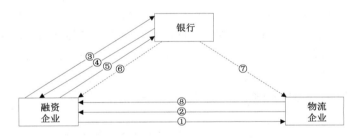

图 5-15　普通仓单质押融资流程

注：①交付仓储货物　②出具仓单　③交付仓单　④出账
　　⑤追加保证金　⑥释放仓单　⑦通知放货　⑧放货

2) 基于流动货物的存货质押融资业务

相对于仓单质押等基于权利的存货质押融资业务而言，基于流动货物的存货质押融资业务属于现货质押，由借款企业、金融机构、监管公司达成三方协议，借款企业把质物移交给金融机构指定的仓库(仓库划分为第三方仓库、出质人自有仓库)。现货质物由金融机构占有，委托监管公司监管，金融机构确定质物的单价，监管公司按照金融机构核定的监管质物的总值、监管质物的数量进行监管，同时承担审定质物权属和保管的责任。金融机构根据借款企业实际提供的经监管公司确定的质物价值的一定比例发放贷款。现货质押又可以进行多种细分：比如根据质物的形态数量是否改变，分为静态质押和动态质押；根据监管地点的不同,分为库内监管和库外监管(见表 5-4)。

表 5-4 常见的现货质押业务形态

分类依据	业务模式	业务特点
监管地点	库内监管	物流企业自有仓库监管
	库外监管	物流企业派驻人员进入借款企业仓库监管或第三方仓库监管,比如中储的库外动产质押业务、异地仓库监管质押业务等
质押期内质物是否可以增加、置换或者部分解押	静态质押	现货质押监管最基本的模式,即质押期内,质物是被冻结状态,该模式会影响到借款企业的正常经营活动
	动态质押	目前,各企业正积极开展的业务模式,主要特点是质物不被冻结,具体又可分为:循环质押,动态控制存量限质押,总量平衡质押和总价值平衡质押等

3) 统一授信质押融资

由于国内法律的不健全,传统的存货质押业务中,银行面临较大的风险,这往往是保守型的银行所无法承受的。然而,由于物流企业掌控了货物等众多信息,在风险控制方面有着较好的优势,因此,越来越多的银行开始将风险向物流企业部分转移,统一授信正是这样一种模式。银行根据物流企业的规模、经营业绩、资产负债比例以及信用等级,授予物流企业一定的信用额度,物流企业根据上下游中小企业的信用状况以及真实贸易背景,分解授信额度向银行提供授信担保,融资的中小微企业,则以真实贸易中产生的存货作为反担保。因此物流企业除了提供基本的物流职能外,还担负了授信额度分配以及信用担保等金融职能,从而实现了多方共赢,扩展了存货质押的业务范围,大大简化了银行和中小微企业的贷款程序,降低了交易成本,与此同时物流企业能全面掌握交易中产生的物流、信息流以及资金流,降低融资业务风险。其操作模式如图 5-16 所示。

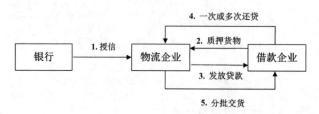

图 5-16 统一授信质押融资模式

【知识拓展】

随着互联网、物联网技术的飞速发展,物流金融的主体日趋呈现多元化,商业银行以及物流企业自主或者与电子商务平台公司合作开展线上物流金融。比如平安银行自 2009 年线上供应链金融投产并与多家核心企业 ERP 系统对接实现"资金流与商流"对接融合,到 2011 年 7 月与中铁现代物流的系统对接实现"资金流与物流"对接融合;怡亚通则依托旗下的宇商融资平台实现供应链集成服务的线上化;电商巨头阿里巴巴则在宣布进军物流业的同时，分别在杭州和重庆成立小额贷款公司，依赖于对平台上企业的真实贸易信息的掌握，为其会员企业提供全方位融资服务。

【实例 5-8】

吉林银行——巨源公司现货仓单质押融资业务

巨源公司是东北三省某知名化肥品牌总代理商。2008 年 11 月份，是化肥销售的淡季，为了使第二年有充足的货源，同时为了享受淡季厂商优惠活动，该公司决定向其上游厂商购进大量化肥及农资原料。但目前仍有大量库存占据资金，手头现金流明显不足，资金紧缺。该公司立即到吉林银行进行咨询，吉林银行根据巨源公司有大量化肥存货的现状，为其设计了现货仓单质押融资业务模式，具体为：

(1) 巨源公司与吉林银行签订授信协议和银行承兑汇票协议。
(2) 巨源公司、监管商与吉林银行签订三方协议。
(3) 巨源公司在吉林银行开立结算账户和保证金账户。
(4) 巨源公司、监管商与吉林银行办理仓单质押手续。
(5) 巨源公司存入约定比例保证金。
(6) 吉林银行为巨源公司签发银行承兑汇票。
(7) 吉林银行根据巨源公司已存入保证金账户的保证金金额，向巨源公司签发同意其到监管商处提取与该金额对应的货物的《提货通知单》。
(8) 监管商根据吉林银行签发的《提货通知单》数额为巨源公司提货，巨源公司对外销售。
(9) 吉林银行在巨源公司将销货回笼款划入保证金账户后，向其签发相应数额的《提货通知单》，直至货物销售结束。
(10) 票据到期日前(含票据到期日)，吉林银行以保证金账户和结算账户款项解付到期票据。
(11) 如到期后巨源公司未能解付票据，吉林银行将有权处置质押品。

办理完此项业务后，巨源公司很快收到了厂商发来的货物，以厂商优惠价囤积了大量化肥，以备第二年有充足的货源供应给广大农户。随着巨源公司与吉林银行的合作日趋成熟，该公司短期融资需求得到了有效供应，销售规模日趋扩大，利润逐年增加。

(资料来源：吉林银行网站，http://www.jlbank.com.cn)

5.4.4 应收账款融资

1. 应收账款的定义

应收账款是企业采用信用方式销售商品、产品、提供劳务等而形成的债权性资产。《企业会计准则》对应收账款的定义是：企业因对外销售产品、材料、供应劳务等而应向购货或接受劳务单位收取的款项。对企业而言，应收账款是企业的一种债权，在应收账款发生时，企业一般都会与客户签订购销合同或劳务合同，以及签订还款协议。按照我国会计准则的规定，同时满足商品已经发出和收到货款或者取得收取货款的凭据两个条件时，应确认收入，此时若未收到现金，即应确认应收账款。应收账款的计价由于从应收账款中取得现金需要一段时间，因此，严格地说，应收账款不能按照其到期值(账面价值)计价，而应该按照未来现金的现值计价。但这样就会对企业的当期净收益产生重大影响，多数应收账款仍然按其到期可收回的价值计价。

2. 应收账款的特性

1) 扩大销售

在市场竞争比较激烈的情况下，企业为了促销，采取向客户提供商业信用，利用赊销、分期付款等销售方式，以扩大销售，增加利润。它实际上是向客户提供了两项交易：一是向客户销售商品(产成品)；二是在一段有限的时间内向客户提供一定资金。

2) 减少存货

企业持有商品(产成品)存货，不但占用着一定量的资金，还要支出管理费用、仓储费用和保险费用等。因此，当存货过量时，企业采取赊销和分期付款的销售方式，把存货转化为应收账款，以减少商品(产成品)存货，节约存货的费用支出。

3) 存在风险

应收账款是在企业经济活动中暂时脱离本单位而被其他单位无偿占用的资金。虽然说它是企业的一项流动资产，但只是一项"纸上资产"，企业只拥有其所有权，而无支配权。

4) 持有成本

持有成本是指企业商品销售出去后，至收回货款入账前这段时间发生的与该项业务有关的各项费用，主要包括管理成本、机会成本、收账成本和坏账损失。

管理成本是指持有应收账款期间，对其进行日常管理所花费的费用；机会成本主要是指由于赊销而垫付的资金，相当于销售商品的企业从发出商品到收回货款的这段时间，为购货方提供的无息贷款，从而放弃了其他可能的投资机会；收账成本指赊销企业为了收回应收账款而发生的各种催收费用；坏账损失指应收账款因故最终无法收回而形成的损失。这些成本不是一次性支付或摊入费用的，而是随着应收账款持有时间的增加而增加。当应收账款持有时间在一定的期限之内，收回的款项扣除该批商品的成本、销售税金及各项费用后，应能抵补应收账款的持有成本；如果应收账款的持有时间超过了这个期限，则这项业务就要发生亏损。

3. 应收账款融资业务内涵

企业为了筹措到继续运营的短期资金，缓解资金紧张的局面，以应收账款为支撑，通过特定的程序取得经营所需资金的行为，被称为应收账款融资。银行和物流企业联合对借款企业销售合同进行审查，确定无误银行直接发放贷款给企业而接受应收账款质押或者保理业务，物流企业负责销售运输以及协助银行回收应收账款。

应收账款质押融资与存货质押融资同属于质押融资范畴，区别在于：存货质押融资业务的质押物不存在销售合同，一旦借款企业违约，银行将承担质押物变现过程中的所有风险；应收账款质押融资业务的质押物本质上也是物而不是合同，但是质押物具有销售合同，因此应收账款质押融资业务对银行来说风险更小。

这种融资主要包括应收账款质押融资、应收账款保理融资和应收账款证券化融资等，一般融资成本较高。《物权法》颁布之前，又以应收账款保理业务最为常见，常被被称为"银行保理业务"，应收账款融资业务正是一种在传统保理业务基础上发展起来的一种新的业务形式，其具体业务模式如图 5-17 所示。

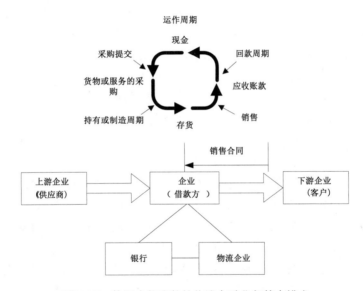

图 5-17 基于应收账款的物流金融业务基本模式

4．典型模式

1) 应收账款质押融资

应收账款质押融资是指应收账款债权人以应收账款为质押标的向银行提供担保，银行对其财务状况进行分析后，确定适当的质押率(一般为应收账款额的 50%～90%)和贷款期限(1 年以内)，与应收账款债权人订立应收账款抵借贷款合同和应收账款质押监督协议，并提供资金。在这种方式下，应收账款只是作为质押品，借款人必须在银行开设具有担保性质的应收账款质押专户，借款方用于质押的每笔应收账款的回收都要通过该专户进行结转，贷款方通过该质押账户有效监督借款方质押应收账款的回收情况。金融机构在质押应收账款的债务企业不能及时付款时,仍享有对申请贷款企业的追索权,申请贷款的企业必须承担其损失。

2) 应收账款保理融资

应收账款保理业务是指企业将其优质的应收账款资产销售给代理人,即专门以购买应收账款为业的金融公司,从而筹借所需资金的一种筹资方式。受让人提供接管销售账款的服务,并保障企业免遭坏账损失,通常要收取相当于销售款一定比例的服务费,并在合适的清偿期将款项交给委托人。这样企业既能保证资金的收回,避免坏账损失,又能节约债务的日常管理费用,而集中精力搞好生产与销售。

企业进行应收账款保理融资,应于商品发运之前,向金融公司申请贷款,金融公司通过自己的信用部门委托专门的信用评估公司对购货方的信用情况进行判断,以决定是否接受申请。经金融公司同意后,申请借款方企业方能发货,并将应收账款让售给金融公司。让售应收账款后,销货方应通知购货方客户将款项直接付给金融公司;若有拖欠则由金融公司催收。金融公司收取佣金和利息,同时承担坏账风险。

3) 应收账款证券化融资

应收账款证券化融资是指以销货或服务产生的应收账款为支撑,通过特定的组织机构和结构设计提升信用状况,向投资者发行信用级别较高的证券的一种融资方式,是资产证券化的一种。作为一种全新的融资方式,应收账款证券化融资能够优化和利用数额较大的应收账款,解决企业应收账款规模过大的问题。

进行应收账款证券化融资,首先应成立一个独立的证券化特设机构——SPV(Special Purpose Vehicle)。SPV 是一个专门从事应收账款证券化业务的中介投资机构,发行应收账款特殊证券是其法定的唯一收入来源,经营行为受到严格的法律限制,SPV 通常为原始债权人的全资子公司或控股公司。应收账款的原始债权人将应收账款出售给 SPV,SPV 对所有的应收账款按期限、业务来源等特征,进行重组匹配,组成应收账款特殊证券。委托信用评级机构对 SPV 的应收账款进行信用评级,对即将发行的应收账款特殊证券进行信用增级——通过担保、保险等形式提高应收账款特殊证券的信用等级,以改善发行条件。最后由证券承销商对 SPV 所发行的应收账款特殊证券包销,在资本市场发行,由投资者购买,证券承销商将出售的证券资金,扣除一定的费用后返还给 SPV 。应收账款特殊证券在市场上进行交易和流通,托管银行负责对该特殊证券的还本付息工作。

4) 应收账款业务新模式——销售执行

随着供应链管理的观念深入,供应链金融以及其他一些金融服务商开始参与更深层次的供应链,发掘其中的资金价值。销售执行业务就是在此基础上发展出现的一种应收账款提前支付的业务。

目前，开展该业务的一般为资金实力较为雄厚或者信用较好的一些公司。因为销售执行过程中往往涉及产品，因此物流企业在监管控制方面开展该业务较占优势。销售执行的服务价值在于：减少销售渠道层次，降低运作成本，提高产品竞争力；实现销售网点当地库存，降低客户库存，提高配送效率；缓解销售资金压力，提高流通环节资金周转率，从而提升销售。物流企业也可以通过销售执行业务为客户提供除运输、仓储等基本服务以及融资结算等高附加值业务，从而大大提升自身竞争力。

销售执行的流程如图 5-18 所示。在流程图中，由于企业间不能借贷和变相借贷的政策限制，物流企业通过获得银行授信，并运用自身额度为委托企业提供货款，即并获得货物的实际控制权。业务实践中，物流企业还会与委托企业签订回购协议，以防在下游客户不能按期支付货款时，及时将货物处置。

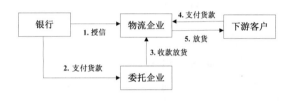

图 5-18　销售执行业务流程

【实例 5-9】

银货通在线——专业物流金融网络服务平台

银货通在线是由杭州银货通科技有限公司策划与运营的中小微企业物流网络金融服务平台，它是国内首家以 B2B(Bank To Business)电子商务与物流金融服务相结合的网络融资服务平台。

银货通在线——货易融，是一种基于企业存货的融资解决方案，整合各类银行、担保、小额贷款、典当等机构的各种金融服务产品，构建多层次融资体系，为融资企业优选匹配成本最低、额度最高、服务最好的金融产品，实现企业融资效益最大化。

银货通在线——融易管，是一种基于金融机构和物流企业的解决方案，整合物流金融营销外包服务、基于物联网技术的智能监管集成工作平台以及运用云计算技术的物流金融业务与风险管理智能信息系统，为开展动产质押融资业务的金融机构提供包括中小微企业客户批量发展、辅助信用评估、智能质押物监管操作管理、价格行情盯市，以及风险预警管理等在内的物流金融创新服务。

银货通业务受理流程如图 5-19 所示。

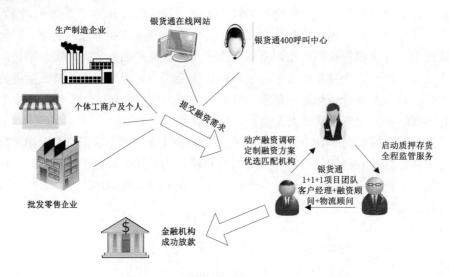

图 5-19 银货通业务受理流程

(资料来源:银货通网站,http://www.5iyht.com/index.html)

5.4.5 订单融资业务

1. 订单融资业务内涵

1) 订单融资概念

订单融资是指企业凭信用良好的买方产品订单,在技术成熟、生产能力有保障并能提供有效担保的条件下,由银行提供专项贷款,供企业购买材料组织生产,企业在收到货款后立即偿还贷款的业务,物流金融实践中,往往被视为预付款融资。基于企业业务订单的融资模式是近年来针对中小企业融资难现象而出现的新型金融业务创新品种。

订单融资是银行以企业已签订的有效销售订单为依据,发放针对该订单业务的全封闭式贷款,实行"一单一贷、回款结算"的融资模式。物流企业受银行委托参与借款企业从订单质押开始到完成订单并还款全过程,确保借款企业能够准时完成订单。

这种模式的物流金融服务一般多产生于"拉式供应链"中。所谓"拉式供应链",是指以需求为驱动模式的供应链。生产型企业根据订单或是市场需求决定产品生产量,对上游供应商的采购也是根据下游顾客订单需求决定。因此,在这种模式的供应链中,生产型企业往往会拥有大量对下游顾客的订单或应收账款。企业为了获取更多的流动资金,可以以此类贸易合同向银行申请短期贷款。由于现实供应链已经逐渐从"推式供应链"发展到"拉式供应链",消费需求成为拉动生产型企业运营的根本动因,各生产销售型企业都追求"即时生产"和"零库存"。因此,基于贸易合同的订单融资业务具有很大的发展潜力。订单融资的基本业务模式如图 5-20 所示。

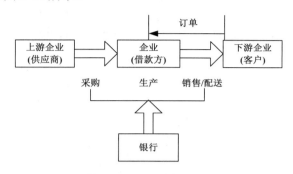

图 5-20　基于订单的物流金融业务基本模式

中小企业由于自身的特点，信用评级难以达到金融机构提供贷款融资的要求，又缺乏足够的不动产抵押和担保，单独融资难以实现。但是在现代制造业务环境中，大量中小企业从属于下游核心供应商的供应链系统，为核心厂商提供零配件加工或者服务。在供应链环境中，中小企业的业务行为紧密配合核心厂商的生产计划，并且越来越趋向按照订单实时生产和销售，尽量避免库存，降低生产的不确定性。中小企业的收入也主要来自下游核心厂商。

这种供应链环境中，中小企业获得的生产或者服务订单，代表了下游核心厂商的信用和支付能力，在下游企业的信用较高，业务良好，具有长期合作历史的情况下，中小企业如果能够保证完成订单业务，其收入的保证具有很高的可实现性。多数情况下，下游核心厂商不会提前支付全额的订单货款，而是要求中小企业完成订单后，设置一定时间的付款周期，收到订单产品后延期付款。从订单确认发出，到交货验收，直至支付中小企业货款存在的时间差，造成中小企业在接到订单后必须准备原材料货款，生产资金，人工费用等大量流动资金，订单越大，订单数量越多，中小企业的这种流动资金需求就越强烈。

2)　订单融资业务流程

在传统贷款考核中小企业固定资产抵押能力和企业信用无法达到要求的情况下，基于订单的融资模式提供给中小企业解决资金缺口的途径，同时也为金融机构拓展服务领域，增加业务品种，获得金融服务收入提供了新的空间。其具体业务过程如图 5-21 所示。

首先，金融机构与发出订单的核心企业协商开展基于订单的融资服务，得到核心企业的确认与支持。在中小企业获得核心企业订单的时候，向金融机构提出融资申请，当地金融机构考核订单的可靠性，并与发出订单的上游企业确认。在获得确认后，为中小企业在融资银行开立独立封闭账户，根据订单大小确认贷款金额，即贷款价值比率，拨付资金进入封闭账户。

中小企业在该账户内可以使用贷款进行针对该订单的原材料采购，流动资金支付等工作。通常情况下，融资机构会要求款项支付对象单位也在本行开立账户，以使资金封闭在银行可监管范围内流转，保证银行了解资金的流动信息，防范资金用于非该订单的情况发生。尽管原材料单位不能保证资金在贷款周期内完全停留在贷款银行账户中，但是这种做法大大提高了银行对订单业务信息真实性的掌握程度，进而提高了贷款资金的安全，减少了贷款的风险。

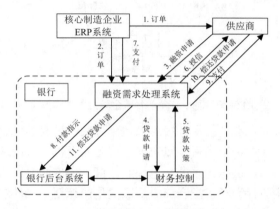

图 5-21　订单融资业务流程

中小企业完成订单业务交付后，经过事先议定的收款周期，供应链核心企业支付货款时，需要将货款直接转致中小企业贷款时开立的专项账户，贷款银行收到货款后，扣除贷款本息，剩余款项解冻，中小企业可以自由支配，这笔基于订单的融资业务结束。

在基于订单的融资业务中，针对订单产品数量众多，交付运输周期长，以及需要保持相当时间和数量库存状态的业务，可以在现实操作中与基于存货质押融资的业务模式结合，在订单完成后从订单融资转成基于库存的融资模式。贷款机构联合物流企业对库存产品实行监管，由接收单位分批分次提取，同时交付货款，从而进一步降低了资金风险，提高了融资贷款的安全性。

2. 商业模式特征

1) 订单融资业务属于信用融资

基于贸易合同的订单融资业务属于信用融资，核心企业及中小企业的信用水平将影响该业务的完成情况。

2) 物流企业参与

物流企业参与有助于借方和借方贸易合同签订方履行贸易合同，是不可或缺的第三方参与者。

3) 增加企业一定时期内现金流量

它将贸易合同作为担保，其优点是在完全不影响企业运营的情况下增加企业的现金流量。

3. 典型模式

1) 保兑仓业务

保兑仓业务模式是订单融资在存货质押业务的基础上的更高层次运作，它是一种综合业务模式。保兑仓业务是针对生产订单需要采购原材料的借款企业，金融机构先开出银行承兑汇票。在保兑仓开始实施前，制造商作为卖方、经销商作为买方、第三方物流企业、银行四方签署"保兑仓"业务合作协议书，买方企业向银行申请开立承兑汇票并交纳一定比例的保证金，物流公司提供承兑担保，买方企业以货物对物流公司进行反担保。物流企业根据有关情况决定承保金额，并收取监管费用。银行开出承兑汇票后，借款企业凭银行承兑汇票向供应商采购货品，并交由物流公司评估入库作为质物，此时转为仓单质押或者存货质押。银行在承兑汇票到期时兑现，将款项划拨到供应商账户。物流公司根据银行要求，在买方企业履行了还款义务后释放质物。其具体模式如图 5-22 所示。

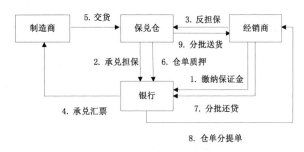

图 5-22 保兑仓业务流程

2) 采购执行业务

采购执行服务是目前物流与供应链领域最新的服务模式之一，在物流企业参与下采购执行业务是针对订单在采购环节提供集商务服务、资金结算服务、物流服务、信息处理服务于一体的新型供应链服务方式。其业务流程如图 5-23 所示。

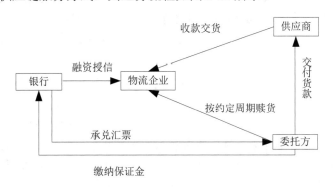

图 5-23 采购执行业务流程

如图 5-23 所示，采购执行业务实践中，银行首先对物流企业的采购执行业务融资授信；然后物流企业分别与供应商和委托方签订采购和代购合同，银行根据合同，要求委托方缴纳保证金并为其开具承兑汇票，供应商在收到委托方汇票后向物流企业交货；委托方需按约定周期向物流企业分批赎货，直到业务结束。

【实例 5-10】

建行——美的集团保兑仓案例

建行广东省分行为美的集团量身定做了保兑仓业务，通过将银行产品和服务与企业价值链紧密结合，提高了企业在产业链上的凝聚力和控制力，受到企业高度评价。目前，该分行已累计为美的集团发放了 95 笔保兑仓业务，总金额 8.8 亿元。

结合美的集团实际，该分行将保兑仓业务的模式设定为：利用美的集团的授信额度，为其经销商开立银行承兑汇票，承兑汇票用于向美的集团(包括其下属公司)购买指定的交易商品的业务。其中，银行控制提货权，美的集团受托保管货物，并在汇票到期后对经销商开出的银行承兑汇票保证金以外的金额承诺回购。

在该模式下，可实现三方共赢：对美的集团本身而言，既可以有效利用闲置额度支持经销商，提高集团在产业链上的凝聚力，又可以主动选择支持的经销商，提高集团在产业链上的控制力；对美的集团的经销商而言，可以有效解决抵质押物不足情况下的融资问题；对银行而言，既能大量开票吸收保证金存款，又能通过对资金流和物流控制实现风险可控。

2010 年 4 月该分行成功为美的集团办理了第一笔保兑仓融资业务。随后，在短短一个月内，建行广东分行拓展保兑仓客户 7 户，开出保兑仓 2429 万元。此时，业务发展出现了新的问题：每笔业务量小，业务需求多，耗费人力大；异地经销商每次开票都需到网点亲自办理，客户意见较大。针对这一问题，该分行联合美的力推电子银行承兑汇票结算，以"电票+保兑仓"的模式将双方合作推到新的高度。

2010 年 6 月，开出第一笔电票保兑仓；10 月底，美的集团保兑仓业务开票余额已逾 8 亿元(其中电票 7 亿元)，形成了美的集团保兑仓融资业务"一点对全国"的竞争优势。

(资料来源：http://www.lacunkuan.com/show.php?contentid=55264)

本 章 小 结

本章信贷市场的概念和结构做了介绍，具体指出了信贷市场对物流业发展的作用。详细介绍了物流业运用信贷市场资金解决资金短缺问题和扩展业务范围的 3 类业务。对每类业务的不同业务模式做出具体阐述，并辅以具体案例，有助于进一步理解各类模式的内涵。

课后习题

一、选择题

1. 信贷市场最主要的资金供给者是(   )。
   A. 商业银行   B. 保险公司   C. 信托公司   D. 企业
2. 垫付货款两种业务模式的区别在于(   )。
   A. 货物种类不同   B. 涉及资金的差别
   C. 业务时间长短   D. 有无金融机构参与
3. 应收账款的特性不包括(   )。
   A. 扩大销售   B. 增大库存   C. 减少风险   D. 持有成本
4. 融资租赁的功能有(   )。
   A. 投资   B. 融资   C. 促销   D. 资产管理
5. 下面业务模式中不属于供应链融资业务范畴的是(   )。
   A. 存货质押融资   B. 应收账款融资
   C. 订单融资   D. 物流保理

二、名词解释

1. 信贷市场
2. 桥隧模式
3. 典当融资
4. 互保联保
5. 物流保理

三、简答题

1. 简述信贷市场对物流业发展的影响。
2. 融资租赁有哪些形式?
3. 物流企业自身融资包括哪几种业务形式?
4. 存货质押业务的3层次是指哪3层?简单画出其业务流程图。

四、案例分析

兴业银行供应链融资助力汽车产业链发展

最近,北汽福田汽车股份有限公司(下简称"北汽福田")一笔5亿元的供应链融资授信正在兴业银行的内部审批流程中。这项授信一旦获批并顺利实施,今后在授信额度范围内,北汽福田只要将应收账款的凭证提交给兴业银行审核通过后，其下游经销商就可向兴业银行申请供应链融资。

"当然，经销商的资质需要事先经北汽福田进行书面验证。"兴业银行贸易金融部相关人士对记者表示，经过北汽福田信誉"背书"的经销商，基本上都能享受到兴业银行供应链融资"绿色通道"服务。"除了流程提速之外，融资利率也能享受一定优惠。"

这项不同寻常的业务正是兴业银行汽车经销商保理业务，是兴业银行基于与北汽福田良好的合作基础，针对以北汽福田为核心的产业链交易的特点，创新推出的一项供应链金融产品。这项业务的推进，让北汽福田与兴业银行的合作更加深入。

服务"俘获"合作

"兴业银行的服务和团队'俘虏'了我们，促成了合作。"北汽福田金融服务部总经理张力钧表示。

北汽福田是目前国内品种最全、规模最大的商用车企业，累计产销汽车超 500 万辆，曾连续 2 年位居世界商用车销量第一。兴业银行和北汽福田双方合作的起点要追溯到 2010 年年底，当时，意图做大汽车金融业务的北汽福田和希望拓展汽车供应链金融业务的兴业银行一拍即合。2011 年 5 月，兴业银行向北汽福田授予 50 亿元汽车经销商预付货款融资和 10 亿元终端客户按揭业务授信支持，支持北汽福田迅速打开局面，扩大业务规模。

"得到兴业银行的资金支持后，我们很快在山东、长沙、乌鲁木齐等地铺开了业务。"张力钧回忆道。截至 2011 年年末，北汽福田在兴业银行的汽车经销商预付货款融资为 2 亿元，终端经销商按揭贷款余额为 3 000 万元。

"在与我们合作之前，兴业银行本身并没有汽车金融的专门团队，但仅仅 2 年时间，兴业银行不仅团队建起来了，而且在具体的产品服务上也建立了较为完备的体系。"张力钧说。

北汽福田的下游经销商最能体会到这种变化：最开始，经销商融资需求需要通过兴业银行总行大客户部来实施，报批时间较长。2012 年开始，兴业银行推动企业金融专业化改革，对有关流程进行优化。该行北京分行被指定为福田汽车销售网络供应链金融业务的主办行，北汽福田下游经销商只需与兴业银行北京分行接洽即可。

这一变化的背后，正是兴业银行汽车金融团队的渐趋完善。2012 年，兴业银行成立了汽车金融业务总部，隶属总行贸易金融部，负责全行汽车金融业务发展。该行亦积极探索建立汽车领域企业金融业务专业化经营体系，不断加强汽车金融产品的创新，优化业务审批流程。与此同时，兴业银行对北汽福田下游经销商和终端客户的按揭贷款业务进行审批授权。

"这就意味着不仅我们的客户能够集中于兴业银行北京分行办理，对于北汽福田而言，开票等业务也能集中办理，提高了办理效率。"张力钧表示。

记者了解到，截至 2012 年 10 月，北汽福田在兴业银行开展的汽车经销商预付款融资余额超过 5 亿元，是 2011 年全年的 2.5 倍。2012 年，北汽福田旗下北京银达信担保有限责任公司成立,该公司承接了与兴业银行进行对接供应链融资业务的职责。

"号脉"潜在需求

将服务权限"下放"到北京分行,兴业银行考虑的不仅仅是满足客户当下的需求,更要"号脉"客户的潜在需求。针对北汽福田所处的商用车行业特性,兴业银行2012年创新推出了汽车经销商保理融资和融资租赁保理业务两项产品。

"商用车主要用于施工生产等领域,近年来,经济不景气使得终端使用企业的资金链较为紧张,许多终端企业希望采取租赁等方式,其实这是国际通行的一种经营方式。"张力钧告诉记者,在国际上生产用商用车领域,金融服务的渗透率在80%左右,而在国内这个比例目前仅为60%~70%。

针对此种情况,北汽福田希望兴业银行在融资租赁方面予以支持。兴业银行立即组织专门汽车金融服务团队了解北汽福田及其下游经销商、终端用户的实际需求,并对相关交易要素深入分析,进而为北汽福田"量身打造"了汽车经销商保理融资和融资租赁保理等个性化服务。

为了推进租赁保理业务,北汽福田专门成立了北京中车信融汽车租赁有限公司与兴业银行进行对接。按照兴业银行汽车金融团队设计的产品方案,北汽福田的经销商或终端企业与中车信融汽车租赁签订采购协议之后,中车信融汽车租赁据此与兴业银行签订有(无)追索权的租赁保理融资协议,北汽福田的经销商或终端企业就可以向兴业银行申请融资。

"对工程车生产企业来说,金融服务应用的占比越高,产品的价格就越低,竞争力就越强。"张力钧说。公开数据显示,在国内,对于资金要求较高的装备制造业,在2008年之后都在转向租赁融资模式,2011年仅工程商用车领域的租赁融资总额就达1.28万亿元。

在张力钧看来,商用车、工程机械领域不仅与经济周期波动相关,并且受地域、应用条件等因素影响。记者了解到,做汽车金融最关键的要素是资金成本和风险控制,这就需要汽车产业和银行汽车金融双方进行密切合作,合力推出特色产品。例如,北方冬季有冻土期,而南方有的省份雨季长,可能造成企业在雨季因施工量小而收入少,因此汽车金融产品在不同区域开展业务都应有相对个性化服务。

"在商用车产业方面,北汽福田是专家,在汽车金融方面,兴业银行是专家,产业与金融的结合不断地成为助推实体经济发展的新动力。"张力钧说,"未来我们将与兴业银行有更进一步的合作。"

(资料来源:http://news.xinhuanet.com/fortune/2012-12/04/c_124045504.htm)

思考题:

1. 汽车供应链的特点以及汽车行业开展供应链金融的优势是什么?
2. 文中提到了哪些供应链融资模式?其业务流程分别是什么?
3. 除文中提到的模式外,你觉得汽车行业还可以开展何种供应链融资业务?

第 6 章 物流业与资本市场

教学目标

- 了解资本市场发展概况；
- 理解物流业与资本市场相互作用；
- 掌握债券融资工具和股权融资方式。

【案例导入】

中国快运物流股权交易平台

2012 年 11 月，历时数月的筹备，北京产权交易所(以下简称"北交所")和中国交通运输协会快运分会共同搭建的、面向物流企业的投融资服务平台——"中国快运物流股权交易平台"(以下简称"平台")正式上线。

伴随着中国经济的高速增长，我国的快运物流产业也呈现出飞速发展势头，快运物流公司数量不断增加，运输规模持续扩大。与此同时，快运物流公司面临的竞争也日益激烈，快运物流行业掀起了兼并重组的浪潮。为了高效、及时和便捷地向快运物流企业提供投融资服务，进一步促进快运物流产业转型升级和跨越式发展，平台应运而生。

据悉，平台将依托中国交通运输协会快运分会深厚的行业资源与北京产权交易所积聚的产业、金融、政府等多方面资源优势，通过成熟、强大的信息发布渠道和行业交流平台，旨在通过多层次、立体式的股权交易和融资体系满足快运物流企业的融资需求，解决快运物流企业普遍存在的融资成本高、效率低下的难题，形成公开、透明、便捷、安全的投融资市场；同时协助快运物流行业内企业进行企业间并购重组，扶持大型快运物流企业做大做强，促进快运物流行业持续、健康、稳定发展。

北京产权交易所相关负责人表示，平台将为快运物流企业提供高效的产权流转、企业融资和投资人资源对接的定制化服务，快运物流企业也将在平台上获取最及时的投融资项目信息以及最新的政策法规动向。具体如下：

1. 产权流转服务

为快运物流企业提供产权交易服务，提供包括信息披露、交易撮合、价款结算、交易鉴证等全部、单项或多项服务，并可根据项目的实际情况，为交易各方量身定做相应的交易解决方案。

发挥北交所高效的信息平台和完备的网络交易平台优势，为具有股权流转需求的企业在特定信息发布渠道公开或定向披露项目信息，提供高效而低成本的信息传递途径；发挥丰富的投资人客户优势以及庞大的会员队伍优势，根据转让方的需求，积极寻找并确定投资者；北交所作为独立的第三方，接受产权交易各方的共同委托，为交易各方提供灵活、可定制的产权交易资金托管结算解决方案，提供对产权交易行为进行形式审查并出具交易凭证。

2. 企业融资服务

充分挖掘快运物流企业的市场价值，从其自身的融资需求出发，为其提供股权、债权类融资服务；通过汇集各类投资人资源，整合金融渠道资源，与金融机构的合作，为企业量身定制资金融通服务和创新的融资产品；并通过组织专场项目推介会、定向撮合、协助尽调及谈判等方式协助企业进行行业间并购重组。

3. 投资人资源对接

北交所多年累积了丰富的快运物流行业的投资人资源，充分挖掘投资人的投资需求，高校、精准对接物流快递企业的融资需求，有效地提升快运物流行业投融资效率。

（资料来源：新华网，http://news.xinhuanet.com/energy/2012-11/12/c_123941791.htm; 北京产权交易所 http://www.cbex.com.cn/article/wlgq/）

想一想：

1. 中国快运物流股权交易平台为物流企业提供了哪些融资服务？
2. 根据案例谈谈资本市场与物流业的关系。
3. 物流企业除了利用股权交易平台进行融资外，在资本市场还有哪些融资渠道？

随着越来越多的企业由劳动密集型逐渐向资金及技术密集型转变，企业日益通过利用资本市场等直接融资渠道融资来达到扩大自身规模、扩充自身实力和扩大市场份额的目的。在传统物流向现代物流转型过程中需要大量的资金支持，大规模的资金需求依靠企业自身积累难以实现。有条件的物流企业可以利用资本市场融通资金，充分发挥资本市场对物流业发展的助推器作用。本章主要介绍资本市场的基本知识，分析了物流业与资本市场的相互作用，并着重对债券融资工具和股权融资工具进行了介绍。

6.1 资本市场概述

6.1.1 资本市场介绍

1. 资本市场的概念

资本市场又称长期资金市场，是金融市场的重要组成部分。作为与货币市场相对应的概念，资本市场通常是指由期限在 1 年以上的各种融资活动组成的市场，由于在长期金融活动中，涉及资金期限长、风险大，具有长期较稳定收入，类似于资本投入，故称之为资本市场。

资本市场是中长期信用工具买卖、实现较长时期资金融通的场所。与货币市场相比，资本市场特点主要有：融资期限长，至少在1年以上，也可以长达几十年，甚至无到期日；流动性相对较差，在资本市场上筹集到的资金多用于解决中长期融资需求，故流动性和变现性相对较弱；风险大而收益较高，由于融资期限较长，发生重大变故的可能性也大，市场价格易波动，投资者需承受较大风险。同时，作为对风险的报酬，其收益也较高。

2. 资本市场的构成

1) 参与者

在资本市场上，资金供应者主要是商业银行、保险公司、信托投资公司及各种基金和个人投资者。资金需求方主要是金融机构、工商企业、社会团体、政府机构等。

2) 交易对象

资本市场交易对象主要是中长期信用工具，如股票、债券等。

3) 主要资本市场

资本市场主要包括中长期信贷市场与证券市场。资本市场上的市场活动包括股票和债券买卖、股份有限公司提高其资本，以及自然人贷款等。

我国典型的资本市场包括4个部分(图6-1)。

(1) 国债市场。这里所说的国债市场是指期限在1年以上，以国家信用为保证的国库券、国家重点建设债券、财政债券、基本建设债券、保值公债、特种国债的发行与交易市场。

(2) 股票市场。包括股票的发行市场和股票交易市场。

(3) 企业中长期债券市场。我国批准发行中央企业债券和地方企业债券，所筹资金主要用于基本建设和技术改造项目。

(4) 中长期放款市场。该市场的资金供应者主要是不动产银行、动产银行，其资金投向主要是工商企业固定资产更新、扩建和新建，资金借贷一般都需要以固定资产、土地、建筑物等作为担保品。

图6-1　资本市场构成

3. 资本市场的特点

作为一种高级形态的市场，资本市场具有一般市场的基本属性，同时又具有不同于普通市场的特点。

1) 资本市场是价值交换的市场

由于资本市场上交易的金融产品不具有特定的物质属性，其持有者关心的不是其特殊的使用价值，而是其价值，因此资本市场是价值交换的市场。

2) 资本市场是相对理想的竞争性市场

资本市场上的金融产品具有相互替代性，因此又有很强的竞争性。相对于商品市场，资本市场为供求竞争规律提供了更全面、更完整的条件和更理想的表现舞台。因此，资本市场最能体现自由竞争市场原则。

3) 资本市场是非物质化市场

金融产品的价值使得资本市场具有非物质化的特点。首先，股票的转手并不涉及股票发行企业的相应份额资本的变动；其次，金融产品的交易不具体化为证券在物质上从一个人手中转移到另一个人手中，而只表现为结算和保管中心有关双方账户上证券数量和现金储备额的变动。金融产品交易的非物质化使得买空卖空活动在资本市场中司空见惯，对于生产系统虽然没有直接作用，但它们在很大程度上可以提高资本市场的流动性。

4) 资本市场是信息市场

由于资本市场的核心内容——金融产品的交易可以抽象掉其物质方面的限制，可以非物质化，所以资本市场的信息方面则显得至关重要。资本市场实际上是一个信息市场，甚至可以说，资本市场的运行过程就是信息的发布、传递、收集、处理、运用和反馈的过程。信息关系到投资决策的成败，成为资本市场参与者不可回避的竞争焦点。

4. 资本市场类型

根据不同的角度和分类方法，资本市场可以进行以下分类，如表 6-1 所示。

表 6-1 资本市场类型

划分标准	资本市场类型
按发行和转让流通的区别	一级市场
	二级市场
按资金融通方式	直接融资市场
	间接融资市场
按交易金融产品的不同	股票市场
	债券市场
	金融衍生产品市场

续表

划分标准	资本市场类型
按照交易活动是否集中统一	场内交易市场
	场外交易市场
按照交易活动的电子化程度	有形市场
	无形市场

1) 按金融产品的发行和转让流通的区别分为一级市场和二级市场

一级市场又称为"发行市场"或"初级市场",它是将政府、公司、企业等发行主体新发行的公债、公司债券、股票等有价证券转移到投资者手里的市场,是发行主体筹集资金,实现资本职能转化的场所,其主要职能是将社会闲散资金转化为生产建设资金。一级市场由证券发行者、证券承销商(中介机构)和证券投资者3个元素构成。

二级市场又称为"流通市场"或"次级市场",是供投资者买卖已发行证券的场所。二级市场主要是通过证券的流通转让来保证证券的流动性,进而保证投资者资产的流动性。

一级市场主要是发行者与投资者之间的纵向关系,二级市场反映的是投资者与投资者之间的横向关系。一级市场是二级市场的基础,决定着二级市场上流通证券的种类、数量和规模;二级市场则是一级市场存在、发展的保证,维持着投资者资金周转的积极性和流动性。两者是互为条件、相互依存、互为补充的整体。

【知识拓展】

证券承销商

证券承销商是指与发行人签订证券承销协议,协助公开发行证券,借此获取相应地承销费用地证券经营机构。依《证券法》第二十一条规定,证券公司应当依照法律、行政法规地规定承销发行人向社会公开发行的证券。在2002年11月1日之前,依据国务院证券委1996年6月17日发布的《证券经营机构股票承销业务管理办法》,证券经营机构从事股票承销业务,应当取得中国证监会颁发的《经营股票承销业务资格证书》。

(资料来源: http://baike.baidu.com/)

2) 按资金融通方式分为直接融资市场和间接融资市场

直接融资是资金供求双方不需要其他金融中介机构介入的一种资金融通方式。最常见的是股票和债券融资。间接融资是由金融媒介(如商业银行、信用中介、储蓄机构)通过吸收存款、存单等形式积聚社会闲散资金,再以贷款等形式提供给资金短缺单位,实现资金融通的过程。

直接融资和间接融资具有不同的特点,同时又有紧密的联系。直接融资具有筹资范围广、规模大、可以连续筹资而且具有社会宣传效应等特点。间接融资具有聚少成多、短借长贷、分摊风险、降低信息和交易成本等优点。在现代金融市场上,直接融资和间接融资两者间相互促进、相互补充,成为金融市场不可或缺的组成部分。

【知识拓展】

目前,我国的间接融资机构以银行为主体,包括中国工商银行、中国农业银行、中国银行和中国建设银行4家商业银行和国家开发银行、中国农业发展银行和中国进出口银行3家政策性银行,以及交通银行、民生银行、招商银行、华夏银行、浦东发展银行、中信银行、城市商业银行等商业银行和邮政储蓄机构。

3) 按交易金融产品的不同分为股票市场、债券市场和衍生产品市场等

股票市场上主要流通的凭证即为公司股票,股份公司在股票市场上通过发行股票筹集资金,股票投资者通过认购股票将资金投入到发行公司中。股票投资是一种权益投资,持有股票的股东,除非是公司结束营业,其股权资产只有每年的股息收入,对公司资产不能有立即请求权,但可以通过出售其股票变现投资。

债券投资是债权投资,债券发行人要承担按时足额地向投资者还本付息的义务,债券的价格取决于利率的高低,债券价格与利率之间存在着反向的变动关系。相对于股票市场,债券价格波动的幅度小,债券投资的风险小,相应地,债券投资的回报也较低。

衍生产品市场是各种派生性金融工具的交易市场,衍生产品是以各种金融产品(如外汇、债券、存款证、股价指数等)作为标的物派生出来的金融工具,由于衍生产品市场的杠杆放大作用,其市场风险较大,收益率较高。

4) 按照交易活动是否集中统一分为场内交易市场和场外交易市场

场内交易市场是指有固定交易场所和交易时间、有明确的交易方式、对交易活动进行集中统一组织和管理的市场,通常指证券交易所。由于场内交易市场的集中统一组织和管理,使得场内交易在交易形式、交易规模和交易规则方面带有较多的"标准化"特点。这种"标准化"特点使得场内交易具有良好的安全性和透明性。

场外交易市场,又称柜台交易市场或店头交易市场,通常没有固定的交易场所,也不一定有统一的交易时间。场外交易市场通常是证券交易双方通过电话谈判成交的,交易的对象、交易的数量、交易规模等都可以根据交易双方的具体情况而定。相对于场内交易市场而言,场外交易市场在安全性、透明度和流通性方面不占优势,但在保密性、满足投资者的特定需要,尤其是在大宗交易方面的优势比较明显。

5) 按照交易活动的电子化程度分为有形市场和无形市场

有形市场是交易双方面对面进行交易的场所,在资本市场发展的早期,交易都是在有形市场进行的,就如同大家熟知的商品市场一样。随着计算机和电子通信技术的快速发展,现代资本市场已经越来越无形化。由于证券的登记、交易、清算、交割各个环节都已经实现电子化,投资者不需要直接到交易所去进行交易,而是通过几乎无处不在的电子网络进

行交易，就形成无形市场。过去，交易大厅把人们聚在一起；今天，电信网络把人们连在一起。与有形市场相比，无形市场大大降低了交易成本和信息成本，大大扩张了市场范围。

5. 资本市场的功能

资本市场是现代经济体系的重要组成部分，对推动我国经济迅速增长和世界经济一体化影响巨大。其中，资本市场发挥着以下5个方面的基本功能。

1) 资本市场是筹集资金的重要渠道

资本市场的作用使分散在社会上的闲置资金集中起来，形成巨额的、可供长期使用的资本，用于支持社会化大生产和大规模融资，使储蓄转化为投资。由于资本市场上的金融工具收益较高，能吸引众多的投资者，他们在踊跃购买证券的同时，向市场提供了源源不断的巨额长期资金来源。由此可见，资本市场所能达到的筹资规模和速度是企业依靠自身积累所无法比拟的。

2) 资本市场是资源合理配置的有效场所

在资本市场中企业产权的商品化、货币化、证券化，在很大程度上削弱了生产要素部门间转移的障碍。实物资产的凝固和封闭状态被打破，资产具有了最大的流动性。一些效益好、有发展前途的企业可根据社会需要，通过控股、参股方式实行兼并和重组，发展资产一体化企业集团，开辟新的经营领域。另外，在资本市场上，通过发行债券和股票广泛吸收社会资金，其资金来源不受个别资本数额的限制。这就打破了个别资本有限且难以进入一些产业部门的障碍，有条件也有可能筹措到进入某一产业部门最低限度的资金数额，从而有助于生产要素在部门间的转移和重组，实现资源的有效配置。

3) 资本市场有利于企业重组

企业可以通过发行股票组建股份公司，也可以通过股份转让实现公司的重组，以调整公司的经营结构和治理结构。现代企业的兼并重组离不开资本市场。由于各投资主体直接代表了各方的利益，市场主体的相互约束能形成一个有机统一的制衡整体，有助于提高公司的经营效率和发展能力。

4) 资本市场有利于促进产业结构升级

资本市场是一个竞争性的市场，筹资者之间存在着直接或间接的竞争关系，只有那些有发展前途且经营状况良好的企业才能在资本市场上立足。这样，资本市场就能筛选出效率较高的企业，同时也能激励所有的上市公司更加有效地改善经营管理。正是通过这种机制的作用，促成了资源的有效配置和有效利用，从而使产业结构得以优化。另外，在产业、行业周期性的发展、更迭过程中，高成长性的企业和行业通过资本市场上的外部直接融资，进行存量与增量的扩张与重组，得到充分而迅速的发展，率先实现并推动其他产业的升级换代。

5) 资本市场具有风险资产定价的功能

资本市场的风险定价功能在资本资源的积累和配置过程中发挥着重要作用。风险定价具体是指对风险资产的价格确定,它所反映的是资本资产所带来的预期收益与风险之间的一种函数关系,这正是现代资本市场理论的核心问题。

6.1.2 物流业与资本市场的相互作用

1. 物流企业利用资本市场融资现状

物流企业若要实现从传统物流向现代物流转变,企业规模也将向大型化和国际化的方向发展。物流企业的转型需要大量的资金支持,从物流企业现状来看,大规模的资金需求依靠物流企业自身是难以筹集的。对于大型物流企业,可以考虑通过资本市场发行股票和债券进行融资,而中小物流企业通过资本市场筹集资金目前仍存在重重障碍[①]。

目前,我国企业尚不能享有自由发行债券和股票的权力。我国的资本市场从产生的那天起,股票发行额度和上市公司选择就有规模限制。企业要发行债券和股票必须具备良好的实力,然后经过有关部门严格审批,通过后才能向社会筹集资金,而且所发行的债券和股票主要在公开市场交易,这就将大量中小物流企业排除在外。如我国深沪交易所要求上市公司注册资本在 5 000 万元以上,中小企业板块也都有注册资本的限制,这使得规模小的企业无法进入证券市场[②]。当前我国的物流企业由于其经营年限短,规模不大,很难从资本市场筹集资金。现在我国仅有少数大型物流企业能够上市融资,远远不能满足整个物流行业发展扩张的需要,中小物流企业通过资本市场融资的渠道很窄。

根据《中国物流业上市公司报告》的统计,2005 年我国上市的物流或物流相关企业共有 26 家。截至 2011 年 9 月,在我国 A 股证券市场中上市的物流或物流相关企业共有 76 家,其中仅运输型物流上市公司就有 64 家。另外,仓储型物流上市公司有 6 家,综合型 6 家,其内容几乎涵盖了物流业的各个领域。从分布情况来看,上市物流企业主要集中于沿海经济发达地区经济效益良好的大型物流集团。从融资规模来看,上市物流企业筹集资金无论从上市公司数量还是从融资规模来看,我国物流企业在股票市场所占的比例都比较小。发育不完善的资本市场不能成为物流企业的主要融资渠道。我国大部分的物流企业是民营企业,其规模普遍较小发育不完善的资本市场不能成为第三方物流企业的主要融资渠道。

2. 物流业与资本市场的相互作用

当前,我国中小企业融资过多的依赖于间接融资,尤其是银行的信贷资金,直接融资市场明显滞后,物流企业"多、散、小、弱、差",融资渠道单一。正如 2012 年温家宝在第四次全国金融工作会议上所指出的,现阶段金融"对实体经济的支持还不够及时有力,

---

① 物流行业中小企业融资背景及策略. 中铝网, http://news.cnal.com/management/10/2010/08-18/1282117975190815.shtml.

② 陆其伟. 创新物流企业融资渠道研究[J]. 重庆交通大学学报(社科版),2007(10).

金融业的服务能力和水平与经济社会发展需要相比还有不小差距"。现阶段的差距，恰恰也是金融市场未来发展的空间。在为"稳增长"战略保驾护航过程中，金融市场的作用空间将非常广阔。对物流产业而言，提供直接融资渠道的资本市场具有以下几个方面的价值[①]。

1) 解决中小微物流企业的融资难问题

中小微物流企业具有我国中小企业中的典型特征，即多、小、散、弱，可抵押资产少，融资难问题突出，严重制约了物流产业的转型升级。解决这一市场顽疾，需要发挥金融市场积极作用。金融市场可以通过创新金融产品，包括中小企业集合票据、小微企业专项金融债、区域集优模式集合票据、小微企业私募债等，满足小微物流企业的特定需求。此外，金融市场的发展可以将大型物流企业引入资本市场融资渠道中来，使得有限的信贷资源得以腾挪出来，并"倒逼"银行加大对中小物流企业融资的支持力度。

2) 有效防范系统性金融风险

当前我国社会融资结构过度依赖间接融资的状况导致系统性金融风险较高，而解决这一问题的重要途径就是大力发展金融市场，将积聚于银行系统的风险通过直接融资市场的扩容、投资者结构优化、产品创新、机制设计等予以缓释。

为守住不发生系统性风险的底线，为"稳增长"战略实施创造良好环境，大力发展金融市场，发展直接融资是当前经济金融工作的重点推进方向之一。

3) 降低社会融资行为的货币创造效应

现阶段看，在间接融资依然占据主导的情况下，金融在为实体经济提供资金支持的同时，也使得货币投放数量增加，造成了价格的上行压力。在我国已越过"刘易斯拐点"，价格总水平可能平台上移的情况下，信贷投放引致价格上行造成的负面影响将更为明显，迫切需要寻找一条既能满足包括物流企业在内的企业资金需求又具有温和货币创造效应的融资渠道，而直接融资市场尤其是债券市场恰恰可以二者兼具。

研究显示，由于在货币创造机理方面的差异，相对于银行信贷而言，债券融资所产生的货币创造效应仅为银行信贷的一半左右。因此，未来要充分发挥直接融资市场的这一优势，使得经济政策在稳增长、调结构、防通胀三者协调方面更灵活、有效。

4) 引导和促使企业回归实体经济

实际经营中，物流企业与其他企业一样，具有强烈的逐利动机，在利益的吸引下不少物流企业偏离实体经济的范畴，向虚拟经济延伸，导致资金脱离实体经济呈现自我循环。为应对这一情况，可以发挥金融市场的信息平台作用，在金融市场的信息披露机制下，让市场参与者、企业的利益相关者，以及社会广大人士都了解到企业的经营动向。如果物流企业盲目追求短期利益，涉足高风险的虚拟经济炒作，投资者可能会"用脚投票"，对企业的不规范行为形成硬性约束，由此促使企业回归实体经济。

---

① 杨农. 金融服务实体经济方略[N]. 第一财经日报，2012-07.

为提高资本配置能力，信贷和资本市场在服务于物流企业融资需求时应体现出一定的差异化定位。具体而言，规模较大、经营稳定、风险较低的物流企业，可以通过资本市场，通过发行债券和股票等方式，直接面对金融市场公开披露信息，以较低成本进行融资；规模较小，处于成长期，未来不确定性较大的物流企业，更适合一对一、个性化的融资方式，可以通过银行，选择信贷方式进行融资。建立起这种分层结构后，在现阶段金融资源相对紧张的硬约束下，对信贷市场而言，原先投向大型物流企业的资金得以挤出，这部分资金为解决中小企业融资难问题腾出空间。

在资本市场和信贷市场分层的同时，资本市场内部也要根据各自特征差异化发展和定位。对债券市场而言，作为资本市场重要的直接融资工具，以机构为主的投资者结构使得债券市场具有庞大的容纳量，直接融资需求应主要通过债券市场来解决。股票市场也是直接融资工具的一种，但股权融资的特征以及众多散户参与的投资者结构决定了股票市场的主要功能绝非资金融通，而是解决风险的分散和分担，改善物流企业股权结构和公司治理机构。这两个市场特点各异，定位也应不同，债券市场定位于满足实体经济合理资金需求，股票市场则满足实体经济稳健发展中的风险分散需求。由此形成一种定位合理、优势互补、服务能力最大限度发挥的金融市场结构。

3. 物流企业的融资渠道

现代企业的发展规律表明，当企业发展到一定规模程度时，就要进入资本经营阶段，企业必须借助直接融资渠道才能发展壮大。目前，我国物流业通过资本市场的融资渠道主要包括债券融资、股权融资等。

1) 债券融资

债券融资能维持企业原有股东的控股地位，企业债券利息可以从税前扣除，企业债券的利息低于贷款利息。同时，发行债券所筹集的资金期限较长，购买债券的债权人无权干涉企业的经营决策，发行债券在一定程度上弥补了股票筹资和向银行借款的不足。

目前，企业债券的发行主要是为国家批准的大中型项目筹集建设资金，其申报的发行额度至少在10亿元以上，要求发行人的净资产不能少于25亿元①。因此，物流企业通过发行企业债券融资的比例还很低。

当前，我国拥有巨额的居民储蓄，发行股票和债券等直接融资的潜力很大。我们应借鉴发达国家的经验，在完善企业债券发行法规和加强企业债券发行监督管理的前提下，适当放宽债券的发行限制条件，由政策性银行或担保机构为物流企业发行债券提供担保，加强对企业债券发行中介机构的管理，同时，促进债券二级市场发展，增强企业债券的流动性。对经评估拥有一定资产规模、具备信用等级和有发展潜力的大型物流企业，允许其发行不同期限的企业债券筹措资金，拓宽物流企业发行企业债券的渠道。获得发行企业债券

---

① 我国企业债券的历史与展望. 中国证券信息网，http://www.chinabond.com.cn/Info/963270.

资格的物流企业,也应正确确定资金需要量,科学筹划发行规模和还款计划,适当安排一部分"债转股"的债券,防范债券到期还本付息风险。

【实例6-1】

15亿渝西物流债发行

总额15亿元的2013年重庆西部现代物流产业园区开发建设有限责任公司公司债券(简称"13渝西物流债")已于10月18日起面向社会公开发行,发行期限3个工作日,17日为簿记建档日。齐鲁证券担任本期债券的主承销商。

本期债券为7年期固定利率债券,票面年利率为Shibor基准利率加上基本利差,基本利差的区间上限为2.68%,即簿记建档利率区间上限为7.08%。同时附设本金提前偿还条款,即在债券存续期的第3~7年年末分别按债券发行总额20%的比例偿还债券本金。本期债券以簿记建档、集中配售的方式,通过承销团成员设置的发行网点向机构投资者公开发行和通过上海证券交易所向机构投资者协议发行。

本期债券无担保。经中诚信国际信用评级公司综合评定,本期债券信用等级为AA,发行人的主体信用等级为AA。发行结束后,发行人将在1个月内向有关证券交易场所提出上市流通申请。

本期债券发行人是经重庆市沙坪坝区政府批准,依托国家铁路综合物流中心和兴隆场大型铁路编组站而成立的大型国有资产和公用事业运营主体,主要业务包括物流园区内的土地整理开发和基础设施建设等开发建设业务。截至2012年年末,公司总资产172.42亿元,所有者权益115.26亿元,2010—2012年3年平均净利润1.59亿元。

本期债券募集资金规模15亿元,将用于重庆西部物流园土主经济适用房建设项目、回龙坝经济适用房建设项目以及产业园中干线道路及管网工程项目。

(资料来源:新浪财经,http://finance.sina.com.cn/money/bond/20131017/022117016077.shtml)

2) 股权融资

目前,我国物流企业正处在快速发展时期,应努力争取资本融资。已获准上市的物流企业,应进一步规范管理,严格按股份公司的法律法规运作,提高经济效益,切实保护中小投资者的利益,树立物流企业上市公司的优良形象。经营规模大和经济效益好的物流企业应积极创造条件,建立现代企业制度,提高核心竞争能力,争取向上市发行股票融资方向发展。国家有关部门也应适当放宽限制条件,支持物流企业进行发行股票融资,允许中小型物流企业在创业板市场发行股票融资。

目前,大多数物流企业主要是通过吸收社会法人的定向募集股份融资。物流企业应拓宽吸收其他法人组织投入资本的渠道,从制造企业和商品流通企业的运输和储运部门切入,吸引他们以运输和储运资产投资入股,迅速增强物流企业的实力。现在还有很多跨国经营公司积极寻找在我国加大投资的机会。物流企业要抓住机遇，加大引进外资改造企业的力度，加大改善基础设施的力度，解决起点低的问题，实现跨越式发展，缩短与跨国经营物流企业的差距。物流企业还可以按改制的要求实施员工持股。我国部分物流企业在改制中已实行让员工持有企业的股份，已筹措到一部分资金来源。

【实例 6-2】

中国物流股权交易平台成交案例

1. 中外运阪急阪神国际货运有限公司 50%股权转让

2012 年中外运空运发展股份有限公司通过北京产权交易所(以下称"北交所")公开挂牌将其持有的中外运阪急阪神国际货运有限公司的 50%股权进行转让。此次股权转让的转让方外运发展鉴于公司合营企业"中外运阪急阪神国际货运有限公司"的合营期限将至，遂欲转让所持有的中外运阪急阪神国际货有限公司 50%的股权，原股东未放弃行使优先购买权。北交所在此次转让中为国有资产的退出提供了有力的保障，实现国有资产的保值和增值；并为该项目交易过程中提供了交易价款第三方价款托管结算服务，解决了交易双方对于资金和资产的安全顾虑，规避了国有资产流动中的流失风险，确保了国有资产退出资金顺利和有效地收回。

2. 北京青年报现代物流有限公司 22.875%股权转让

2012 年工人日报社、新华通讯社印刷厂、北京科印近代印刷技术有限公司、北京今日阳光广告有限责任公司 4 家国有企业通过北交所挂牌转让其分别持有北京青年报现代物流有限公司的 6.625%、6.625%、6.625%和 3%的股份。北交所发挥了全国性交易平台优势，集合各方资源，遵循公开、公平、公正的原则，为国有经济布局和结构的调整提供了安全有效的交易平台，提高了国有企业产权结构调整的效率。

3. 武汉长江翔达物流有限责任公司 19.83%股权转让

2012 年中国南车集团武汉江岸车辆厂通过北交所公开挂牌将持有的武汉长江翔达物流有限责任公司 19.83%股份进行转让。此次转让原股东未放弃行使优先购买权，北交所在交易过程中既保障原股东享有优先购买权的同时，也考虑到了对交易其他相关方利益的保护。在第二次公开挂牌期间，北交所在一定的区间内调整了转让价格并最终确定了受让方，充分体现了市场定价的原则，切实尊重与维护了转让方的利益与诉求，并最大限度地挖掘该转让标的的交易价值，最终实现了转让方利益的最大化。

(资料来源：中国物流股权交易平台，http://www.cbex.com.cn/article/wlgq/)

6.2 债券市场融资

6.2.1 债券市场融资基本情况

1. 债券相关概念

债券市场是发行和买卖债券的场所,是金融市场的一个重要组成部分。债券市场是一国金融体系中不可或缺的部分。一个统一、成熟的债券市场可以为全社会的投资者和筹资者提供低风险的投融资工具。可以说,统一、成熟的债券市场构成了一个国家金融市场的基础。中国债券市场从 1981 年恢复发行国债开始至今,经历了曲折的探索阶段和快速的发展阶段。目前,我国债券市场形成了银行间市场、交易所市场和商业银行柜台市场 3 个基本子市场在内的统一分层的市场体系。其中,银行间市场是债券市场的主体,债券存量和交易量约占全市场 90%。这一市场参与者是各类机构投资者,属于大宗交易市场,实行双边谈判成交,逐笔结算。交易所市场是另一重要部分,它由除银行以外的各类社会投资者,属于零售市场,实行净额结算。商业银行柜台市场是银行间市场的延伸,也属于零售市场。[①]

债券融资是指项目主体按法定程序发行的、承诺按期向债券持有者支付利息和偿还本金的一种融资行为。债券融资是成熟资本市场中优先考虑的融资方式,而股票次之,国内则重股票而轻债券。在发达国家成熟资本市场,直接融资比例一般占融资总额的 50%以上,美国更是达到 88%左右,而中国远远低于这一比例。

【知识拓展】

2012 年债券市场快速发展,在实施国家宏观经济政策、优化资源配置、加大金融支持实体经济力度等方面发挥了重要作用。2012 年,债券发行总量稳步扩大,公司信用类债券发行规模大幅增加,债券融资在直接融资中的比重增加显著。

2012 年,债券市场累计发行人民币债券 8.0 万亿元,同比增加 2.4%。与去年相比,公司信用类债券发行量增加显著。截至 2012 年年末,债券市场债券托管量达 26.0 万亿元,其中,银行间市场债券托管量为 25.0 万亿元,同比增加 16.7%。

公司信用类债券呈加速发展态势,全年共发行公司信用类债券 3.6 万亿元,同比增加 60.1%,其中超短期融资券 5 822 亿元,短期融资券 8 356 亿元,中期票据 8 453 亿元,中小企业集合票据 100 亿元(含中小企业区域集优票据 29 亿元),非公开定向债务融资工具 3 759 亿元,非金融企业资产支持票据 57 亿元,企业债 6 499 亿元,公司债券 2 508 亿元。

目前,银行间债券市场的债券发行机构包括财政部、政策性银行、铁道部、商业银行、非银行金融机构、国际开发机构和非金融企业等各类市场参与主体,债券种类日趋多样化。

(资料来源:中国人民银行《2012 年金融市场运行情况》)

---

① 焦裕龙. 中国债券市场介绍[M]. 中央国债登记结算公司债券信息部,2008-06.

2. 债券融资的优势

1) 规模大，具有持续滚动融资的便利性

通常单只债券的发行额多数在 10 亿元以上，对于大型企业和重点项目可通过滚动发行持续融资。

2) 资金使用期限较长

期限一般为 1 年至 30 年不等，可以满足企业对资金的长短期需求。

3) 融资成本相对低廉

债券是一种直接融资工具，省略了银行贷款的中间环节。目前，债券的发行利率比同期限中长期贷款利率低 1%以上。与股权融资相比，债券融资可避免股权稀释，同时可通过财务杠杆效应提升股东收益。

4) 受偿权优先于股权

债权人对公司资产和收益的追偿权要先于公司股东。

5) 发行方案设计比较灵活

可通过选择权、利率形式等手段的综合运用，设计灵活多样的发行方案，适应发行人的要求。

3. 债券融资与信贷融资的区分

债券融资与股票融资一样，同属于直接融资，而信贷融资则属于间接融资。在直接融资中，需要资金的部门直接到市场上融资，借贷双方存在直接的对应关系。而在间接融资中，借贷活动必须通过银行等金融中介机构进行，由银行向社会吸收存款，再贷放给需要资金的部门。债券融资和信贷融资不同之处包括以下几个方面。

1) 资金的需求者不同

在我国，债券融资中政府债券占有很大的比重，信贷融资中企业则是最主要的需求者。

2) 资金的供给者不同

政府和企业通过发行债券吸收资金的渠道较多，如个人、企业与金融机构、机关团体事业单位等，而信贷融资的提供者，主要是商业银行。

3) 融资成本不同

在各类债券中。政府债券的资信度通常最高，大企业、人金融机构也具有较高的资信度，而中小企业的资信度一般较差。因而，政府债券的利率在各类债券中往往最低，筹资成本最小，大企业和大金融机构次之，中小企业的债券利率最高，筹资成本最大。与商业银行存款利率相比，债券发行者为吸引社会闲散资金，其债券利率通常要高于同期的银行存款利率；与商业银行贷款利率相比，资信度较高的政府债券和大企业、大金融机构债券的利率一般要低于同期贷款利率，而资信度较低的中小企业债券的利率则可能要高于同期贷款利率。此外，有些企业还发行可转换债券，该种债券可根据一定的条件转换成公司股票，灵活性较大，所以公司能以较低的利率售出。而且，可转换债券一旦转换成股票后，即变成企业的资本金，企业无须偿还。

4) 信贷融资比债券融资更加迅速方便

我国企业发行债券通常需要经过向有关管理机构申请报批等程序，同时还要作一些印刷、宣传等准备工作；而申请信贷可由借贷双方直接协商而定，手续相对简便得多。通过银行信贷融资要比通过发行债券融资所需的时间更短，可以较迅速地获得所需的资金。

5) 在融资的期限结构和融资数量上有差别

一般来说，银行不愿意提供巨额的长期贷款，银行融资以中短期资金为主，而且在国外，当企业财务状况不佳、负债比率过高时，贷款利率较高，甚至根本得不到贷款；而债券融资多以中长期资金为主。因此，企业通过债券融资筹集的资金通常要比通过银行融资更加稳定，融资期限更长。

6) 对资金使用的限制不同

企业通过发行债券筹集的资金，一般可以自由使用，不受债权人的具体限制；而信贷融资通常有许多限制性条款，如限制资金的使用范围、限制借入其他债务、要求保持一定的流动比率和资产负债率等。

7) 在抵押担保条件上也有一些差别

一般来说，政府债券、金融债券以及信用良好的企业债券大多没有担保；而信贷融资大都需要财产担保，或者由第三方担保。

6.2.2 债券融资工具

债券融资工具主要包括公司债、企业债、短期融资工具、中期票据、可转换债。大型上市物流企业可选择的债券融资工具包括公司债、企业债等，中小物流企业可选择的债券融资工具包括短期融资券、中小企业集合债、中小企业集合票据、中小企业私募债、资产支持票据等。

1. 公司债

公司债是指上市公司依照法定程序发行、约定在1年以上期限内还本付息的有价证券。是由证监会监管的中长期直接融资品种。承诺于指定到期日向债权人无条件支付票面金额，并于固定期间按期依据约定利率支付利息。

公司债适合A股或H股上市公司在境内进行中长期债券融资，融资成本与银行贷款相比较低，募集资金用途相对宽松。尤其是自2011年以来，经证监会大力改革和推动后，公司债已成为上市公司高效、低成本的融资渠道之一。上市物流企业可以通过发行公司债进行低成本中长期融资。

2. 企业债

企业债是由中央政府部门所属机构、国有独资企业或国有控股企业发行的债券，它对发债主体的限制比公司债窄。企业债券审批效率相对适中，债券期限可较长，融资成本较低且募集资金用途比较灵活，适合资质较好的企业进行较大规模的中长期限融资；同时，随着企业债发行制度的逐步变革以及企业债增信方式的频繁创新，企业债的发行主体不断扩大，企业债发行人信用资质正趋于多元化。

3. 中小企业短期融资债券

短期融资券是企业依照中国人民银行《银行间债券市场非金融企业债务融资工具管理办法》及中国银行间市场交易商协会相关自律规则和指引，由具有法人资格的非金融企业在银行间债券市场发行的、约定在1年内还本付息的债务融资工具，募集资金主要为补充企业流动资金所用，产品期限通常为1年及以内(通常为6、9、12个月)。其主要作用表现在降低企业融资成本、扩大融资渠道，增强融资灵活性以及提升企业在银行间债券市场的市场形象等。我国首批中小企业短融券于2008年10月发行，但其存在利率偏高(实际发行利率在6%~9%)、二级市场流动性差等缺点。这为我国中小物流企业采用直接融资渠道融资，提供了很好的借鉴。

4. 中小企业集合票据

中小企业集合票据是指2个以上10个以下具有法人资格的企业，在银行间债券市场以统一产品设计、统一券种冠名、统一信用增进、统一发行注册方式共同发行的、约定在一定期限还本付息的债务融资工具。该产品是在短期融资券和中期票据基础上的创新产品。集合发行能够解决单个企业独立发行规模小、流动性不足等问题。中小企业集合票据的发行人可以为若干个中小企业的集合，发行人分别进行外部评级，集合发行。中小企业集合票据可以是若干个中小企业的集合发行的短期融资券，也可以是若干个中小企业的集合发行的中期票据。该产品能够降低企业融资成本；扩大中小企业融资渠道，增强融资灵活性；提升中小企业在银行间债券市场的市场形象。

【实例6-3】

浙江省义乌2013年度第一期中小企业集合票据11月28日发行

浙江省义乌2013年度第一期中小企业集合票据定于11月28日发行，期限2年，计划发行规模1亿元。本期集合票据将由主承销商组织承销团，通过簿记建档、集中配售方式在全国银行间债券市场发行，采用固定利率方式，按面值发行，发行利率根据簿记建档、集中配售的结果确定。本期集合票据采用单利付息，不计复利，逾期不另计息。浙商银行股份有限公司为此次发行的主承销商兼簿记建档人。浙江伟海拉链有限公司、浙江伊美薄膜工业集团有限公司作为联合发行人。时间安排上，簿记建档日为 11 月 28 日，起息日、缴款日为 11 月 29 日，上市流通日 12 月 2 日，2015 年 11 月 29 日到期兑付(遇节假日顺延)。本期集合票据由中债信用增进投资股份有限公司提供全额无条件不可撤销担保，经新世纪(002280)评估综合评定，本次集合票据债项信用级别为 AAA，联合发行人主体长期信用级别均为 BBB-。

(资料来源：同花顺，http://news.10jqka.com.cn/20131121/c562354965.shtml)

5. 区域集优中小企业集合票据

区域集优融资模式是中国银行间市场交易商协会为了实质性地突破中小企业融资困境而建立的新机制。2011 年 5 月以来，在地方政府的支持下，中国银行间市场交易商协会与企业、金融机构、中介组织等参与主体密切沟通，经充分研究论证，在中小企业集合票据的整体规则框架下，推出了区域集优融资模式。与此前的中小企业集合票据不同，区域集优融资机制的核心就是引入地方政府资源助推中小企业发债，由地方政府成立中小企业直接融资发展基金，作为风险缓释措施，即当发行企业无法偿付到期资金时，由该基金偿付；在该专项基金保障下，由地方政府推荐当地具有核心技术、产品具有良好市场前景的中小非金融企业，在银行间债券市场发行中小企业集合票据。

【实例 6-4】

广西壮族自治区柳州市 2013 年度第一期区域集优中小企业集合票据

经中国银行间市场交易商协会(以下简称"交易商协会"或"协会")(中市协注〔2013〕SMECNII17 号文)注册批准，广西壮族自治区柳州市 2013 年度第一期区域集优中小企业将在全国银行间债券市场公开发行"广西壮族自治区柳州市 2013 年度第一期区域集优中小企业集合票据"。

本次发行采用主承销商簿记建档、集中配售、指定账户收款的方式。上海浦东发展银行作为主承销商，组织承销团承销本期中期票据，上海浦东发展银行作为簿记管理人负责簿记建档工作。

本期债务融资工具主要条款：

1. 债务融资工具名称：广西壮族自治区柳州市 2013 年度第一期区域集优中小企业集合票据。
2. 计划发行规模：2.68 亿元。
3. 期限：3 年。
4. 利率/利率区间：7.0%~7.8%。
5. 债券面值：人民币 100 元。
6. 发行日期：2013 年 11 月 25 日。

7. 分销日期：2013 年 11 月 25 日。
8. 缴款日期：2013 年 11 月 27 日。
9. 上市日期：2013 年 11 月 28 日。
10. 兑付日期：2016 年 11 月 27 日(如遇法定节假日或休息日顺延至其后的第一营业日，兑付款项不另计息)。
11. 付息日期： 2014 年 11 月 27 日； 2015 年 11 月 27 日； 2016 年 11 月 27 日。
12. 本期债务融资工具的销售佣金费率不低于 0.1%。
13. 债券评级：大公国际资信评估有限公司综合评定本期集合票据信用等级 AAA，评定联合发行人广西壮族自治区国有三门江林场主体长期信用等级为 BBB+、柳州市百货股份有限公司主体长期信用等级为 BBB+、柳州桂中海迅物流股份有限公司主体长期信用等级为 BB+。
14. 登记托管形式：本期债务融资工具采用实名制记账式，在登记托管机构银行间市场清算所股份有限公司统一托管。
15. 付息及兑付方式：本期债务融资工具的利息支付及到期兑付事宜按托管机构的有关规定执行，由登记托管机构代理完成利息支付及本金兑付工作。
16. 上述本期债务融资工具的基本情况与募集说明书不一致的，以募集说明书为准。
17. 本期债务融资工具申购期间为 2013 年 11 月 25 日 9：00 时至 2013 年 11 月 25 日 12：00 时。

(资料来源：国泰君安证券，http://www.gtja.com/share/NewsContent.jsp?docId=13775780&oneColum=index&twoColum=jccy&threeColum=cxzl&fourColum=zq)

6. 中小企业集合债

中小企业集合债券是在由于受到信用、规模等约束，单个中小企业难以获得较高的信用评级、不能通过债券市场直接发行债券进行直接融资的情形下，运用信用增级的原理使若干个中小企业各自为债券发行主体，确定债券发行额度，使用统一的债券名称，形成一个总的发行额度，统一组织集合发行的一种企业债券。中小企业集合债券是由担保机构担保，银行或者证券公司作为承销商，信用评级机构、会计事务所、律师事务所、财务顾问等机构共同参与的创新债券，由国家发改委核准。

7. 中小企业私募债

为坚持金融业服务于实体经济的本质要求，牢牢把握发展实体经济这一坚实基础，从多个方面采取措施，确保资金投向实体经济，有效解决实体经济融资难、融资贵问题，坚决抑制社会资本脱实向虚、以钱炒钱，防止虚拟经济过度自我循环和膨胀，防止出现产业"空心化"现象的精神，证监会推出了中小企业私募债。中小企业私募债是中小微企业在中国境内以非公开方式发行和转让，约定在一定期限还本付息的公司债券。2012 年 5 月 22

日和 23 日，上交所发布实施了《上海证券交易所中小企业私募债券业务指引》和《上海证券交易所中小企业私募债券业务试点办法》，深交所发布了《深圳证券交易所中小企业私募债券试点办法》和《深圳证券交易所中小企业私募债券试点业务指南》，标志着中小企业私募债业务正式启动。5 月 22 日，中国证券登记结算公司发布了《中小企业私募债试点登记结算业务实施细则》。5 月 23 日，中国证券业协会发布了《证券公司开展中小企业私募债券承销业务试点办法》。上交所部分中小企业私募债发行情况如表 6-2 所示。

表 6-2　上交所部分中小企业私募债发行情况

代码	证券简称	公司名称	发行时间	挂牌时间	发行金额/万元	发行期限	票利率(年利率)/%
125000	12 苏镀膜	苏州华东镀膜玻璃有限公司	6月8日	6月11日	5 000	2 年	9.50
125001	12 百慕债	北京航材百慕新材料技术工程股份有限公司	6月11日	6月27日	2 000	18 个月	8.50
125002	12 宁水务	南京江宁水务集团有限公司	6月11日	6月29日	20 000	2 年	9.40
125003	12 钱江四桥 01	杭州钱江四桥经营有限公司	6月11日	6月28日	10 000	2 年	9.35
125004	12 新宁债	苏州新区新宁自来水发展有限公司	6月12日	6月27日	10 000	2 年	7.50
125005	12 同捷 01	上海同捷科技股份有限公司	6月12日	6月28日	10 000	3 年	8.15
125006	12 凡登债	凡登(常州)新型金属材料技术有限公司	6月12日	6月29日	10 000	3 年	8.05
125007	12 天科债	天津天房科技发展有限公司	6月12日	6月29日	10 000	3 年	7.30

【实例 6-5】

湖北首支中小企业私募债成功发行规模 2 亿元

湖北省首支中小企业债武汉四方物流 2012 年中小企业债 7 月 22 日成功发行。四方物流中小企业债是由长江证券股份有限公司承销，发行规模 2 亿元人民币，债券期限 3 年，票面利率 8.5%。武汉四方物流有限责任公司是位于武汉经济技术开发区的一家物流企业，主营业务为场地租赁、物业管理、仓储服务等。本次私募债募集资金中的 1 亿元将用于郭徐岭物流中心建设项目，扩大经营规模，另外 1 亿元募集资金用于补充营运资金。

中小企业私募债的成功试点以及武汉四方物流私募债的成功发行,充分说明了我省物流企业尤其是大中型物流企业可以通过发行私募债,填补自身融资缺口。

(资料来源:中国新闻网,http://finance.chinanews.com/cj/2012/07-23/4052742.shtml)

8. 资产支持票据

资产支持票据(Asset-Backed Medium-term Notes,ABN)是指非金融企业在银行间债券市场发行的,由基础资产所产生的现金流作为还款支持的,约定在一定期限内还本付息的债务融资工具。发行资产支持票据的企业可选择公开发行或非公开定向发行方式在银行间市场发行。企业选择公开发行方式发行资产支持票据,应当聘请两家具有评级资质的资信评级机构进行信用评级。

2012年8月3日,中国银行间市场交易商协会发布《银行间债券市场非金融企业资产票据指引》,8日首批3只资产支持票据发行,分别是宁波城建投资控股有限公司、南京公用控股(集团)有限公司以及上海浦东路桥建设有限公司。采取非公开定向发行方式,合计规模25亿元,期限1~5年;其票面利率介于4.88%和5.85%之间,虽较公开发行的短融、中票一般要高,但与银行贷款和定向工具(PPN)相比,仍具有一定的成本优势。与传统信用融资方式主要依托发行人本身的信用水平获得融资不同,资产支持票据凭借支持资产的未来收入能力获得融资。由于支持资产本身的偿付能力与发行主体的信用水平分离,从而拓宽了自身信用水平不高的企业融资渠道。

该产品将为物流企业中的大型平台公司(包括政府主导的投资平台公司)提供新的资金来源,比如物流企业可以汇集供应链上下游企业的应收账款进行打包,构成应收账款池,申请发行该票据。融资租赁公司可以将其固定的租金来源作为基础资产发行该票据,从而筹集资金为物流企业的设施设备更新提供支持。

现有中小企业债务融资产品对比分析如表6-3所示。

表6-3 现有中小企业债务融资产品对比

债券条款	短期融资券	中小企业集合债	中小企业集合票据	中小企业私募债	资产支持票据
期限	1年及以下	1年及以上	1年及以上	1年及以上	1年及以上
发行方式	公开发行	公开发行	公开发行	私募发行	公开发行/私募发行
融资规模	受净资产40%限制	受净资产40%限制	受净资产40%限制	不受净资产限制	不受净资产限制
主体资质要求	相对较高(A+以上评级)	相对较低	相对较低	最低	相对较低
主体数目	单一主体发行	多个主体集合发行	多个主体集合发行	单一主体发行/多个主体集合发行	单一主体发行/多个主体集合发行

续表

债券条款	短期融资券	中小企业集合债	中小企业集合票据	中小企业私募债	资产支持票据
审批效率	单体注册相对较高	多主体审批,相对较低	多主体注册,相对较低	单体备案,相对较高	单体注册相对较高
交易场所	银行间	银行间+交易所	银行间	交易所	银行间
监管机构	银行间市场交易商协会(央行)	发改委	银行间市场交易商协会(央行)	交易所(证监会)	银行间市场交易商协会(央行)

6.3 股权融资

股权融资是指企业的股东愿意让出部分企业所有权,通过企业增资的方式引进新的股东的融资方式。股权融资所获得的资金,企业无须还本付息,但新股东将与老股东同样分享企业的赢利与增长。股权融资的特点决定了其用途的广泛性,既可以充实企业的营运资金,也可以用于企业的投资活动。

股权融资按融资的渠道来划分,主要有两大类,公开市场发售和私募发售。所谓公开市场发售就是通过股票市场向公众投资者发行企业的股票来募集资金,包括我们常说的企业的上市、上市企业的增发和配股都是利用公开市场进行股权融资的具体形式。通过公开市场发售的方式来进行融资是大多数企业梦寐以求的融资方式。企业上市一方面会为企业募集到巨额的资金;另一方面,资本市场将给企业一个市场化的定价,使企业的价值为市场所认可,为企业的股东带来巨额财富。与其他融资方式相比,企业通过上市来募集资金有突出的优点:募集资金的数量巨大;原股东的股权和控制权稀释得较少;有利于提高企业的知名度;有利于利用资本市场进行后续的融资。但由于公开市场发售要求的门槛较高,只有发展到一定阶段,有了较大规模和较好盈利的物流企业才有可能考虑这种方式。

私募融资是指融资人通过协商、招标等非社会公开方式,向特定投资人出售股权进行的融资,包括股票发行以外的各种组建企业时股权筹资和随后的增资扩股。私募成为近几年来经济活动最活跃的领域。对于企业,私募融资不仅仅意味着获取资金,同时,新股东的进入也意味着新合作伙伴的进入。新股东能否成为一个理想的合作伙伴,对企业来说,无论是当前还是未来,其影响都是积极而深远的。因为绝大多数股票市场对于申请发行股票的企业都有一定的条件要求,所以对大多数中小企业来说,较难达到上市发行股票的门槛,于是私募成为中小物流企业进行股权融资的主要方式。

我国多层次资本市场体系主要包括沪深主板和中小板、创业板、新三板、地方柜台交易(OTC)、产权交易所等五大板块,如图6-2所示。

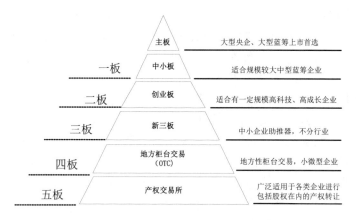

图 6-2 我国多层次资本市场结构体系

【知识拓展】

主板市场也称为一板市场,是指传统意义上的证券市场(通常指股票市场),是一个国家或地区证券发行、上市及交易的主要场所。主板市场对发行人的营业期限、股本大小、盈利水平、最低市值等方面的要求标准较高,上市企业多为大型成熟企业,具有较大的资本规模以及稳定的盈利能力。中国大陆主板市场的公司在上交所和深交所两个市场上市。主板市场是资本市场中最重要的组成部分,很大程度上能够反映经济发展状况,有"国民经济晴雨表"之称。

中小板块即中小企业板,是指流通盘大约 1 亿元以下的创业板块,是相对于主板市场而言的,有些企业的条件达不到主板市场的要求,所以只能在中小板市场上市。中小板市场是创业板的一种过渡,在中国的中小板的市场代码是 002 开头的。中小板市场服务的是发展成熟的中小企业。相比较而言,主板市场服务的是比较成熟、在国民经济中有一定主导地位的企业,创业板主要服务于成长型、处于创业阶段的企业,条件比中小板的条件宽松。

创业板,又称二板市场,是与主板市场不同的一类证券市场,其主要针对解决创业型企业、中小型企业及高科技产业企业等需要进行融资和发展而设立。创业板与主板市场相比,上市要求往往更加宽松,主要体现在成立时间,资本规模,中长期业绩等的要求上。由于目前新兴的二板市场上市企业大多趋向于创业型企业,所以在又多称为创业板。创业板市场最大的特点就是低门槛进入,严要求运作,有助于有潜力的中小企业获得融资机会。2012 年 4 月 20 日,深交所正式发布《深圳证券交易所创业板股票上市规则》,并于 5 月 1 日起正式实施,将创业板退市制度方案内容,落实到上市规则之中。

(资料来源: http://baike.baidu.com/)

6.3.1 新三板市场

我国新三板市场是指中关村科技园区非上市股份有限公司股份报价转让系统,由国务院决定在北京中关村科技园区试点,并于 2006 年 1 月在深交所正式挂牌启动。新三板市场定位于为创业过程中处于初创阶段的高科技企业筹资,解决其资产价值评估、风险分散和风险投资股权交易问题,在提供高效低成本的融资渠道、提升资本运作能力、完善中小企业公司治理以及为主板输送优秀企业等各方面都起到了良好的作用。新三板市场将逐渐发展成为风险投资进入及退出的平台,为主板、创业板市场扩容提供更多资源。

新三板是国务院批准的全国性证券交易市场(430×××),其功能是提供股权流动渠道、发现企业价值、改善融资环境,定位于"三高六新"型企业。"三高六新"即成长性高、科技含量高、附加值高和新经济、新服务、新农业、新材料、新能源和新商业模式类公司。物流金融业务即为物流企业的高附加值业务,是新服务和新商业模式。目前新三板仅限于在中关村试点,不久试点范围将扩大到其他国家级高新区,之后再扩至全国符合条件的股份公司。

新三板市场从 2006 年 1 月 23 日设立以来,截至 2013 年 7 月 5 日,共有挂牌企业 244 家,其中 2012 年挂牌 110 家,已经超过了前 6 年挂牌企业数量的总和。2012 年以前挂牌企业均为北京中关村园区,其他几大园区在扩容后数量开始增加。2013 年 6 月,国务院常务会议决定在中关村、上海张江、武汉东湖、天津滨海 4 个科技园区试点的基础上,将新三板扩展到全国,事实上已经突破了"高新园区"的范畴。截至 2013 年 7 月 5 日,北京中关村园区增加到 199 家,武汉东湖园区挂牌企业 16 家,上海张江园区挂牌 16 家,天津滨海园区挂牌 13 家。目前新三板将扩展到全国,并突破了高新技术园区的限制,企业的分布将在全国范围内全面开花。截至 2013 年 5 月 31 日,通过定向增发、股权转让或是系统买入方式投资新三板已挂牌企业的 VC/PE 机构已达 130 家,涉及企业 30 家,投资总额约为 4.97 亿。2006—2012 年,共有 61 家新三板挂牌公司实施了 54 次定向增发,合计增发 4.62 亿股,共募资 23.11 亿元。从历年数据上看,近年挂牌公司的定向增发数量正迅速发展,发行规模上也呈直线上升。[①]

【知识拓展】

新三板给企业带来的价值:

1) 增加企业融资渠道

挂牌新三板能增加企业的融资渠道,包括债券融资、股权融资、银行信贷等;有利于企业以更低的成本融资。

2) 提供阳光化、规范化的股份转让平台

该系统为企业的股份提供有序的转让平台,有利于提高股份的流动性,完善企业的资本结构,提高企业自身抗风险的能力,促进企业规范发展,增强企业的发展后劲;有利于完善公司股份转让和退出机制;有利于实现股权资产的增值。

---

① 三板汇,http://sanbanhui.com/.

3) 反映挂牌公司股份的价值

新三板作为全国统一场外市场，通过市场价格反映公司股份的价值，方面使得股东持有股份的价值得到充分反映，另一方面解决了投资者的退出渠道问题。

4) 提高公司治理水平

挂牌新三板有利于提升公司治理和管理水平。挂牌过程中，各类中介机构会帮助企业建立和完善现代化企业管理机制，为后续资本运作打下基础。

5) 提升公司形象、促进公司业务，为公司参与行业整合提供新手段

挂牌新三板有利于树立企业品牌，改善企业形象，提高挂牌企业的知名度，更有效开阔市场，促进公司业务发展。

6) 提供高效、低成本的股权激励平台，助企业引进、稳定核心员工

新三板落户之后，必将吸引各地风投、创投机构汇集，推动 VC、PE 等扎堆发展，解决中小微型企业融资难问题。这是因为"新三板"增加了 PE 退出渠道，是 IPO 之外的有益补充，对投资"新三板"挂牌公司的私募股权基金来说，成为一种资本退出的新方式，挂牌企业也因此成为私募股权基金的另一投资热点。有实力的物流企业应积极在新三板挂牌，拓宽融资渠道的同时，提高物流企业的治理水平。

6.3.2 区域性股权交易市场(地方 OTC)

地方股权交易市场主要指由地方政府主导的区域性股权交易和转让市场，它为特定区域内的企业提供股权、债券的转让和融资服务的私募市场，是我国多层次资本市场的重要组成部分，亦是中国多层次资本市场建设中必不可少的部分。对于促进企业特别是中小微企业股权交易和融资，鼓励科技创新和激活民间资本，加强对实体经济薄弱环节的支持，具有积极作用。

1. 区域性股权交易市场的组建模式

1) 产权交易机构主导模式

产权交易机构主导的股权交易市场，一般采用由产权交易机构联合区域内大型国有投融资平台、投资公司、金融机构等共同设立，如天津股权交易所是由天津产权交易中心主导成立，武汉股权托管交易中心是由武汉光谷联合产权交易所发起，目前仍在筹备中的北京股权交易所和福建海峡股权交易所，则分别由北京产权交易所和福建省产权交易中心发起。

2) 地方政府主导的事业单位模式

此类区域股权市场由地方政府负责监管，部分地方为了便于市场监管和实际控制，由地方金融设立事业单位性质的区域股权交易机构，如齐鲁股权交易托管中心、重庆股份转让中心。

3) 地方国企主导模式

部分区域股权交易市场基于原来产权交易机构的股权交易平台，通过向当地大型国有投资公司、券商等机构增资扩股，变成由地方国有企业控股的公司制平台，产权交易机构仅参与或完全退出，如上海股权托管交易中心、浙江股权交易中心、广州股权交易中心。

4) 券商主导模式

目前有部分券商不仅是参与，而且计划自行主导区域股权市场，如重庆股权转让中心、前海股权交易中心。前海股权交易中心前身是深圳联合产权交易所旗下深圳新产业技术产权交易所，后通过增资扩股，深圳联合产权交易所完全退出，中信证券、国信证券、安信证券共同成为前海股权交易中心主导者。

无论是何种组建模式，证券公司在区域性股权交易市场中均有广泛参与。尤其是2012年9月证监会出台《关于规范证券公司参与区域性股权交易市场的指导意见(试行)》，为券商参与地方OTC建设提供了直接的政策支持。

2. 区域性股权交易市场对挂牌企业的意义

1) 推动企业股份制改造，完善治理结构、规范企业运作

交易市场可利用券商、PE基金、会计师事务所、律师事务所等会员机构，帮助挂牌企业改善股权机构及治理机制，进而推动企业未来登陆主板、创业板等。

2) 为企业股权提供流动性

通过股权合法、有序转让，使企业实现股权的流动和增值，进而实现股东或投资者变现。

3) 为挂牌企业提供多样化融资渠道

如定向增发、私募融资、信用贷款、股权质押贷款、中小企业私募债等，这也是区域性股权交易市场最主要的功能。区域性股权市场聚集大量的机构投资者和民间资本，帮助企业引入投资者，实现定向直接融资。通过与银行等金融机构的合作，为企业间接融资提供支持。

【知识拓展】

除了典型的私募股权融资方式，债权融资也成为越来越重要的融资方式。比如，齐鲁股权交易中心目前共与18家银行达成战略合作，能够为企业提供授信额度90亿元；上海股交中心也已联合多家商业银行合作，为挂牌企业提供授信额度达30亿元。

股权质押业务也得到快速发展，如重庆股权转让中心截至目前则已为挂牌企业累计实现股权质押贷款81.35亿元。广州股权交易中心将该业务作为发展重点，截至2012年5月底，该市场68家挂牌企业实现融资10.04亿元，其中15家挂牌企业实现增资扩股1.645亿元，其余主要为股权质押融资。

私募债也成为区域性股权市场较具潜力的创新业务。2012年11月，由浙商银行主承销

的报喜鸟集团有限公司私募债在浙江股权交易中心挂牌发行。这是该市场第一单私募债券，也是全国各股权交易市场的首例。此后，前海股权交易中心也发行过两只私募债产品，上海股权托管交易中心也在酝酿发行中小企业私募债。

(资料来源：投中集团，ChinaVenture)

【实例6-6】

区域性股权交易市场发展概况

2008年，天津先后设立两家独立的股权交易所即天津股权交易所和天津滨海国际股权交易所。2008年9月，天津股权交易所(下称"天交所")在滨海新区注册并于12月26日开盘，拉开了区域性场外交易市场发展的序幕。天津股权交易所采用公司制运营方式，主要为"两高两非"(高新区内高新技术企业、非上市非公众公司)企业股权和股权私募基金的份额流动提供规范有效的场所，其服务对象主要是高成长、高科技类企业和股权投资机构。截至2012年2月15日，天交所累计挂牌企业已达133家，总市值达到142亿元。这一市值规模已超越目前的以中关村园区为基础的代办股份转让市场。

天津滨海国际股权交易所定位于专业从事企业股权投融资信息交易的第三方服务平台，其股权交易范围有进一步的扩展。全国各地的股份公司和有限责任公司，包括种子期、成长期以及成熟期各个阶段的企业，只要企业能够满足天交所的挂牌条件，均可申请挂牌。在天津滨海国际股权交易所内，股权私募投资机构可以通过成为投资会员而对挂牌融资项目进行摘牌投资，亦可以发布募资信息，还可以将所持有的企业股权挂牌转让。

除了被视为新三板直接对手的天交所之外，全国各地的场外交易市场亦于随后遍地开花。重庆股份转让中心2009年12月27日挂牌成立，其具体职责包括培育挂牌企业资源、促进企业改制、推荐企业进入代办股份转让系统挂牌、根据授权对挂牌企业进行监管、防范化解风险等方面，并建立了具有特色的非上市公司股份电子报价转让平台。重庆股份转让中心现有16家挂牌企业，2011年已有7家企业通过定向增资实现直接融资1.27亿元，成为继天交所之后的又一股不可忽视的场外交易市场力量。

2012年2月15日，上海股权托管交易中心正式挂牌首批18家非上市股份公司。依托长三角丰富的企业资源，上海版OTC有望成为全国最大规模场外交易市场。

除了上述具备国家明确政策的天津、重庆、武汉等以外，安徽、浙江、河北、福建、四川等地也已经或者有意向搭建此类平台，并且推动力量大多是当地产权交易机构。截至2013年6月份已有10家区域性股权市场正式开业，挂牌企业超过2 000家。对比不同地区的股权交易市场，挂牌企业"门槛"、投资者资格要求、挂牌审批机制、交易规则等层面均有不同，进而导致不同市场挂牌企业数量出现较大差异。

截至2013年6月，地方股权交易市场挂牌情况如表6-4所示。

表6-4 截至2013年6月地方股权交易市场挂牌情况

地方股权交易市场	首次挂牌时间	挂牌企业数量(截至2013年6月)
天津股权交易所	2008-09-22	292
重庆股权转让中心	2009-12-27	97
湖南股权交易所	2010-12-06	7
齐鲁股权托管交易中心	2010-12-29	144
武汉股权托管交易中心	2011-11-17	36
上海股权托管交易中心	2012-02-15	57
广州股权交易中心	2012-08-09	238
浙江股权交易所	2012-09-03	75
辽宁股权交易中心	2013-02-07	41
前海股权交易中心	2013-05-30	1 208

(数据来源：投中集团，ChinaVenture)

6.3.3 产权交易所

产权交易所是固定地、有组织地进行产权转让的场所，是依法设立的、不以营利为目的的法人组织。产权交易所作为产权交易的中介服务机构，它本身并不参与产权交易，只是为产权交易双方提供必要的场所与设施及交易规则，保证产权交易过程顺利进行。产权交易所的职能一般包括：为产权交易提供场所和设施；组织产权交易活动；审查产权交易出让方和受让方的资格及转让行为的合法性；为产权交易双方提供信息等中介服务；根据国家的有关规定对产权交易活动进行监管。

产权交易市场原则是指为企业的厂房、机械设备和知识产权等实物资产提供交易平台的市场，但实际上许多产权交易中心也同时为公司提供股权交易服务，地方产权交易中心和股权交易市场呈现出现融合并进的发展趋势。

产权交易市场是目前我国场外股权交易市场体系中存在时间最长、规模最大的市场之一，由全国200多家产权交易机构组成，遍布全国各地。近年来，我国产权市场交易规模逐年增长，保持了良好的发展势头。成交宗数从2004年的23 025宗增长到2007年的35 781宗，增长了55.4%，年均复合增长率达15.8%；成交金额从1 913.84亿元增长到3 512.58亿元，增幅达到83.6%，年均复合增长率达22.4%。[①]而随着经济的发展和市场规模的扩大，各个产权交易机构根据市场需求，采用先进的计算机和互联网技术，不断进行业务创新，在区域联动、交易品种和交易方式上都得到了新的发展。

---

① 中国场外股权交易市场体系及前景分析. 投资界, http://research.pedaily.cn/200902/2009022458962.shtml.

当前，产权交易机构区域合作进一步加强，出现了产权交易中心与股权交易市场融合并进的趋势。如2002年由天津产权交易中心等19个省市区的61家产权交易机构组成的"北方产权交易共同市场"，2004年由西部(陕西)产权交易所等7家产权交易机构发起成立的"西部产权交易共同市场"等。区域共同市场通过共同的信息平台披露共同市场内所有产权交易信息，实行统一的交易规则，促进了不同产权交易机构的信息共享，推动了产权在异地之间的流动。

为更好地针对中小企业融资提供服务，不少产权交易机构设置专门分支机构或以新的方式开展了非国有产权、股权的转让事宜为中小企业资本的融资提供了极大的帮助。如上海联合产权交易所浦东张江分所、天津产权交易中心股权托管交易市场、西安技术产权交易中心中联产权报价系统、河南省技术产权交易所股权交易市场等已开展代办托管股份报价转让业务。还有一些产权交易机构设置了专门为高新技术类企业提供股权融资的交易区，如浙江产权交易所的高新交易区、深圳高新技术产权交易中心的华南国际技术产权交易中心、江苏省产权交易所的成长型企业和创业投资服务平台等。这些平台的设置为成长型企业和高科技类中小企业的股权融资提供了通道，推动了成长型、高科技类中小企业的发展。

此外，产权交易的交易机制渐趋合理。产权市场交易方式主要有协议转让拍卖、招投标以及网络竞价等方式。随着非国有产权交易需求的增加，产权交易方式的结构也渐趋合理。其中协议议价成交项目占比逐年下降，而网络竞价成交项目占比逐年上升。江西省产权交易所、黑龙江省产权交易中心、内蒙古产权交易中心、西部产权交易所、安徽产权交易所等相继开通电子竞价交易系统，越来越多的产权交易机构通过电子竞价交易系统实现了异地交易。不仅如此，各地产权交易机构还在竞价模式方面不断创新，引入"两轮竞价""密封竞价"等竞价方式。

6.3.4 物流产业投资基金和创投服务

1. 物流产业投资基金

在经济全球化的大背景下，融资问题依然是物流产业的升级与发展的关键之一。一方面，物流产业结构的调整需要大量的资金支持，用于兼并和收购以培育物流骨干企业，通过规模效应构成企业的核心竞争力；另一方面，中小物流企业长期存在融资困难，而物流新技术应用、设施设备升级、市场拓展等都需要大量的资金投入。这类强劲的融资需求，难以通过银行信贷或企业自身资本积累等方式来解决。

产业投资基金(Industry Investment Fund)是一个中国特有的概念，国外通常称为风险投资基金(VC)和私募股权投资基金(PE)，一般是指向具有高增长潜力的未上市企业进行股权或准股权投资，并参与被投资企业的经营管理，以期所投资企业发育成熟后通过股权转让实现资本增值。产业投资基金作为直接投资基金的一种，已经成为发达国家金融体系的核心。

建立面向物流企业的产业投资基金，其优点表现在：一是能够吸引社会资金和居民手持现金用于发展物流行业,缓解物流企业资金的不足;二是在物流企业的建设发展过程中不必集中偿付大量本息,降低物流基础设施建设的负债率,降低物流项目融资成本;三是具有理财的特点,避免投资的盲目性。面向物流企业的发展基金和风险资金投资于物流基础项目,经过可行性研究和管理,能有效控制投资成本,风险小,投资回报安全,能够确保投资者的利益。[①]

面向物流企业的产业投资基金有两种形式:一种是已经上市的投资基金,其资金来源是面向社会公众公开募集;另一种是未上市的投资基金,其资金来源由一定的财政补贴及大中型国有企业、私有企业与私人的多元化投资组成。目前,我国居民储蓄充足,而企业积累不足,大量的闲散资金没有得到充分的利用,应适时建立财政融资体系,以国家信用作担保,设立专门的金融机构,筹集民间闲散资金,为我国物流企业的发展提供充足的资金来源和良好的融资机会。

物流产业投资基金具有可操作性。近年来,国家先后出台一系列有关产业投资基金管理的法律、法规,投资基金将随着我国经济的发展进入一个新的发展阶段。我们可以借鉴证券投资基金的管理模式,管理面向物流企业的发展基金和风险基金,将资金直接投资物流基础设施建设项目。投资者可以长期持有或转让发展基金和风险基金,持有者获得长期投资收益,这也有利于培养我国国民的长期投资意识。

物流产业投资基金的创立流程如图 6-3 所示。

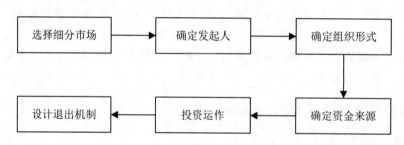

图 6-3 物流产业投资基金的创立流程

(1) 细分市场及发起人。

① 物流基础设施融资:此类项目投入资金大,回收周期长,回报率低,难以吸引追求高风险高回报的民间资本和外资,应当以政府和国有商业银行以及国开行等政策性银行投资为主。

② 物流企业并购融资:此类项目投入资金大,周期短,高风险、高回报,政府不宜参与此类项目,以吸引民间资本、境外资本为主。

③ 物流企业发展融资:主要将资金用于技术设备更新、市场拓展等,风险较高,回

---

① 陆其伟. 创新物流企业融资渠道研究[J]. 重庆交通大学学报(社科版), 2007(10).

报率也高，要求具有较高的管理水平，可吸引大型物流企业、供应链管理公司、民间资本等。

④ 物流金融(供应链金融)：针对供应链上下游企业运营过程中的短期融资需求，市场需求潜力巨大，需要专业的物流以及供应链管理团队与金融机构合作才能控制好风险，因此适宜吸引具有较高的风险管理能力的金融机构或者追求高风险的民间资本。

(2) 组织形式：主要分为3类，即有限合伙制(Limited Partnership，LP)、公司制和基金信托制。

(3) 资金来源：保险公司、商业银行、国开行、社保基金、民间资本以及海外资本。

【知识拓展】

我国目前已成立的产业投资基金中，渤海产业投资基金，资金主要来源于全国社保基金理事会、中银国际、泰达控股、邮政储蓄银行、中国人寿保险公司以及天津津能投资控股有限公司；而2010年成立的皖江物流产业投资基金的资金则来源于东方富海、淮南矿业集团、南翔万商、奇瑞公司、鼎晖投资公司；重庆物流产业投资金也表示将吸引包括社保、保险等资金。

(4) 退出机制：传统的退出方式主要有上市(IPO)、并购、回购和清算。新三板扩容后，也为物流产业投资基金提供了新的渠道。

2012年9月，中国首支供应链金融服务专项基金成立，该基金主要涉及预付款融资、订单融资、仓单质押以及应收账款融资等物流金融业务，由广易发投资基金管理有限公司进行专业化管理，委托银行监管资金用途。供应链金融服务专项基金为推动基金公司、供应链核心企业、上下游企业三方之间在供应链金融业务方面实质性的合作，提供了低成本、低风险的实时解决方案，为中小企业提供更多融资服务，携手打造真正的"共赢链"。

2. 物流创投服务

创投是创业投资的简称。物流创投服务，主要是指资本实力雄厚的平台类物流企业、大中型物流企业以及新兴供应链集成服务提供商，在为供应链上下游小微企业提供服务过程中，发现优质中小客户，对这些客户提供创投服务，或者非上市的股权投资服务。

首先该类中小企业客户均拥有自身的核心竞争力、良好的发展前景和盈利状况以及爆发式增长速度，而短期内却遭遇资金瓶颈。因此，该类企业也往往是专业私募股权投资机构的优先争夺投资对象。物流金融服务商从事的是供应链上下游的交易，全面参与到企业的生产运营过程，对企业的定位及发展前景具有更精准的了解，这是创投、私募股权投资机构等无法拥有的天然优势。

因此，物流金融服务上可以参股等形式进行合作，帮助其更快发展甚至上市，而且还可以联合银行、保险等金融机构为投资对象提供物流银行、物流保险以及物流投行等全方位的物流金融服务，迅速帮助企业做大做强。

本 章 小 结

物流企业想要做大做强需要资本市场，中小物流企业想要解决融资问题也需要资本市场。如今，我国仅有少数大型物流企业能够上市融资，远远不能满足整个物流行业发展扩张的需要，中小物流企业通过资本市场融资的渠道很窄。目前，物流企业通过资本市场解决融资问题的渠道包括债券融资、股权融资、融资租赁、发展基金和风险基金等。对拥有一定资产规模、具备信用等级和有发展潜力的大型物流企业，可以审批发行不同期限的企业债券筹措资金，探索物流企业发行企业债券的渠道。大型上市物流企业可选择的债券融资工具包括公司债、企业债等；中小物流企业可选择的债券融资工具包括短期融资券、中小企业集合债、中小企业集合票据、中小企业私募债、资产支持票据等。对股权融资方式来说，我国股票市场对于申请发行股票的企业都有一定的条件要求，因此对大多数中小企业来说，较难达到上市发行股票的门槛。私募成为中小物流企业进行股权融资的主要方式，包括地方产权交易所、产权交易所、投资基金和物流创投服务等。

课 后 习 题

一、选择题

1. 资本市场交易对象包括(   )。
   A. 中长期信用工具　　　　　　　　　B. 股票
   C. 短期信贷　　　　　　　　　　　　D. 债券
2. 我国典型的资本市场包括(   )。
   A. 国债市场　　　　　　　　　　　　B. 股票市场
   C. 企业中长期债券市场　　　　　　　D. 中长期放贷市场
3. 资本市场的特点包括(   )。
   A. 资本市场是价值交换的市场　　　　B. 资本市场是相对理想的竞争性市场
   C. 资本市场是物质化市场　　　　　　D. 资本市场是信息市场
4. 债券融资的优势有(   )。
   A. 规模大，具有持续滚动融资的便利性　B. 资金使用期限较长
   C. 融资成本相对低廉　　　　　　　　D. 受偿权在股权之后
5. 我国多层次的资本市场体系包括(   )。
   A. 中小板　　　　　　　　　　　　　B. 地方产权交易所
   C. 地方股权交易所　　　　　　　　　D. 沪深主板

二、名词解释

1. 资本市场
2. 债券融资
3. 股权融资
4. 新三板
5. 产权交易所
6. 物流创投服务

三、简答题

1. 简述资本市场的概念、特点及功能。
2. 阐述物流业与资本市场的相互作用。
3. 结合所学内容，归纳物流业通过资本市场进行融资的渠道。
4. 简述债券融资的工具，并分析主要的债券融资工具。
5. 简述我国的多层次资本市场体系结构。
6. 简述物流产业投资基金的优势及物流创投服务的概念。

四、案例分析

全国首家公路物流交易所——广州物流交易所

2011年11月8日，国内首家以公路物流交易为主，逐步开展航海、航空、铁路物流交易的综合性专业机构——广州物流交易所正式开业。

广州物流交易所是由广州交易所集团和广东林安物流集团共同发起，经广州市人民政府批准设立的从事物流交易和产权交易的综合交易机构。本所根据国家、省、市的有关法律、法规和政策，秉承"公开、公平、公正"的原则，本着"诚实守信、等价互利、优质高效、规范有序"的宗旨，借助现代电子技术和互联网、物联网等高科技手段，提供物流信息交易、物流交易结算、运输设备交易、物流项目招投标、融资咨询等专业服务。

广州物流交易所刈交易各方进行严格的资格审查，有利于保障交易的诚信；对运费和货款提供免费结算服务，有利于保障物流和资金安全；提供投资融资咨询和仓单融资服务，有利于缓解企业融资需求难题。

广州物流交易所旨在发挥广州中心城市的聚集和辐射功能，以物流集中信息化交易的手段，打造广州高端物流服务业，并带动物流、金融、保险、商贸、投资融资等综合服务业态向规范化、市场化高效发展，深度解决流动性和融资性难题。

广州物流交易所将充分利用广交所集团的交易平台优势和广东林安物流集团在物流行

业管理运营方面的经验，实现资源整合、互补，依托现代资讯技术，致力于打造第三方物流交易公共服务平台，为物流企业提供物流信息交易、物流设备交易、物流项目招投标、物流资金监管、物流业产权转让、企业并购、融资咨询等专业服务，从而加快企业物流信息对接、提高物流效率、降低物流成本、解决融资难题，促进广州物流向高端服务业发展。

八大专业服务功能平台

1. 物流信息席位交易平台

注册席位会员利用网上物流信息平台发布物流信息，采取面谈或电话洽谈的交易方式，集中支付和结算，保障交易各方权益，以满足席位会员及承运人物流信息交易的需求。

2. 物流信息网上交易平台

利用网上物流信息平台，全天候24小时服务。客户可进入网上交易大厅以电子化交易和远程支付方式，直接在网上撮合完成物流信息交易，以满足物流信息交易各方的实时需求。

3. 资金监管与结算平台

为交易各方提供专业的资金监管与结算功能平台，解决交易过程中的信用缺失问题，加快资金流转，确保资金安全，保障客户权益，控制交易风险。

4. 承运报价网上交易平台

为批量货物运输需求的托运人，以公开市场竞争方式寻找承运人，提供服务平台。利用交易平台网上电子系统组织承运意向人网上报价，价格低者将被确认为承运人，体现"公平、公正、公开"的交易原则。

5. 产权交易平台

提供物流企业的资产、股权、债权、知识产权以及各种运输、仓储、配送、包装等生产线、工具和设备等实物资产或其他权益的交易平台。运用成熟的市场网络、专业化服务，采取各种交易手段，促进物流产权的优化配置。

6. 招商引资平台

提供专业的招商引资信息平台，为各方需求者提供经营租赁、融资租赁等专业服务；借助产权交易完善的市场网络，运用专家评审机制，为企业招募战略合作者，为各类投资者在招商引资活动中发现获利机会。

7. 仓单交易、融资平台

依托成熟的客户网络、凭借专业的服务，为需求方提供仓单交易、质押等融资服务，切实为企业解决融资难的问题，促进企业零库存化，加快企业转型升级和持续规模化发展。

8. 物流项目招标平台

利用信息平台的聚集和辐射功能，对大宗物流项目提供招标服务，以满足长期、稳定、大宗物流项目的交易需求，减少物流成本，提高物流效率。

产权交易业务流程如图 6-4 所示。

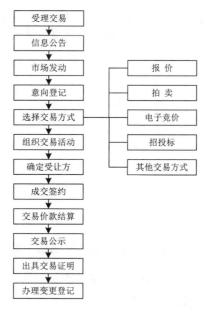

图 6-4　产权交易业务流程图

(资料来源：广州物流交易所网站，http://www.gzle.cn/)

思考题：

1. 广州物流交易所为物流企业提供了哪些物流增值服务？
2. 谈谈广州物流交易所的成立对解决物流企业融资难的意义。
3. 从广州物流交易所的业务模式中，你能获得哪些启示？

第7章　物流业与保险市场

教学目标

- 了解物流保险市场概况和物流保险市场供需状况,掌握物流业面临的风险;
- 了解短期贸易信用保险的概念、优势;
- 掌握物流保险的种类、特征和职能,以及物流保险与物流业发展的相互作用;
- 了解中小企业贷款保证保险的基本概念和建立中小企业贷款保证保险的总体思路,掌握建立中小企业贷款保证保险的意义。

【案例导入】

运输保险理赔遭遇代位追偿纠纷

被投诉对象:太平洋财产保险股份有限公司广东分公司

被投诉产品:国内货物运输预约保险

投诉线索:承运人购买国内货物运输预约保险后,于2009年发生货物运输事故,直至今日,承运人仍未得到保险公司赔付。

诉求:太平洋财产保险股份有限公司广东分公司对2009年发生的承运环网开关柜因装卸造成损坏的事件,按照保险合同进行理赔,赔付72 920.95元。

事件经过:2009年7月,一位北京的发货人委托京石物流公司将4台环网开关柜及其9件配件运到广东清远,价值76万多元。货物在京石物流有限公司档口卸货时,由于挂车司机操作不慎,导致两台环网开关柜分别向左右两边倒下来,直接撞击地面,导致两台环网开关柜严重变形。事后,经检验,本案实际损失为15万余元。经协议,京石物流一次性赔付托运方。而根据此前京石物流与太平洋财产保险股份有限公司广东分公司签署的保险协议进行计算,保险公司应赔付京石物流72 920.95元。但至今未赔付。

事主说:保险公司拖欠物流公司理赔款近四年。

2009年5月,京石物流与中国太平洋财产保险股份有限公司广东分公司,签署国内货物运输预约保险协议,保险条件为全年预计保费16万元,全年保额2亿元。但是,2009年7月,在符合保险协议中要求的相关条件下发生的货物损失,保险公司拖至2013不予理赔。而且保险公司甚至表示,此次理赔事件已过理赔时间。实际上,京石物流一直都在积极配合保险公司要求,不断提交符合保险公司要求的相关资料。这些都是需要时间的。并且从未在要求时间内主动放弃理赔。

此外,保险公司还要求与另外一单货物损失事件合二为一进行处理。实际上,这一单货物损失事件中，货主广州市商业储运公司并未在京石物流公司投保，发生了其价值30多万的药品被盗事件，公司鉴于双方合作多年，已经酌情超额赔付3万多元。而保险公司承保其货运险，赔付其33.8万元。京石物流认为，太平洋保险再向公司代位追偿30多万元是不合理的。况且两件案子，一码归一码。不接收被动的合并处理。

当事方说：与另案代位追偿相抵，物流方还欠26.6万元。

中国太平洋财产保险股份有限公司广东分公司(下称分公司)于2009年，协议承保京石物流货运险，就在当年的8月2日京石物流承运环网开关柜因装卸造成损坏。接报案后分公司即委托公估公司查勘定损，而京石物流在未通知我公司及公估人的情况下，将所损坏的开关柜运往清远检测。货主事后出具两份不同金额的检修和赔款证明，分公司的公估人对此提出异议，要求京石提供运单、事故证明、货物价值、损坏金额依据等索赔资料。直至2011年8月京石才陆续交来部分资料。根据资料定损，理算金额为7.2万。

而在此期间，2011年3月，分公司承保的广州市商业储运公司(由京石物流承运)货运险发生药品被盗损失事件，分公司赔付33.8万，并取得代位求偿权，向责任人京石物流追偿33.8万元，但京石物流不予理睬。

分公司曾提议将两次案件相抵后，京石物流另行赔付26.6万元。但遭其拒绝。为最终了结此案，公司同意理赔开关柜案，并启动向京石追偿的法律程序。至此，针对理算金额为7.2万的赔付事项中所需的京石物流提供的权益转让书，至今还未被提交至分公司。

律师说法：两个不同案件不应合并处理。

根据保险法第六十条的规定，"因第三者对保险标的的损害而造成保险事故的，保险人自向被保险人赔偿保险金之日起，在赔偿金额范围内代位行使被保险人对第三者请求赔偿的权利。"因此本案中保险公司在向发货人支付了保险金后是有权向第三方即物流公司追偿的。但问题是，保险公司向发货人赔付的金额并非一定是物流公司需要向保险公司赔付的数额，因为对于物流公司与发货人之间而言，能否确定丢失货物的价值至关重要。另外，物流公司也可以以自己所占过错的比例来要求减少向保险公司支付赔偿的数额。

对于保险公司所称的2009年货物运输事故的赔付事件，与这次药品的丢失赔付事件属于两件不同的案件，在物流公司并未放弃要求保险公司支付保险金72 920.95元的前提下，保险公司应该要履行义务，进行赔付。

(资料来源：南方都市报)

想一想：

1. 你认为京石物流公司在发生货损和货失时应该怎么做？
2. 你认为物流保险在物流活动中起什么作用？
3. 除了案例中提到的物流保险，你还知道哪些物流保险品种？

随着现代物流业的迅猛发展，物流企业需要为供应链上下游的企业提供更加完善、全面的服务，不仅仅局限于物流，还包括信息流以及资金流，因此面临风险也日益增多。人们也开始意识到物流活动中保险服务的重要性，亟须相应的物流保险品种以分散自身风险。本章主要介绍了物流保险市场的概况及物流保险的基本知识，讨论了物流保险的职能和物流与保险之间的关系。除传统物流保险外，本章还介绍了短期贸易信用保险和中小企业贷款保证保险。

7.1 物流保险市场概述

物流保险市场是保险市场的一个组成部分，它有广义和狭义之分。狭义的物流保险市场是人们进行物流保险经济活动的场所。广义的物流保险市场是指物流保险产品交换关系的总和或者物流保险产品供给与需求的总和。在物流保险市场上，交易的对象是保险人为消费者所面临的风险提供的各种保障。

7.1.1 物流保险市场构成要素

1. 物流保险市场的主体

物流保险市场的主体是指物流保险市场交易活动的参与者，包括保险商品的供给方和需求方以及保险市场的中介方。

物流保险商品供给方是指在保险市场上提供各类物流保险商品，承担、分散和转移他人物流风险的各类保险人。它们以各种保险组织形式出现在物流保险市场上，通常它们必须是经过国家有关部门审查认可并获准专门经营保险业务的法人组织。在物流保险市场运行过程中，完善的组织结构和供给主体是先决条件，也是保险市场发育成熟度的主要标志。

物流保险商品需求方是指面临特定的物流风险威胁，期望获得保险保障，并具有一定支付能力和消费理念的经济主体。只有大量需求方的存在，才能使保险的基本原理"大数法则"得以实现，才能满足风险分散的要求，因此，它们是保险市场生存和发展的前提。

物流保险市场中介方既包括活动于保险人与投保人之间，促成双方达成交易的媒介人(如保险代理人、保险经纪人)，也包括独立于保险人与投保人之外，以第三者身份处理保险合同当事人委托办理的有关保险业务的公证、鉴定、理算、精算等事项的人(如保险公估人、保险理算师、保险精算师、保险验船师)。物流保险市场中介方是物流保险市场有效运行的保证。

【知识拓展】

大数法则又称"大数定律"或"平均法则"。人们在长期的实践中发现，在随机现象的大量重复中往往出现几乎必然的规律，即大数法则。概率论的大数法则是保险人计算保险费率的基础，只有承保大量的风险单位，大数法则才能显示其作用。保险公司正是利用在个别情形下存在的不确定性将在大数中消失的这种规则性，来分析承保标的发生损失的相对稳定性。按照大数法则，保险公司承保的每类标的数目必须足够大，否则缺少一定的数量基础，就不能产生所需要的数量规律。但是，任何一家保险公司都有它的局限性，即承保的具有同一风险性质的单位是有限的，这就需要通过再保险来扩大风险单位及风险分散面。

(资料来源：http://baike.baidu.com/)

2. 物流保险市场的客体

物流保险市场的客体是指物流保险市场上供求双方具体交易的对象，即物流相关保险商品。保险商品实质上是保险人提供的保险经济保障，只有在约定风险发生或约定期限届满时，保险商品才会发挥其经济补偿或给付的作用，而不像一般实物商品那样可以实质性地感受到其价值和使用价值。

3. 物流保险市场的交易价格

物流保险市场的交易价格即保险费率，它是调节保险市场活动的经济杠杆。保险费率的确定比一般商品的定价困难许多。在保险经营中，损失赔偿支出是事后发生的，不能在收取保费时事先精确测定。因此，保险费率是一个受制于风险损失概率及需求主体预期效用的变量，其确定难度较高。尽管如此，通过长期的市场实践，各类保险已经形成了应有的合理费率水平。

7.1.2 物流保险市场供求分析

1. 物流企业对物流保险的需求分析

我国经济的快速发展对我国的空、海、陆等交通运输有着极大的拉动作用，对物流的需求量越来越大，并对物流企业的经营能力和服务水平提出了新的要求，物流需求要求物流企业能够将客户所需求的货物准时、高效、安全、保质保量地发送到收货人手中，而当前物流市场的保险现状让物流企业的客户更期待物流手续的简单化、高效化、价格合理化等。为了满足客户的要求，物流活动在经营过程中所面临的环节以及风险越来越多，其中大多数风险是企业无法预知的。为了减少物流企业在不同环节中所面临的风险损失，物流企业把物流活动在不同环节中的保险范围逐步扩大，对物流保险的需求量逐步增大，对保险公司的保险能力等的期待也与日俱增，物流保险险种多样化便成为物流保险市场迫切需要解决的问题。

2. 保险公司对物流保险的供给分析

近年来，第三方物流在我国取得了长足的发展，例如宝供物流、中远物流等，而物流的发展很大程度上推动了第三方物流企业的发展，并给他们带来了不可预知的风险挑战。

保险公司抓住了这一商机,并通过及时地与物流企业洽谈,对物流企业进行物流保险的承接,与物流企业实现互利共赢。但是由于我国物流保险还处于初步发展阶段,物流保险险种比较单一、投入不足,以及物流保险险种本身还存在着诸多需要改善的地方。物流保险市场的发展前景非常可观。

7.1.3 物流业的风险分析

物流行业在经营的整个过程之中随时随地都会面临不同程度的风险,其风险主要表现为:一是物流企业在采取不同的运输方式如海运、空运、陆运等时,所面临的自然灾害所带来的损失;二是物流企业在对产品等进行存储、加工等过程中面临火灾等意外事故所带来的损失;三是从物流金融的角度来说,企业在贸易、融资等活动中面临的信用风险。一个完整的物流活动在不同的环节都会给物流活动的供需双方带来一定的风险,其风险表现在物流活动的每一个环节,如图 7-1 所示。

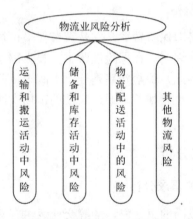

图 7-1 物流业的风险分析

1. 物流运输和搬运活动中的风险

由于现代物流在位移上的移动变化较大,在运输方式上也各有不同,可以是单一的海运、陆运或空运,也可能是不同运输方式的组合,在这种情况下,由于自然灾害以及意外事故的不可预知性,会给物流活动在运输以及搬运过程中带来不同程度的风险隐患,而这些风险则会给物流企业带来因消除风险所需的额外的费用。

2. 物流储备和库存活动中的风险

在物流企业对物流活动中的产品进行储备或者库存时,会面临各种灾害或者事故带来的风险损失,而每个物流企业所服务的产品各有不同,不同的产品对库存设备以及库存管理模式的要求有所不同,不当的设备以及库存管理方式也会在一定程度上加大物流企业在这一方面的风险损失。

3. 物流配送活动中的风险

物流企业的综合服务能力在很大程度上取决于物流企业是否能够及时保质保量地把客户所需要的产品送到客户手中。物流企业在配送活动中面临运输、装卸搬运、包装等环节的风险，这些风险会导致物流企业的服务水平大打折扣从而带来损失。

4. 其他风险

从物流金融的角度来看，企业在贸易活动中采取赊销方式时，面临下游企业拖欠应收账款的风险，这对企业的资金流造成了很大影响。此外，中小企业在向银行申请贷款时面临重重阻碍，主要原因是银行业担心中小企业的信用。以上两种风险都需要相应的保险产品来化解。

7.2 物流保险

物流保险广义上是指投保人根据货物运输保险的合同约定向保险人支付保险费，保险人对于合同约定的投保人因可能发生的事故造成的财产损失或人身伤亡而承担赔偿或给付保险金责任的商业保险行为，包括传统的货物运输保险和物流货物、责任以及综合保险。狭义的物流保险，专指物流货物保险、物流责任险以及物流综合险。

7.2.1 物流保险的关系人及其权利义务

1. 物流保险的关系人

物流保险的关系人有保险人(insurer)、被保险人(insured)与投保人(applicant)。

(1) 保险人是指收取保险费，并在约定的情况下，负责给予约定赔偿的人。保险人可以是法人，也可以是自然人，在我国是指保险公司的法人。

(2) 被保险人是指在物流保险中，在出险后接受赔偿的一方当事人。在跨国物流中，被保险人通常是货物的所有人或收货人。

(3) 投保人也被称为要保人，在物流保险中，投保人就是申请保险的人。在一般情况下，投保人就是被保险人，在订立保险合同时，他们是投保人；在保险合同生效后，他们是被保险人。但是，投保人也可能代替被保险人办理投保手续，这样，被保险人与投保人就分别是不同的两个独立当事人。

保险中的基本关系是保险人与被保险人的权利义务关系。

2. 物流保险中的权利义务

由于权利义务的对应关系，我们主要阐述当事人的义务，与其对应的则是对方当事人的权利，如表7-1所示。

表 7-1　物流保险中的权利义务

投保人的义务	保险人的义务
告知义务	通知义务
交付保费的义务	危险减少时减收保险费的义务
危险增加的通知义务	保险金给付义务
安全维护及施救义务	保险事故发生后的其他保险给付义务
保险事故发生的通知义务	保密义务
提供资料或其他证据的义务	

1) 投保人的义务

依据《保险法》的有关规定，物流保险的投保人的义务主要有：

(1) 告知义务。投保人的告知义务是指保险合同订立时，投保人应当向保险人作出与保险事项有关的各种口头的或者书面的陈述。我国《保险法》第十七条确立了告知义务制度："订立保险合同，保险人……可以就保险标的或者被保险人的有关情况提出询问，投保人应当如实告知。"

(2) 交付保费的义务。我国《保险法》第十四条规定："保险合同成立后，投保人按照约定交付保险费；保险人按照约定的时间开始承担保险责任。"保险费是投保人交付于保险人作为其负担风险代价的金钱，投保人交付保险费是保险合同中投保人的主要义务。保险合同约定一次性交付保险费的，投保人应当在保险合同成立时一次交清；采用分期交付方式的，投保人应当在保险合同成立时交付第一期保险费，其余各期的保险费按照合同约定的期限交付。

(3) 危险增加的通知义务。我国《保险法》第三十七条第一款规定，在危险增加条件下，义务人应及时通知，而保险人有要求增加保险费和解除合同的权利。在该条第二款中规定，危险增加怠为通知的，对因危险增加而致发生的保险事故，保险人不承担给付义务；义务人履行了通知义务，保险人有增加保险费和解除合同的权利。需要说明的是，我国现行《保险法》在第十五条、第十七条、第二十八条、第三十七条、第三十八条、第五十五条、第五十九条中分别规定了不同情况下的解除权，在这些规定中，有的涉及了解除权的效力，有的则未明确。依法理，在保险人享有解除权的场合，其法律后果一般均应当是不承担给付保险金的义务。

(4) 安全维护及施救义务。为避免危险发生或减少危险发生可能性而为或不为的一定行为。我国《保险法》将防险减损义务置于"财产保险合同"章节之下，从立法体系上来看，其并不适用于人身保险合同。投保人若未按照约定履行其对保险标的安全应尽的义务，保险人则有权要求增加保险费或者解除合同，保险人对此享有选择权。

(5) 保险事故发生的通知义务。《保险法》第二十二条第一款规定："投保人、被保险人或者受益人知道事故发生后，应当及时通知保险人。"《海商法》第二百三十六条规定："一旦保险事故发生，被保险人应当立即通知保险人。"保险事故发生后，投保人只需通知发生保险事故的事实即可，无须将损失数额等悉数通知保险人。我国《保险法》虽未规定违反通知义务的法律效果，但在法律解释上可依我国《保险法》第一百四十四条"违反本法规定，给他人造成损害的，应当依法承担民事责任"的规定，适用《民法通则》有关债务不履行法律后果的规定。另外，我国《保险法》第十六条规定："除本法另有规定或者保险合同另有约定外，保险合同成立后，保险人不得解除保险合同。"因此，保险人仅能向违反通知义务者请求其不履行义务而产生的损害赔偿，但不能主张解除合同。

(6) 提供资料或其他证据的义务。投保人须在法定或约定期限内将事故的发生通知保险人，《保险法》第二十三条对提供有关保险事故证明等资料的义务有明确规定，"保险事故发生后，依照保险合同请求保险人赔偿或者给付保险金时，投保人、被保险人或者受益人应当向保险人提供其所能提供的与确认保险事故的性质、原因、损失程度等有关的资料"，这一义务当事人不得以约定排除。

2) 保险人的义务

依据《保险法》的有关规定，物流保险的保险人的义务主要有：

(1) 通知义务。这是诚实信用原则在《保险法》中的体现之一。保险人的通知义务具体表现为：到期保险费未交付的通知、保险标的一部分受损失的终止合同通知、行使保险标的勘查权而终止保险合同的通知等。

(2) 危险减少时减收保险费的义务。依据《保险法》第三十八条的规定，以下两种情形保险人应当降低保险费，并按日计算退还相应的保险费：据以确定保险费率的有关情况发生变化，保险标的的危险程度明显减少；保险标的的保险价值明显减少。当然，《保险法》也允许当事人在合同中就减收保险费的问题另行约定。事实上，从实践中大部分保险人提供的保险合同来看，减收保险费的义务基本上均在合同中进行了免除。

(3) 保险金给付义务。保险金给付义务是保险人依保险合同而生的风险承担义务的具体化。在定额保险中，保险事故发生后，保险人皆以金钱给付为保险给付义务的履行。

(4) 保险事故发生后的其他保险给付义务。在财产保险合同中，保险人除了承担基本义务以外，在有些情况下还要承担支付必要合理费用的义务。如保险标的出险时，被保险人为防止损失或减少损失而支付的抢救、保护、整理保险标的的必要的、合理的费用等。

(5) 保密义务。保险人与投保人缔约时，要向投保人询问保险标的或被保险人的有关情况，投保人此时应履行如实告知的义务，同时，保险人获知这些信息后，应当予以保密。对此，《保险法》第三十二条规定："保险人或者再保险接受人对在办理保险业务中知道的投保人、被保险人、受益人或者再保险分出人的业务和财产情况及个人隐私，负有保密的义务。"

7.2.2 物流保险的范围和种类

目前我国物流业广泛应用的保险险种主要是财产保险和货物运输保险。这两种险种都是针对物流过程中的单个环节进行的,不完善之处甚多,不利于我国物流业的发展。物流责任保险则是针对第三方物流的兴起而开发的,此险为专业经营第三方物流业务的物流公司提供了全面有效的保障。物流责任保险的责任范围包括在经营物流业务过程中依法应由被保险人承担赔偿责任的物流货物的损失。它将运输中承运人的责任以及仓储、流通加工过程中保管人及加工人的责任融合在一起,因此物流责任保险的风险大于其他单独的责任保险的风险。

现代物流保险主要是对运输和搬运活动、储备和库存活动、生产活动、配送活动以及其他服务活动中的风险进行管理的一种方式。物流活动各个环节的风险的存在,最终都会影响物流企业利润的实现。因此,现代物流企业应当根据物流业的发展和物流具体活动的变化,随时选择不同的险种进行组合和投保,开发和设计新的险种以化解与分散物流业的风险,控制和降低其风险损失,是现代物流保险的目的所在。

中国现阶段的物流保险(见表7-2),主要有以下几种。

表7-2 物流保险分类

物流保险种类	主要险种
国内货物运输保险	国内水路货物运输保险
	国内铁路货物运输保险
	国内公路货物运输保险
	国内航空货物运输保险
	鲜、活易腐货物特约保险
	国内沿海货物运输舱面特约保险
进出口货物运输保险	主要险
	附加险
物流综合保险	物流货物保险
	物流责任保险
其他物流保险	短期贸易信用保险
	中小企业贷款保证保险
	企业财产保险
	机器损坏保险
	雇员忠诚保证保险
	人身意外险
	车辆保险

1. **国内货物运输保险**

1) 国内水路货物运输保险

水路货物运输保险承保沿海、内河水路运输的货物,分基本险和综合险两个险别。

(1) 基本险的保险责任。

由于下列保险事故造成的保险货物的损失及其产生的费用，保险人依照条款约定负责赔偿：

① 火灾、爆炸、雷电、冰雹、暴风、暴雨、洪水、海啸、崖崩、突发性滑坡、泥石流；
② 船舶发生碰撞、搁浅、触礁，桥梁码头坍塌；
③ 因以上两款所致船舶沉没失踪；
④ 在装货、卸货或转载时因意外事故造成的损失；
⑤ 按国家规定或一般惯例应承担的共同海损的牺牲、分摊和救助费用；
⑥ 在发生上述灾害事故时，因纷乱造成货物的散失以及因施救或保护货物所支付的直接合理的费用。

(2) 综合险的保险责任。

本保险除基本险责任外，保险人还负责赔偿：

① 因受碰撞、挤压而造成货物破碎、弯曲、凹瘪、折断、开裂的损失；
② 因包装破裂致使货物散失的损失；
③ 液体货物因受碰撞或挤压致使所用容器(包括封口)损坏而渗漏的损失，或用液体保藏的货物因液体渗漏而造成该货物腐烂变质的损失；
④ 遭受盗窃的损失；
⑤ 符合安全运输规定而遭受雨淋所致的损失。

2) 国内铁路货物运输保险

该险种承保经国内铁路运输的货物，分基本险和综合险。

(1) 基本险的保险责任。

由于下列保险事故造成的保险货物的损失及其产生的费用，保险人依照条款约定负责赔偿：

①火灾、爆炸、雷电、冰雹、暴风、暴雨、洪水、海啸、地陷、崖崩、突发性滑坡、泥石流；
② 运输工具发生碰撞、出轨或桥梁、隧道、码头坍塌；
③ 在装货、卸货或转载时，因意外事故造成的损失；
④ 在发生上述灾害、事故时，因施救或保护货物而造成货物的损失及所支付的直接合理的费用。

(2) 综合险的保险责任。

本保险除包括基本险责任外，保险人还负责赔偿：

① 因受震动、碰撞、挤压而造成货物破碎、弯曲、凹瘪、折断、开裂的损失；
② 因包装破裂致使货物散失的损失；
③ 液体货物因受震动、碰撞或挤压致使所用容器(包括封口)损坏而渗漏的损失，或用

液体保藏的货物因液体渗漏而造成该货物腐烂变质的损失；

④ 遭受盗窃的损失；

⑤ 因外来原因致使提货不着的损失；

⑥ 符合安全运输规定而遭受雨淋所致的损失。

3） 国内公路货物运输保险

该险种承保通过公路运输的物质，保险责任与水路、铁路货物运输保险的保险责任基本相同。

4） 国内航空货物运输保险

航空货物运输保险是以航空运输过程中的各类货物为保险标的，当保险标的在运输过程中因保险责任造成损失时，由保险公司提供经济补偿的一种保险业务，分为航空运输险和航空运输一切险两种。

5） 鲜、活易腐货物特约保险

6） 国内沿海货物运输舱面特约保险

2. 进出口货物运输保险

进出口货物运输保险主要分海洋、陆地、航空和邮包四类。针对这四类，又分别有主要险和附加险。

1） 主要险

海洋货物运输保险有平安险、水渍险、一切险三种。陆地货物运输保险有陆运险和陆运一切险两种。航空货物运输保险有空运险和空运一切险两种。邮包保险有邮包险和邮包一切险两种。

2） 附加险

一切险范围内的附加险有：偷窃险、提货不着险、淡水雨淋险、短量险等。承保了一切险，对其中任何一种附加险都是负责的。不属于一切险范围内的特别附加险主要有：进口关税险、舱面险、卖方利益险、港澳存仓火险、虫损险等。特殊附加险指战争险和罢工险。

3. 物流综合保险

1） 物流货物保险

物流货物保险是针对第一方和第二方物流方式的年度保险产品，采取类似预约保险的业务运作方式，综合传统货运保险和财产保险，承保物流货物在运输、仓储、加工、包装、配送过程中由于自然灾害或意外事故造成的损失和产生的相关费用。

2） 物流责任保险

物流责任保险是以第三方物流经营人对第三者依法应承担的损害赔偿责任为保险标的

的物流保险，它针对第三方物流的兴起而开发。第三方物流企业就委托方交来的货物承担着安全仓储、流通加工及运输的责任风险。此险种为专门经营第三方物流业务的物流公司提供了全面有效的保障，负责保障的范围包括在经营物流业务过程中依法应由被保险人承担赔偿责任的物流货物的损失。它将运输中承运人的责任以及仓储、流通加工过程中保管人及加工人的责任融合在一起，因此物流责任保险的风险大于其他单独责任保险的风险。

4．其他物流保险

1）短期贸易信用保险

企业在采用赊账方式销售商品或提供服务时，由于到期未收回账款所导致的应收债款的损失，由保险公司按照约定的条件承担经济赔偿。

2）中小企业贷款保证保险

中小企业贷款保证保险，是针对中小企业规模小、可抵质押物少、融资担保困难而推出的政策性保险品种。中小企业购买贷款保证保险后，无须任何抵质押物，即可向银行申请贷款。

3）企业财产保险

企业财产保险是指将投保人存放在固定地点的财产和物资作为保险标的的一种保险，保险标的的存放地点相对固定且处于相对静止状态。企业财产保险为稳定企业的生产与经营发挥了不可估计的作用。它的可保财产包括房屋、其他建筑物以及附属装修设备、机器及设备、仪器及生产工具、交通运输工具及设备、管理用具及低值易耗品、原材料、半成品、在产品或库存材料、特种储备商品等。

4）机器损坏保险

为提供专业的物流服务，物流公司会购置许多机器设备，为保障这些机器在正常运行中因发生故障或人员的误操作而造成的经济损失，得到保险公司的赔偿而进行的保险。

5）雇员忠诚保证保险

物流企业的员工每天都会接触到大量高价值的货物，为避免管理上的失误，保障因雇员的欺诈和不诚实行为而导致的经济损失，得到保险公司的经济补偿而进行的保险。

6）人身意外险

物流企业的员工每天都会面临各种可能的意外伤害事故的发生，为保障员工的人身安全，获得保险公司的补偿而进行的保险。

7）车辆保险

为保障机动车辆在行驶中发生交通事故或自身的单方责任得到保险赔偿而进行的保险，使驾驶人员能更安心地开车。

7.2.3 物流保险的特征

1. 投保人对保险标的应当具有保险利益

保险利益是指投保人对保险标的具有法律上承认的利益。这种利益以法律规定为前提，而不考虑投保人对保险标的是否具有所有权。也就是说，即使投保人不享有对保险标的的所有权。但是投保人根据相应的民事法律关系而取得的利益，也可以以自己的名义与保险公司签订保险合同。例如，物流公司对其承运的货物可以进行投保。相反，如果投保人对保险标的不具有保险利益，即使签订了保险合同也属于无效的合同。

2. 解除权利的不对等

投保人可以根据自己的经营状况随时决定是否继续履行保险合同。《保险法》第十四条规定："除本法另有规定或保险合同另有约定外，保险合同成立后，投保人可以解除合同。"这样规定有利于投保人降低经营成本、提高企业管理水平。投保人投某一种保险是由于其经营的某一业务具有极高的风险率，同时，这种风险如果发生会给投保人造成巨大的损失。然而，投保人通过加强对企业的管理有就可能使这种风险率得以降低。如果风险率降低了，投保人理所当然会选择解除保险合同来降低其经营成本，这也是法律赋予投保人自由解除保险合同的意义所在。

相反，保险人在解除保险合同时却受到法律的制约。这是因为保险目的是分散风险，如果允许保险人享有随意解除权的话，那么保险的宗旨就成了空谈。《保险法》第十五条规定："除本法另有规定或保险合同另有约定外，保险合同成立后，保险人不得解除合同。"

3. 保险金额不能超过保险价值

保险标的的价值可以由保险人和投保人协商确定，也可以由保险事故发生时保险标的的实际价值确定，这种情况下保险价值一般按货价或货价加运杂费来确定。

一般情况下，投保人只会对某一保险标的进行一次投保。但是，在某种情况下投保人会对同一保险标的与两个以上的保险人签订保险合同，此时，保险标的一旦发生保险事故被保险人获得的保险金额有可能会超过保险标的的价值。若法律允许保险金额可以超过保险价值的话，那么在这种情况下，可能导致被保险人对保险标的不进行善意的管理，甚至会利用这一规定进行违法活动。因此，《保险法》第三十九条第二款、第三款规定："保险金额不得超过保险价值；超过保险价值的，超过部分无效。""保险金额低于保险价值的，除合同另有约定外，保险人按照保险金额与保险价值的比例承担赔偿责任"。

4. 代位追偿

若保险标的的损害是由于第三人的原因造成的，保险人在向被保险人支付保险金之后可以代替被保险人向第三人行使赔偿请求权。《保险法》第四十四条第一款规定："因第三者对保险标的造成保险事故的，保险人自向被保险人赔偿之日起，在赔偿范围内代为行使被保险人对第三者请求赔偿的权利。"应当注意的是保险人行使代位权是有条件的，也就是说保险人只有在向被保险人支付保险金或赔偿之后，才有权利行使代位追偿权。这是因为保险标的在发生损害的时候，被保险人既可以向保险人请求赔偿或向第三人请求赔偿也可以免除第三人的赔偿责任，这是被保险人的权利，其可以自由处置。

如果被保险人直接向第三人行使赔偿请求权或免除第三人的赔偿责任，那么此时保险人会因为被保险人已经得到了赔偿或免除了第三人的赔偿责任，而使自己免于承担支付保险金或赔偿的责任。

如果被保险人向保险人要求支付了保险金或赔偿的，保险人在支付完保险金或赔偿之后，代替被保险人向第三人请求赔偿。保险人代位追偿权的范围应限于保险人已支付的保险金或赔偿的数额，而不应是第三人应当承担的责任范围。

同时，保险人向第三人行使代位赔偿请求权并不影响被保险人继续向第三人行使未取得赔偿部分的权利。《保险法》第四十四条第三款规定："保险人依照第一款行使代位请求赔偿的权利不影响被保险人就未取得赔偿的部分向第三者请求赔偿的权利。"

5. 严格的告知规定

保险法规定了保险合同双方当事人负有告知的义务，这也是保险合同的特殊之处。因为对保险人来说，保险标的是在被保险人的掌控之下的，保险人无法准确掌握保险标的在投保时所处的状态。如果投保人或被保险人不履行如实告知的义务，保险人是无法准确地评估保险标的的风险率的，这样会影响保险人作出是否承保的决定。同时，也不利于对保险人的保护利益。为了平衡合同双方的权利，法律规定投保人和被保险人应当履行如实告知的责任。

反之，对投保人来说，保险合同是保险人制定的格式合同，而且又涉及一些比较复杂的不是一般人能完全明白的问题。这就需要保险人履行告知和解释的义务。对保险人规定的告知义务主要是针对保险人的责任免责条款，因为投保人一旦明确接受了保险人的责任免责条款，在免责范围内保险人就不需要承担赔偿或者支付保险金的责任。《保险法》规定："保险合同中规定有关保险人责任免责条款的，保险人在订立保险合同时应当向投保人明确说明，未明确说明的，该条款不产生效力。"

7.2.4 物流保险的职能

物流保险的职能是由物流保险的本质和内容决定的，包括物流保险的基本职能和派生职能。物流保险的基本职能是物流保险的原始职能，是物流保险固有的职能，并不会随着时间和外部环境的变化而变化。物流保险的派生职能是随着保险业的发展和客观环境的变化，在基本职能基础上派生出来的职能。一般认为物流保险的基本职能是经济补偿，物流保险的派生职能是融通资金和防灾防损。

1. 物流保险的基本职能

物流保险的经济补偿是指在物流保险活动中，投保人根据物流保险合同的约定，向保险人支付保险费，保险人对于因物流保险合同约定的可能发生的事故所造成的财产损失及其相关利益的损失承担赔偿保险金的责任。

2. 物流保险的派生职能

1) 物流保险的融通资金职能

融资是保险人将保险资金中的暂时闲置部分，以有偿返还的方式重新投入再生产过程，以扩大社会再生产规模的职能。保险公司从收取保险费到赔付保险金之间存在着时间差和规模差，使保险资金中的一部分资金处于闲置状态，从而为保险公司融通资金提供了可能性。

2) 物流保险的防灾防损职能

防灾防损是风险管理的重要内容。保险本身也是风险管理的一项重要内容，而物流保险进行风险管理体现在防灾防损工作上。物流保险防灾防损工作体现在：从承保到理赔履行社会责任；增加保险经营的收益；促进保险人的经营意识，从而促进其加强防灾防损的意识。

7.2.5 物流保险的基本原则

物流保险的基本原则如图 7-2 所示。

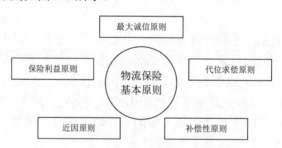

图 7-2 物流保险的基本原则

1. 最大诚信原则

最大诚信原则的基本含义是：保险双方在签订和履行保险合同时，必须以最大的诚意履行自己应尽的义务。物流保险合同双方应向对方提供影响对方作出签约决定的全部真实情况，互不欺骗和隐瞒，信守合同的约定和承诺，否则物流保险合同无效。最大诚信原则是物流保险合同成立的基础。

诚信原则是民事法律关系的基本原则之一。保险法律关系中对当事人的诚信的要求比一般民事活动更严格，因此必须遵循最大诚信原则。这是由保险的经营特点所决定的。首先，保险业是风险管理行业，对保险人而言，风险的性质及大小直接决定着保险人是否承保及保险费率的高低，而投保人对保险标的的风险最为了解，保险人只能依据投保人告知的风险状况来决定是否承保和确定保险费率，尤其是在物流保险中，保险的标的是运输工具上的货物，这与保险合同的订立地可能不一致，保险人无法对这些货物进行实际考察，就算可以进行实际考察，也不可能有投保人那样了解。因此，保险人只能根据投保人提供的资料判断风险的大小，从而决定是否承保和确定保险费率。这就要求投保人在投保时如实告之并信守承诺。其次，保险经营的技术程度较高，而物流保险的条款及其费率是由保险人单方拟定的，其技术性较高，复杂程度远非一般人所能了解。投保人是否投保以及投保的条件完全取决于保险人的告知，这就要求保险人如实向投保人说明主要条款和免除条款。再次，投保人在投保时只需支付少量的保费，而一旦保险标的发生事故就能获得数十倍或数百倍于保险费的赔偿或给付金额。若投保人采取不诚实不守信用的手段来投保和骗取保险金，则保险人无法经营。因此，遵循最大诚信原则有利于保证保险业稳健发展。

2. 保险利益原则

保险利益是指投保人或被保险人对保险标的具有法律上承认的利益。这里的利益一般是指保险标的的安全与损害直接关系到被保险人的切身经济利益。这表现为：保险标的存在，这种利益关系就存在；如果保险标的受损，投保人或被保险人的经济利益毫无损失，则投保人或被保险人对保险标的没有保险利益。例如，在货物运输保险合同中，保险标的的毁损或灭失直接影响到投保人的经济利益，视为投保人对该保险标的具有保险利益。一般而言，保险利益是物流保险合同生效的条件，也是维持保险合同效力的条件。

遵循保险利益原则的主要目的在于：限制损害补偿的程度，避免将保险变为赌博行为，防止诱发"道德风险"。

3. 近因原则

损失有可能是由几个原因或一连串原因造成的。近因原则就是判断风险事故与保险标的的损失之间的因果关系，从而确定保险赔偿责任的一项基本原则。保险损害的近因是引起保险损害最有效的起主导作用或支配作用的原因，而不一定是在时间上或空间上与保险损害最接近的原因。近因原则是指保险赔付以保险风险为损害发生的近因为要件的原则，即在风险事故与保险标的损害关系中，如果近因属于风险保险，保险人应负赔付责任；如果近因属于不保风险，则保险人不负赔付责任。

在物流保险合同中，保险人承担的风险责任范围都是有限的，即保险人承担赔付责任是以物流保险合同所约定的风险发生导致的保险标的的损害为条件的。但在物流保险实务中，有时导致保险标的损害的原因错综复杂，为了维护保险合同的公正，近因原则应运而生。长期以来，它是保险实务中处理赔案时所遵循的重要原则之一。

4. 补偿性原则

补偿性原则是物流保险合同中最重要的原则。大多数货物保险合同是补偿性合同。补偿性合同具体规定了被保险人不应该取得超过实际损失的赔偿。损失补偿性原则是指物流保险合同生效后,当保险标的发生了在保险责任范围内的损失时,保险赔偿只能使被保险人恢复到受灾前的经济原状,被保险人不能因损失而获得额外收益。

物流保险合同的补偿是以物流保险责任范围内损失的发生为前提的。没有物流保险责任内的损失则没有补偿。并且,补偿是以保险人的实际损失为限的。所以保险人的赔偿额不仅包括被保险标的的损失,还包括被保险人花费的施救费用、诉讼费用。

补偿性原则是物流理赔的重要原则,在物流保险合同中使用补偿性原则可以防止被保险人从保险中获利。如果发生一次损失,只应该使被保险人大致恢复到与损失发生之前相同的经济状况。这样既保障了被保险人在受损后获得赔偿的权益,又维护了保险人的赔偿以不超过实际损失为限的权益,使物流保险合同能在公平互利的原则下履行。除此之外,补偿性原则还可以减少道德危险因素。如果不诚实的被保险人能从损失中获利,他们就会以骗取保险赔偿为目的故意制造损失。因此,如果损失赔偿不超过损失的实际现金价值,道德危险因素就会减少。

5. 代位求偿原则

代位求偿原则是指在财产保险中,保险标的发生保险事故造成推定全损或者保险标的所有权的损失,保险人按照合同的约定履行赔偿责任后,依法取得对保险标的的所有权或对保险标的的损失负有责任的第三者的追偿权。保险人获得的这种权利就是代位求偿权。

通常,物流保险事故发生后,如果损失是由保险人和被保险人以外的第三者造成的,那么被保险人既可以依据法律规定的民事损害赔偿责任向第三者要求赔偿,也可以依据物流保险合同中规定的索赔权向保险人要求赔偿。如果保险人和第三者同时赔偿了被保险人,那么被保险人就可能获得双重赔偿,从而使赔偿金额大于损失金额,这与物流保险的补偿性原则相违背。但是,如果仅由第三者赔偿,又往往会使被保险人得不到及时补偿,或者有可能得不到全部补偿。因此,法律规定了代位求偿原则,保证当保险标的因第三者责任而遭受损失时,保险人支付的赔偿金额与第三者赔偿的总额不超过物流保险标的的实际损失。

代位求偿原则的目的在于防止被保险人在同一次损失中取得重复赔偿。此外,代位求偿权使得肇事者对损失负有赔偿责任。保险人通过行使代位求偿权可以从过失方取得补偿。

7.2.6 物流保险与物流业发展的相互作用

1. 物流保险有利于物流业发展的畅通与高效

近年来,随着中国经济的高速发展,国内货物运输量快速上升,但是货物运输保险业务的增长速度与货运量的增长不成比例。应在沿袭传统货运方式的同时,更多地采用联合运输方式，以发挥各种优势，获得最佳效益。在联合运输特别是多式联运方式下，运输的风险呈现出多样化、一体化特征，而不是分段运输方式下的公路、铁路、水路、航空等分段式的风险。企业从原材料供应到制成成品，从起点到终点，将运输、仓储、装卸、搬运、包装、流通加工、改包装、配送、信息处理等功能整合起来，形成完整的供应链，直至销售出去，全过程存在各种风险，现代物流已渗透到企业经营的全过程。发展现代物流保险，为现代物流过程中出现的风险提供了明智的管理手段和适当的归宿。

2. 物流业的发展给保险业提供了新的业务增长点

物流保险以整体综合承保的方式满足了物流整体流程的需求，从装卸、运输、仓储、加工、包装到最后的配送，为企业提供了全程的保障。分散业务的统保，操作手续极大地简化，对保险公司和企业而言是一种双赢的结果。物流保险系列产品包括物流货物保险和物流责任保险两大部分。物流货物保险针对第一方和第二方物流模式开发，投保对象是物流货物的生产厂家或销售商。该产品为年度保险产品，综合传统货运保险和财产保险的责任，承保物流货物在运输、储存、加工包装、配送过程中由于自然灾害或意外事故而造成的损失及其产生的相关费用，还可以附加投保由于遭受偷窃、提货不着或冷藏机器故障而造成的物流货物损失。应该说，物流保险是真正基于市场需求而诞生的保险产品，它所面对的也是一个蓬勃发展、潜力巨大的市场。现代物流的发展为保险业提供了另一新的增长点。

3. 物流保险降低物流金融业务的风险

专业化物流保险是物流金融业务长远发展的必然要求。尽管物流企业的介入很大程度上降低了物流金融业务的风险，然而随着业务规模的快速扩张，物流公司有必要运用多种风险控制手段，实现风险的分散转移。这除了银行和物流企业加强内部管理，从制度上控制风险外，寻求专业化的物流保险产品，固化风险成本，转嫁风险损失，成为物流公司的必然选择，也是物流金融业务得以长远发展的必然要求。以物流金融中的核心业务模式存货质押为例，可以为银行设计质押财产险，以及针对物流企业的质押监管责任险。物流企业无论是开展传统的诸如仓储、运输等基本业务还是开展供应链融资等增值业务，均需要设计科学、保费合理的物流保险品种。

【实例 7-1】

物流保险开启综合化之路

江泰保险经纪有限公司通过对物流经营过程中的风险进行研究、探讨，针对其客户中远物流特有的保险需求，为其量身定做了适合其自身风险的"物流监管责任综合险"保险条款。据了解，这类条款目前在国内尚属首次提出及实施。

江泰保险经纪有限公司相关负责人告诉记者，这一险种根据物流企业存在的普遍风险和中远物流存在的个性化风险，设计形成了一个集"货损货差责任、额外费用责任、第三者责任、物流服务费用损失"于一身的综合型保险条款。其较全面地囊括了中远物流经营中的风险，是现有物流保险中保障程度最高的条款。

从保障范围看，上述这一物流责任综合险的投保可以避免投保货代险、吊装险等险种带来的保险责任重叠及间隙的问题，从而使企业的保险成本更趋合理。

近年来，中国物流业保持了年均 20%的高速增长，与此同时，物流企业对于风险的防范意识也在不断提高，这便给物流责任保险提供了更大的发展空间。专家指出，通过将物流责任综合险和其他与物流经营相关的险种实行统一投保及统一的保险管理标准，将使企业的整体风险管理水平得到切实提高。不仅便于系统内部风险资料的统计和积累，也有利于提高对财产损失风险、责任风险和人力风险的全面识别与分析。

(资料来源：国际金融报，http://paper.people.com.cn/gjjrb/html/2010-09/03/content_613800.htm?div=-1)

7.3 短期贸易信用保险

2012 年 6 月 18 日，商务部《关于鼓励和引导民间资本进入商贸流通领域的实施意见》明确指出："为改善民营商贸流通企业融资环境，要贯彻落实《国务院关于进一步支持小型微型企业健康发展的意见》(国发〔2012〕14 号)支持小型微型企业发展的各项金融政策，创新金融产品和服务，拓宽融资渠道，努力缓解小型微型民营商贸流通企业融资困难。继续采取财政补助方式，支持民营中小商贸流通企业通过融资性担保机构获得融资，支持其投保国内贸易信用险，鼓励保险机构帮助企业进行保单融资。"

7.3.1 短期贸易信用保险的概念

1. 短期贸易信用保险

短期贸易信用保险是企业在采用赊账方式销售商品或提供服务时，由于到期未收回账款所导致的应收债款的损失，由保险公司按照约定的条件承担经济赔偿的合同。它所承保的风险主要是由于买方恶意拖欠和由于买方丧失清偿能力造成的企业应收账款无法回收的风险。保险期限以年为单位，根据买方所在地域不同，可再细分为国内贸易信用保险与出口信用保险。贸易信用保险的三方关系如图 7-3 所示。国内最具代表性的保险公司为：中国出口信用保险公司、中国平安财产保险公司[①]等。

---

① 平安财产保险. 国内贸易短期信用保险，http://property.pingan.com/maoyixinyongbaoxian/guoneimaoyiduanqixinyongbaoxian.shtml.

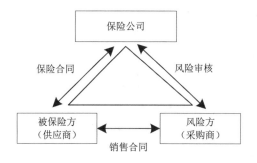

图 7-3 贸易信用保险三方关系

2. 信用保险贸易融资业务

信用保险贸易融资业务是指销售商在保险公司投保信用保险并将赔款权益转让给银行后，银行向其提供贸易融资，当发生在保险责任范围内的损失时，保险公司根据《赔款转让协议》的规定，将按照保险单规定理赔后应付给销售商的赔款直接全额支付给融资银行的业务。

保险公司信用保险项下的贸易融资不同于过去传统意义上的抵押、质押和担保贷款，而是引入了"信用贷款"的新概念。它以销售商应收账款的权益作为融资基础，通过对建立在销售商资金实力和商业信用的基础上的偿付能力的全面分析，在销售商投保保险公司信用保险并将赔款权益转让给融资银行的前提下，银行针对销售企业的真实销售行为和确定的应收账款金额提供的一种信用贷款。这种全新的融资模式使销售企业，特别是中小企业摆脱了因为抵押、担保能力不足而无法获得银行融资的尴尬局面，为其扩大经营规模、提高竞争力创造了有利条件。

7.3.2 短期贸易信用保险的优势

1. 有效降低企业坏账风险

企业采取赊销方式不可避免的会面对应收账款不能按时按量回收的经营困境，通过信用保险可以将风险转接出去，规避坏账风险，增强经营的可预见性。

2. 提高企业信用管理水平

信用保险融资过程中，经纪公司和保险公司都要通过实地调查、分析财务数据、销售记录、信用记录等方式对买方的信用进行审核，帮助企业提高信用风险管理水平，提升企业的风险管理能力，优化企业资源流向。

3. 保单赔偿受益权可转让给银行或质押

投保企业可根据保险公司承保的金额，以保单作为抵押向银行融资。如发生恶意拖欠或者买方无力偿还的情况,保险公司负责将保单应赔偿款项交与银行,再由保险公司向债务方追偿,银行不会承担贷款损失的风险。

4. 帮助企业扩展新市场

许多中小企业受自身实力、行业特性及经营思路的影响,在销售过程中以现金交易为主,极少甚至不采用赊销。即使有很多实力雄厚的买家,也因为销售方式的原因,使企业放弃了本可以开拓的市场。而贸易信用保险可以解除企业赊销的后顾之忧,帮助企业大胆拓展新市场,遴选有偿付能力的优质客户。

5. 保证现金流的稳定性

信用险保证企业能按期顺利回收资金,在发生恶意拖欠或者无力偿还的情况后,也能得到保险赔款,保证了企业生产经营的现金流的稳定,使企业的再生产能够顺利进行。

7.3.3 适合投保的企业

在中国境内注册的、从事国内贸易并且赊账销售的放账期限不超过六个月的企业都可以投保国内贸易短期信用保险。还有企业成立3年以上,年度赊销规模在3000万以上的制造型企业、专业贸易公司、优秀的物流公司等,房地产行业除外。

【实例7-2】

1. 采购商借助信用保险,实现从现金采购向信用采购的转变

背景:生产企业A原与上游供货商采用现金采购方式交易,占压大量资金,影响了技改资金投入。

措施:A企业获得中国信保信用额度。A企业说服上游供应商,变现金采购为信用采购。上游供应商对A企业销售的风险得到保障,提高了在银行的信用等级,据此获得了银行贸易融资,资金如现金交易一样及时回收。

效果:A企业减少了采购流程的资金占压,拥有更充沛的资金从事生产经营。上游供应商销售风险有了保障,获得了贸易融资。供需双方实现双赢,合作关系更为紧密。

2. 生产企业借助信用保险,扩大销售

背景:生产企业B同下游采购商通过赊销的方式进行交易,因其产品质优价廉,采购商决定增加采购量。但生产资金不足,难以接单。

措施:B企业利用中国信保提供高保障的国内贸易信用保险服务,获得了应收账款的风险保障,并因此获得了银行贸易融资,从而加速了B企业的资金周转,提高了B企业的生产能力。

效果:B企业把握住了市场机会,扩大了产品销量,获得了更多利润。

3. 生产企业借助信用保险，理顺了供应链关系

背景：生产企业 C 所处行业产业链的信用环境不佳，下游采购商时常拖欠货款，导致 C 企业资金周转困难，并影响了它与上游供货商的关系。

措施：C 企业利用中国信保提供的国内贸易信用保险服务，与上下游明确了销售环节的信用期限，理顺了采购、销售、结算的环节，改善了行业中的贸易信用体系。

效果：现同 C 企业交易的采购商能够及时支付货款；供货商能够及时收到货款，供货流程顺畅。各企业能将更多精力投入到生产、技术领域。

4. 上市公司借助信用保险，改善了财务报表结构

背景：上市公司 D 主要采用信用方式销售，财务报表反映应收账款金额大，投保人对收入实现有担忧。

措施：D 公司利用中国信保提供的国内贸易信用保险服务，应收账款风险得到了保障，获得银行贸易融资买断服务，提前回收资金，原财务报表中的应收账款提前变成了销售收入。

效果：D 公司的财务报表结构得到改善，提高了投资人投资热情，获得了投资市场认可。

由于保险公司为企业交易行为提供的信用保险产品有助于降低交易风险，因此国际上，诸如渣打银行、荷兰银行等均通过与保险公司合作为供应链成员企业提供融资支持。这一合作实际上也引入了保险公司作为银行的营销代理，而保险公司则实际上引入了银行作为保险代理。

(资料来源：中国出口信用保险公司，http://www.sinosure.com.cn/)

7.4　中小企业贷款保证保险

《国务院关于进一步支持小型微型企业健康发展的意见》(国发〔2012〕14 号)指出："支持小型微型企业采取知识产权质押、仓单质押、商铺经营权质押、商业信用保险保单质押、商业保理、典当等多种方式融资。鼓励为小型微型企业提供设备融资租赁服务。积极发展小型微型企业贷款保证保险和信用保险。加快小型微型企业融资服务体系建设。深入开展科技和金融结合试点，为创新型小型微型企业创造良好的投融资环境。"

7.4.1　中小企业贷款保证保险的基本概念

中小企业贷款保证保险，是针对中小企业规模小、可抵质押物少、融资担保困难而推出的政策性保险品种。中小企业购买贷款保证保险后，无须任何抵质押物，即可向银行申请贷款。体量尚小的物流企业可以通过购买该保险品种拓宽融资渠道，实现自身发展。其贷款流程如图 7-4 所示。

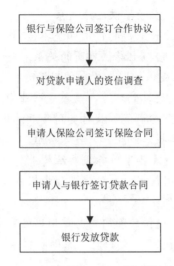

图 7-4　结合贷款保证保险的贷款流程

注：
① 试点银行与保险公司协商签订合作协议；
② 试点银行和保险公司联合对贷款申请人进行资信调查；
③ 符合条件的申请人与银行签订贷款合同，与保险公司签订小额贷款保证保险、借款人意外伤害保险合同；
④ 银行在相关手续完备后发放贷款，保险公司按合同约定承担贷款保证保险责任、借款人意外伤害保险责任。

7.4.2　中小企业信贷保证保险的意义

1. 增强中小企业信用等级，缓解中小企业资金需求[①]

中小企业贷款难的原因之一是大型商业银行对中小企业的还款能力存有疑虑，而中小企业又无充足的资产作为抵押。中小企业信贷保证保险制度的建立可以使中小企业信用等级得到升级，将有效地消除大银行对中小企业还款能力的顾虑，当中小企业不能如期还本付息时，保险公司要按照保险合同约定履行替中小企业还本付息的责任，银行也不会因此而遭受损失。因此，在具有中小企业贷款保险制度的情况下，中小企业可以和其他大企业一样从银行获得更多的贷款，以满足自身发展的需求。

2. 降低信贷金融机构的风险，提高银行资金收益率

近年来，我国商业银行的存款总额在逐年扩大，而贷款总额相对缩小，存贷比自 1995 年后，逐步放大。由此可以看出，我国的商业银行存在着大量的剩余资金，银行的资金利

---

① 鲍静海，周稳海，李浩然. 我国中小企业信贷保证保险制度的构建[J]. 保险研究，2007(4).

用率较低，不利于银行本身的发展。但银行在提高收益率的同时必须考虑资金的安全性，如只注重收益而忽略资金安全则有可能对银行更加不利，所以银行在资金运用上常常处于矛盾的境地。若中小企业信贷保证保险制度得以建立，则商业银行可以在保险公司的参与下，将资金贷给中小企业，既可以提高资金的收益率又可以保证资金的安全。

3. 拓宽保险业务，提高保险公司整体竞争力

保险公司承办中小企业贷款保险业务，可以扩大保险公司的业务量，增强保险公司的竞争实力。总体上来说，我国保险业仍处于发展阶段，竞争能力与发达国家相比还较弱。加之国外的保险公司不断涌入，其具有的技术与资产等方面的优势，将给我国的民族保险业造成巨大的威胁。发展中小企业贷款保险业务，可以使我国的保险公司增加资金实力，提高整体竞争能力。

4. 促进金融深化与宏观经济的迅速发展

开展中小企业贷款保险业务，首先可以使银行、保险公司等金融部门之间相互配合，扩大自身业务，增加其资金实力，促进金融深化进程，增加金融部门对宏观经济的贡献率；其次，该业务还可以解决生产部门，尤其是中小企业的资金短缺问题，促进中小企业等生产部门的发展；最后，金融部门与生产部门的发展是相互促进的，其任何一方的发展都离不开对方的支持，它们的发展是互为因果的。开展中小企业贷款保险业务，可以为之创造出一种相互促进、相得益彰、和谐发展的大好局面。

7.4.3 中小企业信贷保证保险面临的问题

建立中小企业信贷保证保险制度在中小企业、金融机构、保险公司三方"共赢"的同时，还会产生不少问题，其中最严重的问题是"逆向选择"与"道德风险"。

1. "逆向选择"是由于信息不对称引起的

中小企业对自己的经营水平、还款能力有着充分的了解，而保险公司对各中小企业的具体情况并没有深入了解，常常处于信息不对称状态。在这种情况下，那些经营状况好、还款能力强的企业不愿意投保，而那些经营状况差、还款能力弱的企业则非常愿意投保，这最终将危及保险业的稳定经营，更不利于信贷保证保险制度的实施。

2. "道德风险"则主要来自中小企业和银行等信贷机构两方面

对于中小企业而言，如果投保了信贷保证保险，往往会将资金运用到高风险的项目，如果投资成功则会给企业本身带来巨大的投资回报，如果投资失败也会有保险公司为其偿还贷款；对银行等信贷机构而言，有了信贷保证保险后往往会忽视债务人的信用等级，对本不应贷款的客户大量放款，以追逐利润的最大化。道德风险的存在给信贷保证保险制度的建立带来了难度，应为此筹划相应的策略，以化解这些负面因素的影响，充分发挥其积极作用。

【知识拓展】

保险市场是典型的信息不对称市场。在保险业中，"逆向选择"和"道德风险"是一种常见而且很难避免的风险。

"道德风险"是从事经济活动的人在最大限度地增进自身效用的同时做出不利于他人的行动，或者当签约一方不完全承担风险后果时所采取的自身效用最大化的自私行为。这类危险的产生，归根结底，是因为保险人一方无法确知被保险人一方的实际行为和真实意图，同时对于保险标的和保险事故本身也不如被保险人一方了解得详细，这种双方信息量的不对称给被保险人一方有了可乘之机。

"逆向选择"是交易双方中一方对于交易可能出现的风险状况比另一方知道得更多时，便会产生逆向选择的问题。"逆向选择"在经济学中指由交易双方信息不对称和市场价格下降产生的劣质品驱逐优质品，进而出现市场交易产品平均质量下降的现象。保险学中的逆向选择是指由于保险公司与投保人之间的信息不对称，而导致的次品驱逐良品的现象。

（资料来源：http://baike.baidu.com/）

7.4.4　建立我国中小企业信贷保证保险制度

1. 合理选择中小企业信贷保证保险制度建立的方式[①]

建立我国中小企业信贷保证保险制度的方式大体有两种：一是筹建新型的专业保险公司来承办中小企业的贷款保证保险业务，出资形式可以由政府承担或由某些大机构牵头组建股份公司；二是由现有的优质保险公司在原有基础上开办该种业务，由专门的下属部门从事中小企业的贷款保证保险业务。考虑到我国的现状，后一种形式应该更为合适。因为这样不仅可以为国家节省财政资金，避免重复建设的问题，还可以增强我国现有保险公司的实力。综上所述，建立我国中小企业信贷保证保险制度的最佳方式是利用现有的优质保险公司，先开展试点业务，待机会成熟再全面放开。

2. 实行强制保险，差别费率，防止"逆向选择"

为了避免出现"逆向选择"问题，我国应该对中小企业贷款采取强制性政策。如果实行自愿投保，那么银行对于实力较强的中小企业贷款则不愿投保，而对实力较差的中小企业贷款却非常愿意投保，这将不利于保险公司的长远经营。鉴于此种情况，对于中小企业贷款应采取强制性的贷款保险。

---

① 鲍静海，周稳海，李浩然. 我国中小企业信贷保证保险制度的构建[J]. 保险研究，2007(4).

但采取强制性保险，采取相同费率，会产生对各个投保主体有失公平的问题。因为保险公司在制定保险费率时，是根据投保者的风险等级进行计算的，对于违约风险较小的绩优公司的贷款，应实行较低的保险费率；而对于违约风险较大的绩差公司的贷款，应实行较高的保险费率。所以，在实行强制保险，防范"逆向选择"的同时，还应对不同的信贷主体实行差别费率，以保证公平合理。

3. 实行比例赔付、免赔额等措施，防止道德风险

贷款保证保险过程中，无论是信贷机构还是中小企业都可能会出于利润最大化的动机，人为的增加贷款风险以及资金运用风险，产生道德风险。实行比例赔付、免赔额等措施是防范道德风险的有效方法。

比例赔付是指在贷款发生损失时，保险公司只对贷款进行部分赔偿，其余部分由中小企业和银行承担。实施比例赔付可以使中小企业和银行等贷款机构在发生贷款损失时，承担部分损失。所以，贷款机构在贷款时会非常谨慎，中小企业在利用资金时也会慎重，从而有效地防止道德风险。

免赔额是指被保险人根据保险合同，在赔付之前，先要自己承担的损失额度。其实施的意义有两个：第一，免赔额可以大大减少保险公司的工作量，减少赔付率，提高其偿付能力；第二，免赔额的实施，可以使信贷机构贷款后保持对贷款人的监督，督促中小企业合理运用资金。由此看来，免赔额同样可以抑制道德风险。

4. 实行再保险、共同保险方式分散风险

大额的信贷保证保险一旦债务人违约失信就会给保险公司的稳定经营带来巨大的影响，直接损害其他投保人的利益。因此，保险公司对于数额较大的信贷保证保险应采取合理的风险分散机制，以避免风险集中。具体方法有再保险和共同保险。

再保险是指原保险人在与投保人签订保险合同后，与再保险人签订再保险合同，当贷款发生损失时，原保险人和再保险人按合同约定进行赔偿。再保险使原保险人在不损失保险业务的情况下，分散了巨额风险，防止了风险集中，是原保险人经常采取的一种化解巨额风险的方式。

共同保险是指由多家保险公司对同一巨额风险共同承保。共同保险同样也可以起到使保险公司扩大承保能力、分散巨额风险的作用。

5. 完善损失补偿机制

加强代位追偿原则的实施，完善损失补偿机制是促进中小企业信贷保证保险制度健康发展的重要保障。代位追偿是指债务人违约失信，保险公司代之向债权人履行了赔偿义务之后，所取得的向债务人追偿的合法权益。保险公司为了能有效地对债务人进行追偿，可以建立自己的追偿队伍，或者委托专业追账中介机构履行代位追偿的权利。在权利人的积极配合下，代位追偿可以使保险公司的损失得到部分补偿，降低信贷保证保险的经营成本。

6. 建立信用机制，提高信贷主体的透明度

相对于法律来讲，信用机制是一种成本更低的机制。一个没有信用机制的社会是不可能有真正的市场经济的。发展中小企业信贷保证保险制度同样也离不开信用机制，只有建立完善的信用机制，才能保证信贷业务的顺利实施。建立信用机制应做到：第一，建立信用中介机构。充分发挥机构征集信息、评估中小企业信用等级的功能，解决信用信息的征集、分析和共享问题，使保险人能够提高获取信息的速度，降低使用信息的成本，同时也为企业进行信用风险管理提供便利。第二，建立信用记录体系。信用记录体系是指对合同的每个主体，包括银行、中小企业、保险公司等的每一次行为进行相关的记录，并以此为依据对相关主体进行评估，对信用低下的主体要建立"黑名单"，形成各部门共享的资源。其作用主要是对信贷主体起到激励与约束功能，对于良好信用记录的主体，可以树立良好的社会形象，以获得更多的合作机会；而对于记录信用较差的主体，则会起到相反的作用。

7. 健全法律，增加惩罚力度

中小企业信用保险是一新鲜事物，仅仅靠信用机制进行软约束是远远不够的，还应用法律、法规这双"有形的手"进行硬约束。但目前我国的保险法、公司法、担保法等相关法律对此也少有涉及，尤其是对于以隐瞒、欺诈等手段骗取贷款或骗保者的违约失信行为仍缺乏相应的制裁措施。所以，我国要尽快出台相关的法律、法规，对失信行为严厉制裁，从而从根本上消除信贷者的不良动机。

【实例7-3】

1. 上海履约保证贷款

上海银行在国内率先开发，这种信贷创新产品的基本做法是：地方政府部门为银行提供每家100万元的风险补偿金，银行按放大50倍的额度(即5 000万元)发放贷款。操作中，由企业购买履约责任保证保险，保险公司为银行提供部分贷款风险保障，银行接受部分风险敞口，政府、银行及保险公司共同承担贷款风险。用"保险"替代了原有的"担保"，使得抵押担保不再是贷款的必要条件，有效缓解了一些企业缺少抵押担保难以获得银行贷款的问题。

(资料来源：中华人民共和国科学技术部，http://www.most.gov.cn/dfkj/sh/zxdt/201104/t20110406_85880.htm)

2. 浙江出台《关于扩大小额贷款保证保险试点工作的意见》，银保企三方联动积极探索

由太平洋产险浙江分公司与浙江省工行共同推出的为小微企业融资量身打造的名为"易保贷"的小额贷款+保证保险组合产品，其最大的特色在于，小微企业无须抵押，无须担保，只需购买该产品，就可以从工商银行获得最高500万元的贷款。自2012年6月初试

运行以来，受到了小微企业的广泛关注，共收到业务需求 64 件，批复同意 42 件，目前有 11 笔尚在审核中。浙江省工行共发放贷款 12 265 万元，太平洋产险浙江分公司共承担风险金额 9092.48 万元，切切实实为小微企业解决了融资难题。该模式是银、保、企三方联合互动助推实体经济发展的积极尝试。

(资料来源：浙江理财网，http://money.zjol.com.cn/)

3. 重庆市试点小额贷款保证保险，小微企无抵押最高可贷 50 万

重庆市《关于开展小额贷款保证保险试点工作的意见》于 6 月出台，根据该《意见》，不需提供抵押或反担保，小型企业最高可贷 300 万元；微企、城乡创业者最高可贷 50 万元。试点期间，银行贷款利率最高不超过人民银行同期基准利率上浮 30%，鼓励银行对小型、微型企业等小额贷款申请人给予优惠贷款利率。试点期间，年保险费率合计最高不超过贷款本金的 2.3%。此外，借款人有条件且自愿提供抵押或担保的，经办银行和保险公司可根据借款人的资信状况，适当下浮贷款利率及保险费率。以小企业借款 100 万元一年还清为例，央行现行一年期贷款基准利率为 6.56%，按 30%的上限上浮后利率为 8.53%，利息为 8.53 万元。按保险费率最高不超过贷款本金的 2.3%计算，保险费为 2.3 万元，两笔费用共 10.83 万元。而到小额贷款公司贷款，年利率最低 20%左右，借 100 万元一年需还利息 20 万元，还要支付担保和手续费等费用 1 万～2 万元。而民间借贷年利率更高达 30%左右，年息将达到 30 万元。对比发现，试行小额贷款保证保险业务后，小微企业通过银行贷款比其他渠道贷款成本要节省一半左右。并将设立小额贷款保证保险风险补偿专项资金，每年为 2 000 万元，以防控风险。

(资料来源：光大证券股份有限公司，http://www.ebscn.com/businessinfoContent.html?msgId=4469663)

本 章 小 结

物流保险市场是保险市场的一个组成部分。本章讲到的物流保险除了传统的物流保险外，还包括短期贸易信用保险和中小企业贷款保证保险。我国物流业的快速发展需要保险业为其保驾护航，同时，保险业也可抓住机会与物流业实现共赢。但由于我国物流保险还处于初步发展阶段，因此物流保险险种比较单一、投入不足，物流保险险种本身存在着诸多需要改善的地方，但物流保险市场的发展前景非常客观。中国现阶段的物流保险，主要包括国内货物运输保险和进出口货物运输保险。物流保险的职能包括经济补偿职能、融通职能和防灾防损职能。企业可以通过短期贸易信用保险避免赊销时应收账款不能按时按量回收的经营困境，利用信用保险将风险转接出去，此外保单赔偿受益权可转让给银行或质押，便于获得贸易融资。中小企业贷款保证保险是针对中小企业规模小、可抵质押物少、融资担保困难而推出的政策性保险品种。中小物流企业可以通过购买该保险品种拓宽融资渠道，实现自身发展。

课后习题

一、选择题

1. 物流业的风险来源包括( )。
   A. 运输活动中的风险
   B. 库存活动中的风险
   C. 配送活动中的风险
   D. 装卸搬运活动中的风险
2. 以下关于物流保险特征的描述正确的是( )。
   A. 投保人对保险标的应当具有保险利益
   B. 双方都有解除保险的权利
   C. 保险金额可以超过保险价值
   D. 代位追偿
3. 以下属于物流保险基本原则的是( )。
   A. 最大诚信原则
   B. 保险利益原则
   C. 近因原则
   D. 代位求偿原则
4. 短期贸易信用保险的优势包括( )。
   A. 有效降低企业坏账风险
   B. 保证现金流的稳定性
   C. 帮助企业扩展新市场
   D. 保单赔偿受益权可转让给银行或质押
5. 以下关于中小企业信贷保证保险的描述正确的有( )。
   A. 可以缓解中小企业资金需求
   B. 可以降低信贷金融机构的风险
   C. 拓宽保险业务，提高保险公司整体竞争力
   D. 不存在"逆向选择"和"道德风险"问题

二、名词解释

1. 物流保险市场
2. 物流责任保险
3. 逆向选择
4. 道德风险
5. 短期贸易信用保险
6. 中小企业贷款保证保险

三、简答题

1. 分析物流保险的供求状况及物流业风险来源。
2. 介绍物流保险的范围和种类。
3. 简述物流保险的特征和职能。
4. 阐述物流保险与物流业发展的相互作用。
5. 简述短期贸易信用保险的概念和优势。
6. 简述中小企业贷款保证保险的概念、意义及发展对策。

四、案例分析

深证一达通公司推出系列金融服务支持中小外贸企业渡难关

2012 年 8 月，京东、苏宁、国美 PK，B2C 领域的电商价格战引爆。国内最大的外贸交易电商平台深圳"一达通"公司也推出系列优惠举措：服务费平均降低一半；为中小企业赠送出口意外险；推出免费的数据认证服务。一达通表示，目前中国外贸的主要问题在于金融服务跟不上，希望通过金融服务支持中小外贸企业渡过难关。

1. 服务费平均减半，出口意外险为外贸企业规避风险

一达通与中国出口信用保险公司深圳分公司(简称"深圳信保")。两家企业联合推出了"小微企业出口意外险"，旨在降低小微企业自营出口的收汇风险，利于其开拓国际市场，扩大业务规模，提高出口竞争力。

受惠的 200 家企业均为一达通的客户。作为阿里巴巴旗下公司，一达通为中小企业提供商检、报关、物流、金融、退税等一站式服务。

此外，一达通还永久性让利货物保险费；为中小外贸企业免出口信保调查费，对单一企业提供 500 万元内免抵押担保贸易融资。

一达通还将对阿里巴巴会员免收服务费。一达通客户的每单进出口平均收费已经从过去的平均一千元降低到五百元。"我们最终的目标是零收费。"一达通总经理魏强说。

2. 联手阿里巴巴推免费数据认证服务

针对我国中小企业金融支付条件薄弱的情况，深圳市一达通企业服务有限公司发布"免费服务助力企业一达通'金融公益'在行动"活动，通过多种免费金融产品帮助深圳中小企业渡过难关。

此外，一达通还与阿里巴巴推出免费的数据认证服务。只要是阿里巴巴的会员，并且过去一年内曾享受过一达通服务的企业，那么在其服务过程中，经海关、税务验证的数据将在阿里巴巴网站自动生成。这个第三方服务平台的客观数据，将为海外买家提供更多有效信息，提升国内企业的接单能力。

分析人士表示，此举将有效解决外贸 B2B 交易认证问题，或将逆势引爆在线贸易。魏强表示："如果一家企业说自己是大卖家，买家就可以通过第三方数据认证看到对方的交易数据是否像其所描述的那样。另外，如果像一达通这样的交易服务商越来越多，那么我国外贸的信用交易就会越来越广泛，买家和卖家合理的、真实的交易状况也会越来越好，欺诈情况也会随之减少。"

3. 保险担保融资使 500 万欧元订单失而复得

2012 年以来，由于国际贸易形势严峻，海外买家对金融的需求日益增加。"过去中国产品 10 美元，没有配套金融服务，海外买家愿意接受，现在涨到了 50 美元，还继续要海外买家承担金融风险，买家很可能会转到越南等成本更低的国家。"

深圳一家做 LED 的企业，得到一份 500 万欧元的合同，这本是一份很大的订单，而且交易伙伴为波兰排名前五位的上市公司，市值名列前茅。

传统上，中国企业做外贸生意，采用的都是"先到款后发货"模式。但这家波兰公司坚持只预付 30% 的订金，余下款项需等到收到货物后再行支付。由于双方从未打过交道，这家深圳企业放弃了订单。

后来，该企业一名员工不甘心，听说一达通提供赊销金融服务，找上门来，一达通与保险公司联手，为企业融资，并承担其中主要风险。最终这家企业接受了订单，并做成了生意，使得 3 000 人的工厂再次焕发生机。

4. "款到发货"模式过时，"赊销"是趋势

2011 年以来，一达通总经理魏强就频频听到出口企业客户抱怨，他们在国外的经销商要求，从 2012 年 1 月起开始实行"赊销"，从原来的现款现货变为货到 60 天后再付款。"有些客户已经收到了明文通知，有些是非正式的要求"，比例超过三成。

其实，这是国际通行原则，在欧美国家，信用支付超过七成。只是由于之前中国企业出口产品价格过于低廉，外国客户并未要求更多服务。"目前，中国外贸出口 90%～95% 是现款现货。"魏强说，这种模式缘于过去 30 年中国产品的价格优势太明显，为此国际买家出让利益，自己承担资金压力。

现在由于制造成本增加，中国企业出口产品不得不涨价；再加上欧债危机导致外国客户资金趋紧，才开始实行赊销。

魏强介绍，此次"金融公益"活动的推出，主要是一达通希望通过"金融公益"活动等措施，以深圳为试点，帮助全国中小企业解决出口贸易中出现的诸如融资、保险等各种问题，使得企业将精力集中于其核心业务，为广东产业转型升级提供可借鉴的样本。

（资料来源：中国大物流网，http://www.all56.com/view.php?tid=64885&cid=40）

思考题：

1. 一达通公司提供了哪些金融服务助力中小企业？
2. 案例中提到的贸易担保融资的优势有哪些？
3. 谈谈贸易担保融资的必要性及现实意义。

第8章 物流金融业务风险管理

教学目标

- 了解物流金融风险管理的原则与内涵；
- 了解物流金融风险的分类；
- 理解物流金融风险管理的流程；
- 掌握物流金融业务中的风险控制关键指标。

【案例导入】

银企冲突曝钢贸商重复质押潜规则

2012年8月30日上午，浦东法院开庭公开审理了工商银行上海南汇支行诉上海神赛物资有限公司(下称"神赛物资")和担保方上海银元实业有限公司(下称"银元实业")金融借款合同纠纷一案。双方争论的焦点涉及钢贸企业重复质押所引起的贷款纠纷。

随着8月上旬银行起诉钢贸商案件陆续开庭，钢贸行业开具虚假仓单、重复质押获取银行贷款的业内潜规则——浮出水面。

银企双方对簿公堂

根据"上海法院网"公布的开庭公告信息，在8月份集中开庭的一系列案件中，建设银行、光大银行、民生银行等多家银行将上海银元实业集团有限公司、上海天展钢铁有限公司、上海舜泽钢铁有限公司等多家钢贸企业告上法庭，起诉案由多为"金融借款合同纠纷"。8月6日起，银行起诉钢贸商的20多起案件陆续开庭。

此次工行上海南汇支行起诉两家企业，双方争论焦点围绕原告工行上海南汇支行提供的法院对银元实业查封材料的证据真实性及查封物资是否为本案质押物而展开。

据悉，目前上海青浦法院已查封了银元实业位于青浦的白鹤仓储。在8月30日当天庭审上，原告工行上海南汇支行代理律师陈述："神赛物资向银行申请借款，质押物钢材停放于青浦银元实业钢材市场，质押物于6月2日被浦东新区人民法院全部查封，按照合同约定，该情形已构成违约，另外目前为止神赛物资向银行申请的借款已全部到期，本案涉案贷款共计870万元，其中100万元是7月24日到期，770万元是8月24日到期，借款人也没有偿还，这两个情形已构成借款人违约，宣布要求借款人立即偿还银行贷款。"

银元实业的代理律师上海百悦律师事务所律师李伟告诉笔者："此次案件的根源在于钢贸企业的重复质押问题，神赛物资将同一笔质押物进行重复抵押，向华夏银行和工行分别进行贷款融资。而华夏银行先于工行通过法院将神赛物资抵押的钢材查封，影响了工行的权益，故工行随即起诉，要求提前还款。"

法庭当日并未就此案当庭宣判。李伟向笔者坦言，诉讼只能解决该不该还贷的问题，但不能解决如何执行的问题。

事实上，由于 2010 年上半年钢材价格已从 5 000 元/吨跌落到现在的 2 000～3 000 元/吨的历史最低点，钢贸企业偿还贷款的难度加大。

被告之一神赛物资股东之一何桃容表示："货押给银行，监管公司也是银行找的，钱都在货里，目前确实无力还贷。"

曝仓单重复质押潜规则

上述被告企业的重复质押向银行融资并不是个案。

"入驻上海银元实业白鹤仓储市场的中小民营钢贸企业资金紧张时，都会采取伪造仓单、重复质押的方式向银行套资，银元实业自己在资金紧张的时候也会采取该方式向银行融资。"银元实业一前高管向笔者坦言，重复质押、套资获利，已是钢贸行业内存在多年的公开秘密。

以往，仓单质押贷款是钢贸商向银行融资的主要途径。所谓仓单质押贷款，是仓储企业对货主货物进行确认，并开立专用仓单作为融资担保，银行依据质押仓单向货主提供的，用于经营与仓单货物同类商品的专项贸易的短期融资业务。

但在现实操作中，由于银行之间质押信息互不相通以及仓库管理存在漏洞，货主与仓储企业联合进行重复质押或者空单质押并不罕见，一票多押甚至多次质押从银行融资。

上述银元实业前高管告诉笔者，钢贸企业向银行质押借贷要提供仓单、上下游客户关系资料、财务报表、企业营业执照、法人财产证明等基本资料，银行为避免授信风险一般会选择大的"中字头"仓储监管机构，如中钢、中远、中航、中外运等，作为银行的监管方，负责仓库货物的监管。

这位银元实业前高管称，仓储方一方面会推荐有融资需求的钢贸企业客户给银行，由于单个客户授信风险大，银行另一方面也会指定一部分客户与仓储方合作，如光大银行上海金山支行就引荐了 10 家客户到上海银元实业的白鹤仓储市场。

而据了解，银元实业作为仓储方向入驻的钢贸企业收取仓储费和其他服务费用，仓储方给银行提供反担保，通过银行指定的"中字头"仓储监管机构，提供银行所需的质押单据，为入驻的钢贸企业获取银行贷款。

"有的银行对钢贸企业资质审查并不严，仓储监管机构监管不力，银行指定的仓储监管机构操作人员收取有融资需求的钢贸企业的好处费，内外勾结伪造仓单从银行套资获利。"上述银元实业前高管告诉笔者，不少银行引荐的客户都出现过重复质押和贷款逾期不还的问题。

据悉，通过伪造仓单和重复质押等不规范操作向银行融资之后，不少钢贸商并未将资金用于经营钢铁贸易，而是转向其他领域比如地产、矿业、高利贷等。而有的钢贸商因投资套利到期无钱还贷，便会向民间高利贷融资"过桥"资金还贷。行业景气时银行可以续贷，钢贸商还民间高利贷，而一旦行业不景气，银行出现缩贷，甚至紧急抽贷时，钢贸商便无法偿还民间高利贷，钢贸商资金链条紧张甚至个别企业出现资金链断裂，行业危机全面爆发。

(资料来源：http://finance.cb.com.cn/13531828/20120901/409626_3.html)

想一想：

1. 为什么会出现钢贸商重复质押现象？
2. 如何预防和减少此类现象的发生？

物流金融近年来取得了飞速的发展，在促进银行业盈利结构转变，缓解中小企业融资难题，以及带动物流企业由低端的传统服务向高附加值的现代物流升级方面，作出重要贡献。然而，信息不对称、组织架构不合理、业务流程不规范，以及风险分担机制不合理等一系列现实因素对物流金融造成了巨大的潜在风险，尤其是在当前经济下行压力下，质物价格急剧跳水造成诸如钢贸行业物流金融业务的风险集中爆发，使物流企业以及银行的业务积极性严重受挫。因此，物流金融风险成为掣肘物流金融业务发展的关键因素。只有充分认识、理解业务中的风险，才能有针对性地采取措施，预防和控制风险，也才能使物流金融业务健康有序地发展。

8.1 物流金融风险管理原则及内涵

8.1.1 物流金融风险管理原则

作为一项创新业务，物流金融在业务模式、具体操作流程等方面与传统信贷业务相比大异其趣，但其风险管理框架应与银行总体风险管理框架保持兼容，并适应风险管理的核心原则。

1. 风险收益平衡原则

商业银行风险管理的目标是在资本、人力资源、风险管理能力和其他各种资源允许的范围内，在银行自身可承受的风险范围内开展业务活动，稳妥地管理已经承担的风险，在风险和收益之间取得适当的平衡，得到经风险调整后利润的最大化和股东价值的最大化。物流金融业务必须与上述目标兼容，对其盈利能力的评价，必须是经风险调整后的收益与投入成本的比较。

2. 全面风险管理原则

物流金融风险管理还应满足商业银行全面风险管理的要求。所谓全面风险管理，首先物流金融业务与其他现有业务一样纳入统一的风险管理体系中；其次，应对物流金融业务面临的信用风险、法律风险、操作风险和市场风险等风险因子进行集成考量，以确保业务中的所有的风险状况和反馈结果都有相应部门及时快速地处理；所有的风险应当按照巴塞尔协议的最新要求，通过定性或定量的方法测算。

3. 协同监管原则

受制于现行金融体制，长期以来，我国银行业一直采用分业经营模式，商业银行难以单独开展物流金融业务，而物流企业及核心企业尚不具备开展业务的资金实力，这就决定了物流金融业务中银行与物流企业二者紧密合作的关系，因此银行与物流企业必须加强协同监管，物流企业内部各部门也应加强协同管理，防范监守自盗和监管职责的集体缺位。

8.1.2 物流金融风险管理内涵

物流金融风险的控制理念从静态、单一的企业控制理念转变为动态、系统的风险控制理念，通过在业务操作中实现物流、资金流和信息流的高度统一，实现授信的自偿，为银行的风险管理提供了一个崭新的维度。商业银行对企业的信用评级亦不再单独强调固定资产价值、财务指标、企业规模和担保方式，转而更关注企业单笔贸易的真实背景、供应链核心企业的实力和信用水平，更强调贸易背景的特定化以及系统性统筹授信，因此物流金融风险管理的两个重要手段为现金流的控制与管理、结构性授信安排。

不同于传统的现金流预测，现金流的管理是指区分资金的性质后，对资金包括出发点、流量、流向、循环周期的全面管理。其管理手段包括：金融产品的组合运用、信息文件的约束和控制、业务流程模式和对商务条款的控制以及发挥财务报表在现金流控制中的作用。

结构性授信指银行基于同一交易客户群体的融资需求和总体抗风险能力，根据不同的产业特征和客户需求，对相应封闭的供应链贸易链条上关联环节的客户进行主动授信安排，并提供不同的产品组合和差异化服务。结构性授信的步骤为：第一，明晰交易"结构"关系；第二，评估用以支撑授信的贸易背景的经济强度；第三，给予"结构"适量的授信安排；第四，进行风险定价和条款约束。其目的包括：第一，解决物流金融风险管理中的两个突出矛盾：首先解决授信承载主体单一和融资中多主体的实际资金需求与资金使用的矛盾，其次解决授信主体信用与供应链整体信用不对称的矛盾；第二，提高银行授信资金的使用效率和营运效率；第三，分散和降低风险。

【实例 8-1】

深圳发展银行供应链融资风险管理的两个重要手段——现金流控制和结构性授信安排

深圳发展银行作为我国开展物流金融最为成功的商业银行之一，在长期的实践中积累了丰富有效的风险管理经验。最为突出的便是现金流控制和结构性的授信安排。供应链融资与传统流动资金贷款最主要的信贷理念差异,在于贸易背景的特定化以及系统性统筹授信。贸易背景特定化的目的首先在于控制资金的专款专用,以便就特定贸易背景下的利润实现和利润分配作出充分的预估,进而评价还款现金流的充分性。同时,特定化的贸易背景有利于银行根据贸易背景的物流、结算等特征量身定制具体的操作模式,以便构造导引现金回流银行的通道,实现还款。因此,现金流控制是保证贸易背景特定化的核心技术,因此也派生出了物流控制、核心企业信用引入等其他手段。

此外,供应链融资将供应链所有成员视为一个融资需求的整体,不以满足所有个体的孤立需求为导向。因为对某个个体成员提供融资,往往也解决了交易对手的流动性问题。

1. 现金流的控制与管理

供应链融资项下的现金流管理指银行通过对流程模式、产品运用、商务条款约束等要素的设定,对授信资金循环及其增值进行管理和控制,实现信贷资金投入后的增值回流。主要包括对资金的流量(授信限额)、流向(贷款用途)、循环周期(保证真实贸易背景下物流与资金流相对运动的顺利完成)等方面的全面管理。

现金流管理旨在保障商业银行的授信资金进入供应链的经营循环后,能够产生足够的现金流抵偿到期债务。控制住现金流,也就控制住了还款来源,增强了还款来源的可预见性、操控性和稳定性。

2. 结构性授信安排

结构授信不同于离散的单一客户授信,是指银行以真实贸易为背景,对包括授信申请人及其供应链节点上主要参与者在内的客户组团授信,即银行基于同一交易客户群体的融资需求和总体抗风险能力,根据不同的产业特征和客户需求,对相对封闭的供应链贸易链条上关联环节客户进行主动授信安排,并提供不同的产品组合和差异化服务。供应链融资下的结构授信安排如图8-1所示。

结构性授信能够解决供应链融资业务风险管理中的两个突出矛盾。其一,解决授信承载主体单一和融资多主体的实际资金需求与资金使用的矛盾,其二,能够解决授信主体信用与供应链整体信用不对称的矛盾。

结构授信提高了银行授信资金的使用效率和营销效率。结构中沿供应链连续的交易过程,使授信资金得以反复使用,提高了信贷资金的使用效率。同时,银行可以沿着供应链实现"横到边、竖到底"的纵深服务,实现客户的网络性占有,提高客户的忠诚度和竞争对手的进入门槛。

最为本质的是结构授信很大程度上分散和降低了业务风险。首先,风险敞口沿着供应链延伸或过渡转移,不再集中于单个客户,分散到供应链条上的风险将以合同、协议、票据等手段实现对相关客户群体的责任捆绑。其次,结构授信实现了银行对供应链各环节的全面监控,提供了资金回流控制的解决方案。最后银行信用的介入,能够促使企业规范经营,保证资金安排的合理性和及时性,促进和约束交易的顺利完成,有利于巩固供应链的整体竞争力。

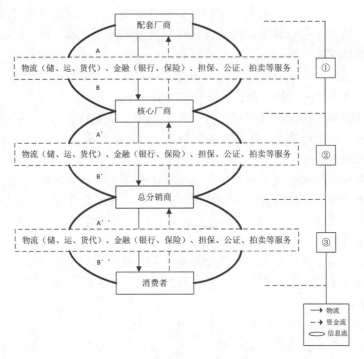

图 8-1　供应链融资下的结构授信安排

(资料来源：深圳发展银行，中欧国际工商学院，"供应链金融"课题组. 供应链金融——新经济下的新金融[M]. 上海：上海远东出版社，2009.)

8.2　物流金融风险分类

巴塞尔委员会将商业银行面临的风险分为以下几类：信用风险、市场风险、操作风险以及流动性风险。物流金融业务作为一项新兴业务，国内关于其风险的界定并未形成统一的标准，结合物流金融各种业务模式的实践，尤以最为成熟的存货质押业务为主，在此，我们将物流金融业务的风险大致分为：质物风险(包括质物的形态风险、权属风险、价格风险、流动性风险)、信用风险、操作风险(包括法律风险)、市场风险(利率、汇率因素引起银行损失的可能性)。

8.2.1　质物风险

随着最近几年的发展，物流金融业务出现了很多创新模式，如融通仓、保兑仓、未来提货权质押、订单融资业务等，但存货作为物流的基本元素，最能体现物流的特征，也是众多中小企业大量拥有的资产,所以存货质押融资业务已成为目前物流金融业务中最核心也是最成熟的模式。当前我国标准仓单制度还不健全,及时关注质物风险能够把握住存货质押融资业务的客观形态,对其进行行之有效的风险管理。此处质物风险主要包括质物的形态风险、价格风险和变现(流动性)风险。

1. 质物形态风险

质物形态风险主要指质押存货的易损程度、保管条件以及标准化程度(是否易于计量),因此,银行在开展质押业务,均要求质物的物理、化学稳定,易于储存保管。因此,有易挥发、易渗漏、易燃易爆、易霉变等特性的货物,容易造成质物价值减损的风险,银行需谨慎接受;同时,对于有剧毒和辐射的货物,易触及公共安全的敏感神经,银行应拒绝接受;对于生命周期短,更新换代快的电子产品,银行也应谨慎介入。

2. 质物权属风险

质物的权属风险,主要是针对授信企业是否拥有对质押存货的所有权,以防止授信企业对质物进行重复担保,重复质押,造成银行的优先受偿权无法实现。

因此,银行要求质押存货必须产权明晰,以华夏银行成都分行为例,其对质物的要求如下:产权明晰,不存在其他权利人设定的他项权利;不存在任何法律上的瑕疵,包括但不限于税务、海关、工商、商检以及环保等方面的法律瑕疵;已足额缴纳关税、增值税、仓储费、运输费等税费,不存在税收及货物保管等方面的法律纠纷,不存在因其他经济纠纷(或事由)而被法院等司法机关查封的情况,货物必须以合法方式获得;若出现上述法律瑕疵,银行有权立即停止借款人授信额度的使用,并要求借款人立即偿还已使用的授信额度。

3. 质物价格风险

质物价格风险是目前学术界讨论最多的一种风险,也较易于运用成熟的计量方法予以测度,因此,银行在开展质押业务时,一直将其视为质押存货的价值风险的重要显性指标,并作为风险控制的核心变量——质押率设定的重要参考依据。

存货的市场价格在授信期间,并非是稳定不变的,而是表现出一定的波动性。当存货的价格处于上扬态势时,银行并不承担质物风险,而当存货价格处于下跌态势,尤其是短期内价格跳水时,银行风险则显著增加。因此,在开展存货质押业务时,必须针对存货的不同波动特点,采用合适的模型预测授信期间存货的价格走势,比如针对随机波动的模型,采用随机游走过程,以及均值回复过程模拟质物的未来价格走势,进而得到其长期价格风险。

4. 质物流动性风险

质物流动性风险,是对质押存货变现能力的考察,这要考虑存货市场容量的大小,销售渠道是否稳定等。因此，银行在选择质物时，往往倾向于选择用途广泛、流动性好的原材料作为质押存货。流动性风险是银行必须加以重视的风险，它决定了授信企业一旦违约，银行能否顺利通过变卖质物来偿还贷款损失。在金融投资领域，有人形象地将资产流动性大小比喻为一个游泳池的大小和深浅，我们可以想象一个高台跳水运动员，从10米跳台纵深跃下，即使他压水花的技术很好，但是如果游泳池只有两米乘两米大，再好的压水花技术也免不了溅人一身水。更糟糕的是，如果跳下来发现水深只有两米，后果不堪设想。在物流金融业务中，质押存货的流动性同样如此，如果流动性很差，银行将很难快速的变卖质物，而且即使成功变卖，也将是无奈的折价出售，极有可能无法弥补贷款本息。

8.2.2 信用风险

物流金融业务信用风险，是指因授信企业或交易对手(核心企业)以及物流企业等参与方违约，商业银行遭受损失的可能性。信用风险是供应链融资中面对的首要风险，尽管在业务中，银行通过引入质物的自偿，核心企业的信用捆绑，以及物流公司、担保公司等第三方机构的风险分担，构筑了用于隔离中小企业信用的"防护墙"，但由此也带来了信用风险向质物风险和操作风险的转移。

物流金融信用风险包括系统性风险、非系统性风险以及道德风险。

1. 系统性风险

在风险管理领域，系统风险是指由于宏观经济环境和行业发展要素发生变化造成的行业内大部分企业亏损的情况。系统风险的考察，可以从宏观经济运行情况和行业的发展状况两个层面来分析。具体到物流金融业务中，系统风险更直接来源于供应链本身以及核心企业，因为宏观经济的变化会影响包括核心企业在内的供应链条上所有节点企业，这也是2008年金融危机时，很多银行暂停物流金融业务的原因。因此，银行对于核心企业主导的供应链所处行业的发展前景，以及在行业中的竞争地位变化要作出实时准确的跟踪和评估。

2. 非系统性风险

非系统性风险则是指授信的中小企业自身的经营战略等方面的变化给银行带来的风险。虽然供应链融资是基于中小企业与核心企业稳定的合作关系，基于真实的贸易背景，非系统性风险有所降低，但是授信企业的经营决策仍然会形成非系统性风险。比如，部分企业利用银行授信从事投机性经营，如过度囤货、偷税漏税、从事房地产投资等，一旦失败，其资金链极有可能断裂，直接影响到其还款意愿和能力。

3. 道德风险

除了从还款来源角度将信用风险分为系统性风险和非系统性风险之外，物流金融业务信用风险还包括道德风险。其主体不仅涉及授信的中小企业，还包括交易对手核心企业以及物流公司、担保公司等第三方管理机构。比如在存货质押业务中，授信企业以次充好，隐瞒存货的质量问题，而物流企业从中受贿，不履行审查职责等。

信用风险往往难以定量计算，这主要是因为：信用风险损失的概率分布是左偏厚尾的，计量困难；对于中小企业自身的经营策略诱发的非系统性风险，也难以量化；道德风险更是牵涉到各参与方，与其心智模式有关，亦难以定量描述。因此，当前信用风险的判断，是以"主体+债项"，并侧重于"债项"的信用评级为主。其中，主体信用评级是在授信的中小企业现有经营状况的基础上，分析未来整体的偿债能力和可能的违约情况，是一种不针对特定债务的评级方法；债项评级则往往取决于债项的偿还次序、贷款条款、贷款资金流向、外部担保或者抵押等因素，在相当大的程度上衡量了在企业违约前提下，贷款收回的概率。这一评级方式也正是物流金融业务与传统信贷业务大异其趣所在。巴塞尔协议Ⅱ中也鼓励商业银行在风险管理中更多的去关注债项评级。而物流金融业务开创性的采取了资产支持下自偿性的信用隔离，从而使债项评级更为准确。当然，也绝不能忽视主体评级，因为主体评级过低，可能诱发严重的道德风险，从而造成整个信用风险的错估。物流金融业务信用风险评级指标体系如图8-2所示。

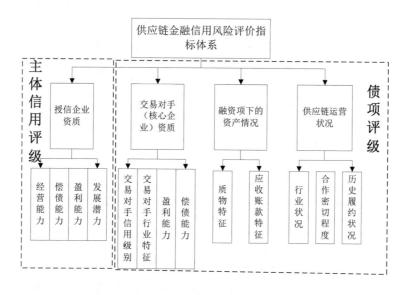

图8-2　物流金融业务信用风险评级指标体系

8.2.3　操作风险

根据巴塞尔委员会的定义，操作风险又称为商业风险，"直接或间接由人或系统的不适当或错误的内部处理，或外部事件所造成损失的风险"。如前所述，物流金融业务中，银行通过存货的自偿,以及核心企业的信用绑定,缓释了信用风险,但与此同时,增加了更多的操作环节,由此也就产生了相较传统信贷业务更多的操作风险。我们将操作风险分为:法律风险、模式风险、流程风险和具体操作风险。

1. 法律风险

巴塞尔协议中,将法律风险视为广义操作风险的一部分。关于物流金融法律风险,尚未有一个清晰的定义,这是因为法律风险的外延往往比较模糊,在质物风险以及信用风险中也可能出现法律风险,比如质物的权属风险,以及客户违约后,在债权的追索中一旦诉诸法律程序,同样会产生法律风险。深圳发展银行,中欧国际工商学院的供应链课题组(2009)将法律风险主要分为三种形式:

(1) 银行及员工、代理机构在法律上的无效行为。此类行为往往导致银行的动产担保物权得不到保护,比如抵质押以及转让交易没有使用法律文件加以规范,或者本身就是非法的,得不到法律的保护。物流金融作为一项创新业务,业务模式不断推陈出新,日趋繁多,但标准化程度相当低,业务中的相关合同虽然日趋标准化,但种类繁多的相关协议、声明书、通知书等很难统一,极易产生法律上的无效行为。

(2) 法律的不确定性。主要是指我国相关的法律制度尚不健全,既有的法律中也存在冲突和语焉不详。比如到目前为止,我国尚未出台一部关于动产担保权利保护的法案。而美国早在 1952 年就颁布了关于动产权利保护的《统一商法典》,构建了全国统一的登记制度和登记系统,为动产担保融资在美国的快速发展提供了有力的法律保障。

(3) 法律的执行效率。银行对动产担保物权的实现可以概括为快捷高效、成本低廉。现实中,银行在授信企业违约而不得已选择法律程序时,往往要经历冗长、烦琐的法庭审理程序,最终债权的实现还有赖于法院的执行。除此之外,还面临立案、诉讼、执行等环节的垫付费用。

2. 模式风险

近年来,经过商业银行和理论界共同探索,物流金融可供选择的模式很多,各银行以及物流企业在开展业务时,都有着不同的业务和操作模式,对这些模式的正确制定和选择成为操作风险管理的重要内容之一。

银行开展业务时,所面临的模式风险大致来源于以下因素:商业模式选择不合适、超额担保程度不适合、质押方式和监控强度的选择不合理、业务结算情况与业务不匹配、没有必要的个人担保或第三方担保方式(比如担保公司)、没有必要的损害保险(保险公司)等。

3. 流程风险

流程风险主要是指在供应链融资业务流程中由于标准化和信息化方面的不足造成的风险。如果业务缺乏业务流程的操作标准,缺乏银行、授信企业、核心企业和物流企业等第三参与方的信息平台,都会使业务陡增较多流程风险。

4. 具体操作风险

具体操作风险主要是指由于银行以及物流企业的员工操作不当引起的风险,对于银行人员的操作风险问题,大部分银行均有相应的操作规范和事后问责制度进行有效制约;而对第三方物流企业的具体操作风险,还需要有效的识别、评估和控制。债权的自偿能否实现,很大程度上取决于物流公司对质物的封闭管理,因此,物流企业在最初质物的选择上,以及授信期间存货的监管、甚至发生违约时善后的处理上,均需要大量的操作环节来协助银行缓释风险或减少损失。因此物流企业必须在银行的指导下,有效改进操作规范、物流基础设施和信息系统,更为重要的是加强对供应链融资业务人员的培训,提高员工的专业技能。

8.2.4 市场风险

金融风险管理领域,市场风险被定义为,由于股票价格、利率、汇率以及大宗商品价格波动等市场因素所引起的可能损失。在物流金融业务中,考虑到质物在业务中的特殊性,将质物的价格风险归为质物风险中,着重予以分析。在此,所谓市场风险,是指利率因素和汇率因素对银行债权造成的可能性损失。伴随着我国利率市场化进程的加快,以及当前错综复杂的经济形势,我国央行会前瞻性对利率进行微调,尤其是2012年7月6日的非对称降息,给商业银行在设定利率时提出了更高的要求。必须谨防利率变化对银行债权的影响;而对于物流金融业务中的进出口保理业务模式,必须防范由于汇率变化给银行可能带来的损失。

【实例8-2】

操作风险引起的巨额亏损

这起案件要追溯到2008年年初。当时,通过华夏银行石家庄支行行长赵薇介绍,央企中国诚通控股集团旗下全资公司——中国物资储运总公司河北物流中心(以下简称中储河北物流)与河北金鲲公司女老板曹连英签订了贸易合同。双方合同约定,每月月初金鲲公司出售2000万元的铁精粉给中储河北物流,月底再由另一家名为奇石麟的公司加价3%买回,中储河北物流从中赚得60万元。

而事实上,金鲲和奇石麟均为曹连英和李永平夫妻分别持股100%和90%的私企,两公司的法人和实际控制人均为曹连英,曹通过自己掌控的两家公司向中储一卖一买铁精粉,实为获得2000万元的流动现金。

2008年6月底,中储河北物流没能如期从奇石麟收到2 000万元和3%加价款项60万元,对方称因资金紧张要延期半月支付。同时,曹连英又催促完成下一笔交易,要中储河北物流支付2 000万元货款。中储为顺利拿到第六单的回款，只得继续接受金鲲公司的铁精粉。但此时，中储河北物流总经理张堪勇对曹连英已有些信不过了，变故自此而生。

按照双方约定，7月10日当天下午5时左右，奇石麟将2 000万元货款交付中储河北物流，双方第六笔交易钱货两清。几乎同时，在曹连英的眼皮底下，中储河北物流财务部也向金鲲公司开具了一张时间为7月11日的2 000万元转账支票。为确保无误，曹在银行下班前，赶到付款行——石家庄市商业银行翟营大街支行，验明该支票为真。

但到第二天早晨，前来转账的曹连英被银行告之，中储河北物流已于头天晚上下班前将账户上的钱划走了，支票已成空头支票，且已被中储"挂失"。遭此暗算后，曹连英盛怒，当天遂以"票据诈骗"为名，向石家庄公安局经侦支队报案，但警方了解双方"以贸易方式融资"的实质后，认为中储河北物流此举不构成诈骗罪，建议曹连英向法院起诉。半年之后，2009年9月14日，河北金鲲公司突然以"票据纠纷"为由，将中储河北物流诉至石家庄市中院，诉请法院判令中储河北物流向其支付票据款及利息等近2 300万元。2010年5月6日，河北高院对一诉"票据纠纷"案作出终审判决，判令中储河北物流归还金鲲公司本息2 300万元。

然而一波未平，一波又起。一诉终审完两个月后，2010年7月，河北金鲲以"2 000万元票据款不足支付购货款，中储河北物流还欠2 000多万元货款"为由，发起了第二轮"买卖纠纷"诉讼。曹连英诉称，截至2008年7月10日，中储河北物流总计收到金鲲供给的铁精粉31 589万吨，因对方开具的2 000万元支票空头，经河北高院判令对方偿还了2 000万货款，但该款对应的只是12 870吨货物，还有18 719吨价值2 909万元的铁精粉至今未予归还，诉请判令退还铁精粉或相应货款。金鲲提供的证据，仍是一诉审理中来自中储河北物流的监管日志和货物出入日报表，31 589万吨铁精粉的总量，正是据此"监管日志"算出。

对此，张堪勇表示，2010年7月4日和10日两天记录有误，将还未完全倒进货场的19 792吨和5 046吨货错误登记了。因此，面对"31 589万吨"铁精粉总量，中储河北物流再次有口难辩，只得认栽。10月18日，石家庄中院对二诉进行宣判：中储河北物流退还金鲲公司18 719吨铁精粉(价值2 909万元)。这意味着，在这桩由"贸易融资"引发的两起诉讼中，中储两诉皆败，5 200万元国资流失殆尽，且钱货两空。

(资料来源：http://www.chinawuliu.com.cn/zixun/201012/27/118633.shtml)

8.3 物流金融风险管理流程

物流金融业务具有同商业银行其他业务类似的风险管理流程，包括风险识别、风险度量(风险评估)和风险控制等环节，但风险流程的实施，必须建立在清晰的风险管理战略基础之上，为了强调风险战略的重要性，在此将风险战略列为风险管理流程中的第一步。物流金融业务的风险管理流程如图8-3所示。

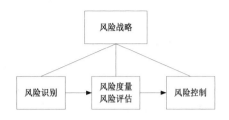

图 8-3　物流金融业务的风险管理流程

8.3.1　风险战略

所谓风险战略,即是在监管层审慎监管的要求下,根据商业银行自身的风险偏好,针对物流金融业务的特点,制定总体的风险管理战略目标和框架。

对战略风险概念的定义目前学术界尚存在分歧,但基本上都没有脱离战略风险字面的基本含义。风险的基本定义是损失的不确定性,战略风险就可理解为企业整体损失的不确定性。战略风险是影响整个企业的发展方向、企业文化、信息和生存能力或企业效益的因素。战略风险因素也就是对企业发展战略目标、资源、竞争力或核心竞争力、企业效益产生重要影响的因素。

8.3.2　风险识别

风险识别是风险管理的基础,主要是对可能给银行带来损失的各种风险因素加以判别,分析其风险性质,并对其进行分类。

风险因素的识别是风险管理的前提和基础,识别的准确度与风险管理效果密切相关。为了保证对早期风险因素分析的准确度,应对风险因素进行全面系统的调查分析,并进行综合归类,分析其性质、类型及后果。缺少科学系统的方法来识别和评价风险因素,常常是引发风险损失的主要原因,也常导致在风险管理的过程中不能合理地选择控制和处置的方向。由于风险因素的难以预测性和动态性,故风险的识别和衡量也必须是一个连续不断的、制度化的过程。物流金融业务中的风险因素构成较为复杂,不同行业、不同地区等可能隐含的风险因素不尽相同。[①]

8.3.3　风险度量和风险评估

风险度量即是对物流金融业务中的各类风险进行定量分析和描述,对风险事件发生的概率和可能造成的损失进行量化。风险评估则是在风险测度的基础上,根据银行的风险承

---

① 段伟常,张仲义. 物流金融风险管理体系及评价方法研究[J]. 石家庄学院学报,2009(7).

受能力，判断是否采取必要的风险控制措施。目前，我国的商业银行风险管理和风险评估还处于起步阶段，加之物流金融作为一项新兴业务，缺乏数据积累，难以对各类风险进行定量分析，(比如信用风险和操作风险)。但"巴塞尔协议Ⅱ"和 2010 年通过的"巴塞尔协议Ⅲ"以及银监会均鼓励银行利用定量模型进行风险管理，这业已成为风险管理的必然趋势。近年来，定量模型中的组合信用风险模型以及风险价值 VaR 模型，得到了学术界和实务界的广泛应用，国内商业银行在广泛借鉴上述较为成熟的模型的同时，应结合物流金融自身的特点，对其加以修正和完善，建立风险数据库，开发出适合物流金融业务的风险度量模型。毋庸置疑，这还需要理论界和实务界通力合作。

风险控制是继风险评估之后，对风险采取合适措施的环节。物流金融业务不同于传统信贷业务的最大特色，即在于在风险控制措施上采取了"信用风险屏蔽技术"和"信用捆绑技术"。所谓信用风险屏蔽技术，即利用物流、资金流的控制获得授信的自偿性，并实现对主体信用等级的隔离；而信用捆绑技术，即是对授信企业所在供应链的核心企业的信用捆绑，以及通过合作方式引入第三方物流企业和担保公司，来共同分担风险，然而这犹如硬币的两面，在降低了信用风险的同时，却增加了更多的操作环节，复杂程度也明显高于传统信贷业务，因此操作风险必然增多。

8.3.4 风险控制

具体来讲，物流金融业务风险控制主要包括风险的承担与回避、风险补偿、风险转移、风险分散等措施。

1. 风险承担和回避

对于商业银行而言，是指根据风险识别中对授信主体和债项的评级来决定是否授信，因此其关键在于，银行制定出适合物流金融业务的准入体系。

对于物流企业来说，科学评价自身实力，量力而行。物流金融服务目前只适合在具备较强的资产规模和经营实力、拥有全国范围内的仓储监管网络和现代化的物流信息管理系统、拥有规范化和标准化的品牌服务、具有物资销售资质的大型第三方物流企业中开展，中小物流企业要对物流金融风险进行科学评估，结合自身实力，综合考虑是否可以开展物流金融服务以及服务深入程度。

2. 风险补偿

风险补偿是物流金融业务中主要的风险控制方法。首先，银行通过对业务中物流、资金流和信息流的全程控制，实现贷款本息的自偿。一旦授信企业违约后，银行有权处置质物，保证债权的实现。除此之外，风险补偿还与质押率、贷款利率以及保证金的收取比例等合约设计指标有极为重要的关系，上述变量决定了风险定价的水平，理想的风险定价能够恰当反映银行的风险程度，并能缓释逆向选择和道德风险，提高业务的吸引力。

除此之外，对于大型平台类企业而言，可以联合政府、平台内入驻大型物流企业、小微企业等共同发起成立物流金融风险基金，以抵补企业违约发生带来的损失。该基金借助政府引导资金，可以实现平台的增信，同时又可以放大政府的产业引导功能；同时借助于基金杠杆，也可以实现对物流企业以及小微企业行为的约束，从根本上降低风险。

3. 风险转移

风险转移也是一种事前风险控制办法，风险转移必然有第三方风险承担主体。

银行实践中，开创性的引入供应链核心企业和物流监管公司作为局部的风险承担主体，并探索出了一套成熟的模式。在诸如预付类业务中，合约中往往要求核心企业承担回购的风险。由于物流金融业务操作环节复杂，物流监管公司承接了更多的操作风险，而且，统一授信模式下，物流公司还承担了授信企业的违约风险。

保险公司作为天然的风险承担者，可以贯穿供应链业务的整个流程中，比如在存货质押业务中，银行要求授信企业为质物购买相应的保险品种，比如盗抢险、火险、在途运输险等，而对于出口信保押汇业务，银行则要求授信企业必须向中国出口信用保险公司购买保险，并将银行作为第一受益人。

担保公司也日益成为物流金融业务的重要参与方，由于担保公司的客户群体主要是中小企业，因此，相较银行，担保公司更为了解中小企业的资信水平，这有助于降低银行搜集信息的成本，节约资源。

除上述四方以外，随着供应链业务的发展，业务模式将日趋多元化，将有更多的第三方参与进来，比如政府主导下的企业征信平台，集中公示系统，以及信息系统开发商，还有期货、期权等衍生品交易所。比如在以标准化的质物或仓单作为质物申请融资时，银行可能会要求授信企业在期货市场进行相应交易，以对冲现货市场的风险，实现套期保值。

4. 风险分散

对于物流金融业务来说，风险分散主要是对抵、质押物的组合选择来讲，最为通俗易懂的总结便是"不要把鸡蛋放在一个篮子里"。银行在实践中，为分散风险，经常要求企业在动产质押的同时，还必须有不动产的抵押。而且在构建质物组合时，尽量选择不同行业，质物不存在相关性或者相关性很小。

【实例8-3】

花旗银行风险管理案例

2008年美国次贷危机的爆发以及紧随其后的"两房"的破产、雷曼兄弟的倒闭，对发展势头强劲、资产规模和业务产品雄踞第一的花旗集团来说，也是毁灭性的打击。从2008年11月16日到21日，一周内花旗股价跌幅高达68%，从历史最高点35美元跌至3.77美元。之后，花旗银行股价继续下挫，2009年3月，花旗银行股价自1986年上市以来首次盘中跌破每股 1 美元，最终以每股 1.02 美元报收。3 月 5 日，花旗银行的市值仅剩 55.96 亿美元，相比 2006 年高达 2772 亿美元的市值，缩水幅达 98%，连续五个季度巨额亏损，使花旗银行全年亏损超过 200 亿美元。面对如此惨痛的现实，在表外业务和中间业务连续获取了高额回报后，花旗终于为其偏离传统业务和忽视风险付出了代价，最终不得不分割出资产管理业务，重新回归传统业务。这样一个金融巨擘的兴荣衰败，让人们对其亏损的原因极为重视，经过分析，花旗银行的亏损除了直接由金融衍生品导致外，其内部和管理层对风险管理和控制的忽视才是症结所在。面对日益积累的市场风险，银行监管处于空白状态，内部人员只顾短期利益，缺乏任何具有强制性、持续性和可执行性的风险机制。

美国金融机构风险管理的基本思路是通过分析各类风险产生的可能性高低及其影响大小，分别采取保持、规避、转移和分散策略，并通过建立风险管理组织、制定风险管理标准、业务(产品、地区)多元化、资产证券化、引入金融衍生工具等方法形成风险管理框架。按照风险种类划分，花旗银行风险管理的策略与方法归纳如下：

1. 确立授信政策和审批业务的具体政策和程序

(1) 监测业务风险管理的技能，持续评估组合信用风险。
(2) 确保适当水平的贷款损失准备。
(3) 审批新的产品和风险。
(4) 风险组合的表现进行调整。

2. 花旗银行对信用风险控制的基本政策

(1) 联合企业和独立的风险管理部门协同管理信用风险。
(2) 单独的控制中心根据每个客户的信用度调整对其的信用。
(3) 贷款展望期需要至少两个经授权的信用官员签名，其中一个必须是风险管理部的成员。
(4) 适合于每个债务人的风险评级。
(5) 信用资料的记录和补救措施管理应有一致标准。

3. 花旗银行控制市场风险

(1) 不断调整借款与储蓄的价格。
(2) 在交易中寻求合作伙伴。
(3) 通过表外的衍生品对冲利率风险。

4. 花旗银行国家风险管理

(1) 评估在特定国家的经验，强调对潜在的引致国家风险事件的应对。
(2) 定期回顾在每个国家的风险敞口，提出行动建议。
(3) 持续追踪。

5. 花旗银行跨境风险管理

(1) 每年定制跨境限制。
(2) 持续监测跨境风险以及全球经济环境。

(3) 建立内部风险管理措施。

(资料来源：崔晓溪. 浅析花旗银行混业经营下的风险控制[D]. 西南财经大学，2010.)

8.4 物流金融风险控制关键指标

随着物流金融服务的发展，物流金融风险在实际中也日益显现出来，为了预防及减少物流金融风险的产生，本节将详细阐述利率、质押率、货款期限与盯市周期、警戒线与平仓线、保证金这五个物流金融风险控制的关键指标。

8.4.1 利率

同传统信贷业务一样，物流金融产品的定价必须坚持风险与收益成正比的原则，设计产品的预期收益能够抵补银行所承受的风险。利率一直作为信贷业务中最基本的风险定价工具，在物流金融业务中，亦不例外。一个合适的利率水平可以缓释银行面临的逆向选择和道德风险，为此，商业银行在开展业务时，往往针对不同客户设定不同的利率，主体评级和债项评级好的企业，银行往往给予较为优惠的利率，而对于综合评级水平较差的企业则设定较高的利率水平，比如在基础利率水平上上浮10%或者20%。

然而，在我国利率尚未完全市场化的情形下，利率的确受到诸多政策管制，存在一定的上下限，这就使得面临完全市场化的风险时，利率的作用早已打了折扣。这也就迫使银行继而寻找为物流金融业务量身定做的其他控制变量。

8.4.2 质押率

存货质押业务模式作为物流金融业务中最为基本和成熟的模式，在产品的合约设计中，鉴于利率工具的局限性，银行有必要寻找拥有更大自主性的风险控制变量。质押率(又被称为质押贷款比率)由于设定的相对自由，而成为银行在管理存货质押业务中的核心控制变量。

质押率是银行授信额度与质押存货价值的比率。质押率的最终设定是银行在综合考虑了包括宏观经济环境、质物自身风险、授信企业以及交易对手的资信水平、贸易背景的真实性，以及物流企业、担保公司、保险公司的参与程度等相关风险因素后，结合自身的风险偏好水平而作出的系统性安排，它如实反映了银行对业务集成风险的承受能力。因此质押率的设定最为核心的技术工作即是对多方参与下的物流金融业务集成风险的综合考量。

由于信用风险以及操作风险的难以量化，现有的研究中多以对质物价格波动风险进行测度，然后根据宏观经济环境以及其他风险因素，辅以修正参数，得到最终的质押率。银行在实践中，则采用更为保守的经验估值法，质押率多在50%～70%之间。

【知识拓展】

存单质押率指银行办理存单质押贷款业务时按存单金额的一定比率办理的贷款。例：存单金额为 10 000 元，存单质押率为 70%，那么银行贷款的金额不超过 7 000 元。

(资料来源：http://www.360doc.com/content/12/0810/10/9368945_229356750.shtml)

8.4.3 贷款期限与盯市周期

在存货质押业务中，贷款期限即是指质押期。商业银行实践中，规定质押期限不超过一年，这也正是动产质押贷款自身最大的特点，即为短期多频次的授信产品。而且，鉴于业务的自偿性，银行在设定贷款期限时，必须考虑到授信企业自身的销售周期，以实现二者相匹配，以避免销售账款不能及时回流到银行监管账户，诱发授信企业违约的风险。

除此之外，盯市周期亦是一个重要风险控制变量。在研究中，也常将之称为银行的风险持有期或者风险窗口。盯市周期是银行审计评估质押存货价值的周期，衡量了银行对授信风险的监控程度。在常见的股指、债券以及期货等金融产品的交易中，由于多以场内交易的标准合约为主，因此，证券交易所或者期货交易所有能力采用逐日盯市制度。与之相比较，物流金融业务多以场外交易的现货为主，加之流动性差，从风险发现到风险处置的时间势必较长，因此，盯市频率过高，必然导致盯市成本过高，银行有必要选取合适的盯市周期，既能做到早期发现问题，又不至于成本过高，实现成本和监管的平衡。

8.4.4 警戒线与平仓线

警戒线与平仓线均是应对质物价格波动风险的风险控制指标。如图9-4所示，当质物的价格跌破警戒线时，银行会要求授信企业通过补足质物或者追加保证金的方式，使质物的价值回复到合约初始水平。如果授信企业在约定期限内未按时补足货物或追加保证金，或者质物价格继续下跌至平仓线，则银行有权提前结束授信，并采取措施处置质物，所得费用用于清偿贷款本息；不足部分，通过其他方式向授信企业追缴，多余部分，予以退还。

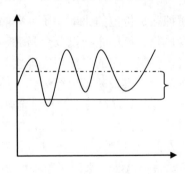

图 9-4 警戒线与平仓线

【知识拓展】

以华夏银行为例，警戒线与平仓线分别设为 6%、12%，当质物价格下跌超过 6%时，价格专管员(或要求经营单位)向借款人发出书面通知，要求追加质物或提供新的担保，同时通知经营单位；若发出通知书五个工作日内借款人仍不能追加质物或者提供新的担保，或者发出通知后质物价格继续下跌，总跌幅超过 12%且借款人未追加质物或者提供新的担保的，银行有权立即宣布授信提前到期并采取措施处分质物。

(资料来源：http://www.hxb.com.cn/chinese/index.html)

8.4.5 保证金

保证金制度在证券、期货等成熟的金融市场中广泛使用，是一种较为成熟的风险控制制度。保证金分为初始保证金和追加保证金，对于预付类融资产品比如先票(款)后货模式和担保提货(保兑仓)模式，银行会要求授信企业交纳一定比例的初始保证金。

业务操作中，根据融资期限的长短及质押融资的比例，预交风险保证金，以承担质物市场价格波动的风险。当市场价格下跌到预警线时，按协议规定通知融资企业增加质物和保证金。如果出质人超过融资期限，则以风险保证金抵充融资额或质物变现的差额；如果出质人按期归还，则退还保证金。

初始保证金与质押率和利率变量相同，均是风险补偿措施，也是风险定价手段，以缓释授信企业带来的违约损失。目前，大宗商品的期货市场的初始保证金设定在 5%～15%之间，而对于流动性差的现货交易收取的保证金比例则更高，以天津渤海商品交易所为例，所有上市交易的现货品种初始保证金均为 20%。基于此，以场外现货交易为主的物流金融业务中，其面临的风险更高，因此保证金比例的收取至少为 20%。比如华夏银行对于预付类融资业务类，要求初始保证金比例至少为 30%。

追加保证金往往与另一风险指标警戒线紧密联系，当存货价格跌破至警戒线以下，银行往往要求授信企业通过追加保证金或者补货的形式，使质押存货的价值回复到初始水平。

上面提到的初始保证金和追加保证金，均是银行要求授信企业交纳的比例。除此之外，面对资质水平不是太高的物流监管企业，银行为避免物流企业违约造成的损失，也会在合约中约定物流企业应交纳的初始保证金比例。

风险管理是商业银行业务管理的永恒主题。物流金融业务，由于跨行业、跨领域，且商业模式不断衍变，参与方众多，风险管理的挑战将更加艰巨，银行除在合约设计、风险管理措施等技术层面着手外，还应顺应物流金融等新兴业务的特点，进行制度变革，改变传统组织结构，另外，注意提高员工对各行业的认识和研究能力，吸纳更多行业的专业人士加入到物流金融业务中，以提高银行、物流企业等参与主体的抗风险能力和盈利水平，使其在物流金融这片蓝海中越走越远。

本章小结

本章在银行审慎风险管理原则的大框架下，综合考虑物流企业在物流金融业务中面临的风险，首先探寻物流金融业务风险管理的原则与内涵，其原则包括风险收益平衡原则、全面风险管理原则和协同管理原则，其内涵指银行对企业的信用评级开始更强调贸易背景的特定化以及系统性统筹授信；其次根据现有业务模式对物理金融风险进行分类，包括质物风险、信用风险、操作风险(包括法律风险)、市场风险；然后梳理了风险管理的流程，通过风险战略、风险识别、风险度量与评估、风险控制这些环节能有效降低物流金融的风险产生；最后列出了合约设计中所应重点关注的风险控制变量，包括利率、质押率、贷款期限与盯市周期、警戒线与平仓线、保证金这几个物流金融风险控制的关键指标，以期对物流金融业务风险管理的发展有所裨益。

课后习题

一、选择题

1. 物流金融风险管理的原则不包括(   )。
   A. 风险收益平衡原则　　　　　　　　B. 全面风险管理原则
   C. 事前预测原则　　　　　　　　　　D. 协同监管原则
2. 物流金融风险管理的两个重要手段为(   )。
   A. 现金流控制与管理　　　　　　　　B. 资金仓位管理
   C. 资金亏损限制　　　　　　　　　　D. 结构性授信
3. 现金流管理的要素包括(   )。
   A. 流量　　　　　　　　　　　　　　B. 流向
   C. 节点　　　　　　　　　　　　　　D. 循环周期
4. 物流金融风险包括(   )。
   A. 信用风险　　　　　　　　　　　　B. 操作风险
   C. 市场风险　　　　　　　　　　　　D. 质物风险
5. 风险控制的方法包括(   )。
   A. 风险回避　　　　　　　　　　　　B. 风险补偿
   C. 风险转移　　　　　　　　　　　　D. 风险分散
6. 物流金融风险转移承担主体包括(   )。
   A. 核心企业　　　　　　　　　　　　B. 物流监管公司
   C. 保险公司　　　　　　　　　　　　D. 担保公司

7. 物流金融风险控制的关键指标包括( )。
   A. 利率　　　　　　　　　　　　B. 质押率
   C. 贷款期限　　　　　　　　　　D. 警戒线与平仓线

二、名词解释

1. 结构性授信
2. 信用风险
3. 操作风险
4. 风险战略
5. 质押率
6. 盯市周期

三、简答题

1. 结构性授信的目的有哪些？
2. 质物风险是什么？其包括哪些内容？
3. 物流金融风险控制的关键指标包括哪些？

四、案例分析

以物流园区为代表的平台类企业开展物流金融业务风险分担机制构想方案

该类平台企业以某国际集装箱物流园区为代表，平台内往往吸引入驻了一批实力雄厚的国际物流巨头、国内大型央企以及新兴供应链集成服务提供商，共同服务于当地产业集群内的大批中小微企业。以此为背景，此类融资平台业务流程以及风险分担机制如图 8-5 所示。

该机制的核心在于物流风险基金，即由政府产业引导基金、入驻大型物流企业计提的风险准备金、小微企业向银行缴纳的保证金共同组成。具体流程如下：物流企业首先从有融资需求的中小企业中选择有合适质押物的企业向融资平台推荐，假设物流公司1从企业1，2，…，N 中选择了企业 X，并对企业 X 进行初评，通过后，将初评报告上报给融资平台(箭头 1)。平台建立有完备的中小企业信息库，适时更新有关企业资产、盈利能力、负债等方面的信息，使平台成员——商业银行和物流企业随时发现有融资需求且满足质押物要求的中小企业，优质的中小企业可通过在平台上主动披露有关信息，以吸引银行和物流企业提供服务。平台将上报的企业交由其风险评估机构进行进一步的评估(箭头 2)，如果通过，则报商业银行提供贷款(箭头 3)。商业银行根据自身的信贷审核流程，进行审核，决定是否发放贷款，若企业 X 通过了银行的审核，则由商业银行、物流企业 1 和企业 X 签订三方贷款协议，由物流企业提供担保，企业 X 要向银行缴纳贷款金额一定比例的保证金，同时将质押物交由物流企业进行保管，银行发放贷款。贷款到期时如果企业 X 偿还了贷款本金和利息，则银行通知物流企业放货(箭头 4)；若企业 X 违约，则将企业的质押物变卖获得货款以偿还债务，如果货款不能偿还债务则由保证金继续偿还(箭头 5)，如果此时还没能偿还完债务，则由物流企业作为第一担保人代为偿还，即从风险准备金中提取相应金额(箭头 11)。风险准备金是物流企业按照相关财税制度计提，向平台缴纳的一种特殊准备金(箭头 7、8、9)，财政扶持资金弥补也向此准备金账户注入一定的对中小企业的扶持资金(箭头 10),若扣除物流企业 1 的准备金后，还存在资金缺口，则动用物流风险基金，并由财政资金第一顺序偿还。而物流企业 1 要在规定时间缴纳风险准备金，才能保留平台的成员资格。

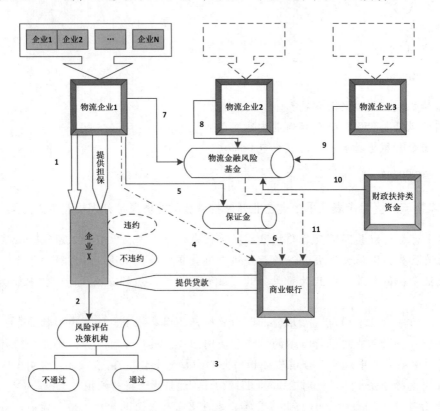

图 8-5　平台类企业开展物流金融业务中多层次风险分担机制

(资料来源：四川省物流金融发展研究报告，2012 年 10 月)

思考题：

谈谈你对该案例中物流金融业务风险分担机制的看法。

第 9 章　物流金融公共信息平台

教学目标

- 了解物流金融公共信息平台的含义、特点和作用；
- 理解物流金融公共信息平台构建的总体思路、参与主体及需求分析；
- 掌握物流金融公共信息平台的功能设计；
- 理解物流金融公共信息平台的运营保障设计。

【案例导入】

润土科技供应链融资系统

1. 产品/服务介绍

润土科技是一家专业从事信息技术研发和业务流程管理的现代服务企业，致力于成为大宗商品电子商务领域一站式解决方案的领先服务提供商。第三方"云计算"服务系统提供商统一开发供应链金融服务系统，通过供应链金融服务系统将分散在交易市场、金融机构、大宗商品生产、贸易、消费、物流、仓储等企业的工作流实时协同到一个平台上，真正使资金流(融资流)、商流、信息流、物流实现实时无缝对接，降低大宗供应链整体成本，提升经济效益。

润土大宗"云"主要云组件有：①大宗云"中远期"电子交易系统；②大宗云"连续现货"电子交易系统；③大宗云"挂牌现货"电子交易系统；④大宗云"实体店铺"大卖场电子交易系统；⑤大宗云"3D"虚拟实景商城平台；⑥基础云"供销存"信息管理系统；⑦基础云"财务管理"信息管理系统；⑧基础云"供应链融资"信息管理系统；⑨基础云"信息"信息管理系统；⑩基础云"物流"信息管理系统；⑪基础云"仓储"信息管理系统；⑫基础云"数据仓库"智能决策分析系统；⑬基础云"行情信息"分析系统；⑭基础云"物联网信息"智能管理系统；⑮常用的办公云软件：Office、CAD、杀毒软件、Photoshop、PDF等常用办公软件；⑯第三方云支付；政府网上云化办公服务系统(网上工商注册、纳税、报关等)。

其产品结构如图 9-1 所示。

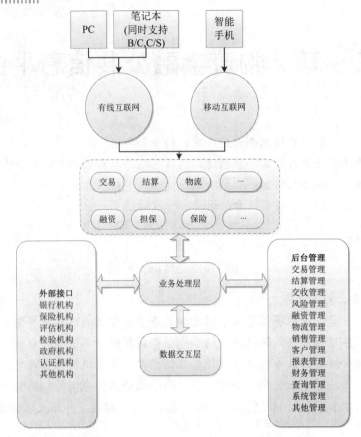

图 9-1　润土科技供应链融资产品结构图

2. 产品特点

1) 系统功能特点

(1) 能够支持现货标准挂牌、现货连续、现货中远期、现货挂牌、专场交易、竞价等多种交易模式，同时为多种交易模式提供强大的管理后台；

(2) 自主开发行情系统，能够保持交易业务和行情业务的即时协同并在一个页面操作，提高交易的可视化；

(3) 能够支持 B/S 及 C/S 结构，支持胖客户端、瘦客户端和富客户端，方便客户在终端应用时的不同习惯选择；

(4) Flex 具有良好的用户体验，能够减轻用户的视觉疲劳；

(5) 能够支持交易、物流、融资、担保等多种形态中的业务发起，并且能实现多业务板块的即时协同；

(6) 系统功能由用户自主配置，即用户可以自主配置角色、权限等，以适应各种不同

形态组织的业务需求;

(7) 后台功能采用插件形式进行组装,能够方便客户进行各项升级和二次开发;

(8) 独特的供应链融资服务系统和解决方案。

2) 系统技术特点

(1) 后台选用开源、国际接轨、通用的 Java 语言开发平台和 J2EE 架构;

(2) 前台选用开源、国际接轨、通用的 Flex 技术;

(3) 底层撮合程序采用二进制进行数据传输,提高运算效率和并发数;

(4) 服务器推送技术,减少数据库的 I/O 读写,提高数据库资源利用率;

(5) 共享内存安全设计技术,进而提高内存运算能力,增加进程并发数;

(6) 交易请求速度快,页面访问效率高。

(资料来源:http://www.runtutech.com/)

想一想:

1. 从案例中思考物流金融公共信息平台应如何构建。需要满足哪些功能?
2. 分析润土科技平台的参与主体有哪些?各主体需要提供哪些信息?

2009 年国务院会议确定了将物流公共信息平台作为振兴物流业的九大重点工程之一,作为物流公共信息平台的重要组成部分,物流金融公共信息平台建设的步伐也在不断地加快。本章将介绍物流金融公共信息平台的含义、作用、平台构建及运营保障设计等相关内容。

9.1 物流金融公共信息平台

9.1.1 物流金融公共信息平台的内涵和特点

1. 物流金融公共信息平台的内涵

物流金融公共信息平台是依托云计算、物联网等现代信息技术,提供物流信息、技术、设备、贷款抵押、资金融通和保险等资源共享服务的信息平台。该平台将信息化服务、物流基础服务和物流金融服务进行整合,具有提供物流信息查询、技术和设备管理、质押监管、供应链融资等服务,面向社会用户提供信息服务、管理服务、技术服务和金融服务的基本特征。物流金融公共信息平台应该涵盖业务营销、资金融通、质押监管、保险、物流基础服务、数据收集处理、风险识别、结算支持等功能,是一个集金融机构、物流企业、融资企业等多方参与者为一体的综合性信息平台。

2. 物流金融公共信息平台的特点

1) 系统性

物流金融公共信息平台是一个集合了物流企业、金融机构和融资企业等众多用户主体的综合性平台，要求在构建过程中充分考虑各个主体间的数据和信息交换与共享机制，满足不同主体对平台构建的信息和功能需求。因此，该平台必须具有系统性的特点，以协调不同用户主体。

2) 开放性

物流金融公共信息平台的基本功能是平台参与主体和客户间的信息交换和信息共享，这就决定了该平台与各主体用户的众多异构信息系统、信息平台之间将产生信息交换。因此，平台设计必须充分考虑其兼容性，实现系统内外不同信息资源的异构数据间的连接，将不同系统中的物流金融资源进行集成和整合。

3) 安全性

由于该平台将涉及各主体的各种商业数据和资料，故必须重视平台的安全保障和防范能力。平台的安全性涉及平台构建过程、平台硬件设备和交易数据传输三个方面，应从系统安全保障、网络环境和数据存储备份三个方面采取对应措施，并且对需要传递的数据和信息进行加密以保障安全。

4) 可扩展性

物流金融公共信息平台是以现代信息技术为基础构建的平台，而信息技术处于不断升级的过程中，因此在平台规划和建设过程中应考虑到物流金融行业未来的发展趋势，这就要求平台具有一定的扩展性，便于后期的升级和更新。

9.1.2 物流金融公共信息平台的作用

物流金融公共信息平台，依托云计算、物联网等现代信息技术，从根本上解决了中小企业融资难和物流金融风险的关键因素——信息不对称问题，大大提高了资金供需双方的交易可能性和融资效率，降低了融资成本，同时对于竞争压力巨大的金融机构以及物流企业等相关服务主体而言，其提供了一个更为便捷的客户开拓平台，降低了其客户的开发成本。对于物流金融公共信息平台来说，其作用可体现在微观和宏观两方面。

1. 微观作用

1) 对中小企业的作用

物流金融公共信息平台打破了中小企业与金融机构之间的信息屏障，实现了金融机构对质押的动产权益属性、动态状态属性的动态监控，以及对真实交易信息的监控，帮助中小企业拓宽了融资渠道，降低了其融资成本，提高融资效率，降低其库存，提高了资金利用率。

2) 对金融机构的作用

物流金融公共信息平台多元化的服务功能吸引了大量的客户，促使金融机构开发更多金融品种，吸引更多的客户。并且通过平台对质物的实时动态监控能提升金融机构信贷人员的贷前评估工作效率和实现贷后实时风险监控。

3) 对物流企业的作用

物流金融公共信息平台能增加物流企业与金融机构的合作机会，有利于其拓展新的业务，增加企业的创收模式，提升盈利水平，提高竞争力；能加强金融机构、工商企业与物流企业的长期合作；通过此平台能真实地了解中小企业的信用状况，能规避信用风险和操作风险。

4) 对保险、审计、法律等企业或机构的作用

物流公共信息平台通过与中小企业、电商交易平台、物流企业等企业，以及工商、税务、海关等政府机构建立数据接口和系统集成，记录了中小企业、物流企业的基本信息和历史信用，保险、审计、法律等企业或机构能便捷地了解各企业的基本信息和信用信息，催生各机构的新业务，扩展新的服务对象。

2. 宏观作用

通过物流金融公共信息平台首先能够评估政府资金扶持政策的实施效果，维护存货融资交易秩序，促进供应链金融健康、快速发展；其次，缓解了中小企业融资难问题，助推科技创新和产业升级；最后，推动了保险、审计、信用中介、第三方物流等企业协调发展。

除此以外，物流金融公共信息平台以现代信息技术为基础，通过整合平台各参与主体间的数据和信息进行交换和共享，达到使物流市场组织信息化的目的，在提升整个社会物流信息化水平的同时，有效推动了物流信息标准体系大的建设，使物流信息化的最终目标得以初步实现。

9.2　物流金融公共信息平台的构建

9.2.1　物流金融公共信息平台构建的总体思路

物流金融公共信息平台是一项跨地区、跨部门、跨行业的系统工程，在规划和建设的过程中，必须从全局出发进行统一规划，并逐步实施。同时需要政府、物流企业、金融机构和融资企业等社会各相关行业的共同参与，发挥各行业的优势，利益共享，风险共担，充分调动各企业的积极性。这就要求政府必须在平台建设过程中充分发挥主导作用，协调和监管平台的建设和运营过程，保证其建设成为一项具有公益性质的公共性基础设施。物流金融公共信息平台必须体现其服务精神，建立完善有效的制度和方案为广大物流企业、金融机构、融资企业和政府相关部门提供全面的物流和金融服务。并且，为保证平台上流转的信息和数据的安全性，应保证平台的公平、公正和公开，在充分满足客户需求的基础

上，建立一个促进各方企业稳定运作和发展的竞争环境。应该保证平台重要领域中的优先环节的资金投入，避免由于资金不足对平台实施效果造成不良影响。

物流金融公共信息平台的建设思路应遵循"顶层设计、分步实施"的基本思路，即从整体和全局出发来规划信息平台，避免系统由于设计的不合理造成适应性差而无法适应市场变化。对于一个庞大、复杂的信息系统来说，在建设过程中应以总体目标框架为指导，采用全局设计、分步实施的方式进行。

在平台的规划和建设过程中，应当遵循以下原则：

(1) 开放性原则。

物流金融公共信息平台将会有大量不同的用户企业进入或访问，因此，应充分利用各类先进的信息技术和信息产品，使其他用户企业更为便捷的与该平台连接，为用户提供更为方便快捷的服务。

(2) 安全性原则。

物流金融公共信息平台应该在开放的前提下确保用户的安全，因此，在设计过程中，应当使用精密的网络安全技术和严格的用户权限管理，防止非法操作和恶意系统入侵。

(3) 先进性的原则。

物流金融公共信息平台必须满足物流金融和信息服务的要求，先进的系统规划和设计，高标准的硬件配置和先进的软件技术是建设平台的基础保障。同时，应该考虑到未来物流金融业务的发展趋势和系统的更新，为系统规划留有一定的扩展空间。

(4) 阶段性原则。

物流金融公共信息平台的建设涉及各个方面，一次性建设不可能完成，因此，需要分阶段逐步完成项目的实施，前一阶段的成果将作为后一阶段的前提保证。

根据物流金融公共信息平台构建的总体思路，严格遵循设计原则，将物流金融公共信息平台基本构建流程归纳如图 9-2 所示。

图 9-2　物流金融公共信息平台构建流程

注：
① 收集的资料包括平台所在地的已有物流金融公共信息平台的发展现状、相关政策和法律法规。
② 确定该平台的类型、用户类别和参与主体。
③ 需求分析包括平台参与主体和用户的信息需求和功能需求。
④ 体系结构设计可包括纵向、横向以及逻辑结构设计。
⑤ 功能模块设计主要是根据需求分析的结果将体系结构中的应用层进行模块划分。
⑥ 对整个平台的运营模式和保障机制进行设计，确保平台稳定运营。

9.2.2 平台参与主体

物流金融公共信息平台是面向全社会物流系统的集成化、智能化物流金融信息管理与应用中心。平台可以按照一定的信息交换协议或标准从不同物流金融信息来源或平台参与主体处获取信息，通过一些既定算法、程序对这些数据进行交换、组织、存储、发布、分析等处理，然后为不同的用户或服务对象提供不同种类、不同层次的综合性物流金融信息服务，为决策提供辅助支持，使不同服务主体的物流金融信息需求得到满足，以达到整合多方物流金融信息资源、降低企业融资成本和提高整体融资效率的目标。因此，分析物流金融信息平台参与主体的需求及在平台中扮演的角色，对平台的成功搭建至关重要。总的来说，可将参与物流金融公共信息平台的主体分为以下几类。

1. 政府部门

政府的统一规划和政策支持对物流金融公共信息平台的建设与运营起着十分关键的作用。一方面，政府对于公共信息平台的统一规划可保证系统的标准和接口的一致性和规范性，最大限度地提高平台的通用性。同时，只有政府的政策支持才能保证平台服务功能的公共性和完备性，从而避免平台运营趋于单纯的经济化而忽视公益性。另一方面，政府也可从物流金融公共信息平台上获取各个企业的基本信息和运营流程，从而对交易过程进行监管，保证物流金融业务交易的公平公正，同时为政府制定和颁布物流金融相关法律法规和政策提供依据。

2. 金融机构

金融机构是物流金融公共信息平台建设和运营的主要参与主体，其主要作用是为中小企业提供资金支持，缓解中小企业"融资难"问题。利用物流金融公共信息平台，金融机构一方面可以展示自身的金融产品，吸引更多的融资企业，拓宽自身的业务范围；另一方面，金融机构可在企业申请融资时全面真实地了解融资企业和物流企业的资信状况，对融资过程中的企业运营进行监管，减少融资风险。以质押融资为例，金融机构可通过该平台查询到质押物的库存信息和融资企业的销售数据，降低由于信息不对称造成的风险。

3. 融资企业

融资企业作为物流金融公共信息平台重要的参与主体是因为大部分企业都面临着资金不足的困境，既有企业自身问题也有因融资渠道不畅而造成的资金短缺问题。企业自身因素可以通过提高企业经营管理水平来部分解决，但企业融资渠道的拓展，却受到可抵押担保物缺乏等诸多因素的限制，从而形成了企业融资难的问题。因此融资企业通过物流金融公共信息平台发布资金需求信息，扩大了其信息分布的范围，拓宽了融资渠道，降低了融资成本；同时中小企业可以通过物流金融信息平台全方面地了解多家银行的融资产品信息，寻找适合自身企业特点的产品。

4. 物流企业

物流企业是物流金融公共信息平台建设和运营的主要参与主体，一方面物流企业通过平台发布需求信息、车货交易以及车货跟踪定位等信息，扩大了信息影响范围；另一方面物流金融公共信息平台可以为物流企业提供实时动态信息，减少了信息的不对称性，较全面地掌握融资企业、金融机构以及物流同业的信息，可以增加物流企业与金融机构的合作机会，有利于其发展新的业务，提高自身竞争力。

5. 中介机构

中介机构包括保险、审计、法律等企业或单位，在物流金融公共信息平台建设与运营中担任着规范物流金融市场秩序、防范物流金融风险发生的角色。物流金融公共信息平台通过与中小企业、电商交易平台、物流企业等企业，以及工商、税务、海关等政府机构建立数据接口和系统集成，记录了中小企业、物流企业的基本信息和历史信用。因此保险等企业能快速便捷地掌握这些企业的基本信息和信用信息，催生新的业务和扩展新的服务对象，同时也有利于审计、法律等单位规范物流金融市场秩序，有效预防企业信用风险和物流金融的操作风险。

9.2.3 需求分析

1. 平台服务对象信息需求分析[①]

由于物流金融公共信息平台服务对象的多元化，其在社会系统中的职能均各不相同，因此其对于物流金融信息及服务的需求也呈现出很大的差异性，根据对平台服务对象的分析，物流金融公共信息平台各服务对象的物流信息需求如表9-1所示。

表9-1 物流金融公共信息平台服务对象信息需求表

序 号	服务对象	信息需求
1	融资企业	金融机构基本信息、服务信息、收费标准、操作流程、融资产品等信息；物流金融相关法律法规、相关税收政策、保险机构收费标准及报价等信息；相关政府机构设置、办事程序、相关政策等信息
2	金融机构	融资企业名录、企业基本信息、企业服务范围及特色服务、企业资源及规模功能、企业资格信用等信息；物流企业资质水平、核心业务、信誉评估、服务报价和服务范围等信息

---

① 孙桂岩，刘文浩. 共用物流信息平台与物流决策支持[J]. 铁道货运，2008(1).

续表

序 号	服务对象	信息需求
3	物流企业	融资企业基本信息、企业资源及规模功能、企业资格信用等信息；市场产品和发展趋势、相关政策法规等信息；相关政府机构设置、办事程序、相关政策等信息
4	中介机构	融资企业基本信息、企业资格信息、历史信息等信息；物流企业基本信息、企业资质水平、历史信息记录等
5	政府部门	物流金融行业运行基本数据；融资企业、物流企业及金融机构的基本信息和交易流程信息

2. 物流金融公共信息平台功能需求分析

物流金融公共信息平台由于信息需求的复杂性，一般在系统构建时需要考虑其兼容性、效费比、准确率、适应性、有效性、安全和稳定性等因素。由于物流金融公共信息平台的投资巨大且建设期一般较长，因此对系统功能的需求往往也会随着系统的不断完善而发生变化，这一方面需要在构建物流公共信息平台时采用开放性、模块化的设计模式；另一方面需要对平台的功能需求有着准确的定位。根据以上的物流金融服务对象信息需求分析，物流金融公共信息平台的基本功能需求如表 9-2 所示。

表 9-2 物流金融公共信息平台基本功能需求表

参与主体	功能需求
融资企业	信息发布和查询、报表和单证打印、业务流程查询、网上申报、货物信息实时监管、物流基础服务
金融机构	信息发布和查询、客户关系管理、货物监管、风险管理与信息评级、数据处理
物流企业	仓储运输配送管理、供需信息发布和查询、报表打印、数据处理、货物追踪
中介机构	信息发布和查询、客户关系管理、行政办公
政府部门	信息发布和管理、行政办公、基础政务服务

9.2.4 物流金融公共信息平台的功能设计

1. 现有类似平台介绍

目前，我国已经出现了部分与物流金融公共信息平台类似或具有物流公共信息平台部分功能的平台，主要分为以下三类。

1) 银行推出的供应链金融服务平台

近年来，平安、兴业、民生、光大、中信、招行以及中行等多家银行推出在线供应链金融产品，并纷纷推出相应产品，实现从"线下人工"到"线上智能"的转变。这些平台通过银行服务平台、供应链电子商务平台和物流仓储平台多方交互嵌入，解决供应链融资业务单据量大带来的信息不充分等问题，通过实时分析处理业务项下的额度信息、交易信息、资金信息、物流信息等各类数据，自动识别和控制信用风险，颠覆了以往"贷前调查、贷时审查、贷后检查"的传统模式。

这些线上供应链融资平台能在一定程度上提高融资业务处理效率、降低操作成本，但在融资客户开发成本和风险控制上并没有得到很好的改善。在融资客户开发上，各银行为了获得更多融资渠道，各自与物流企业、电子商务平台、保险公司等多个平台建立数据接口，这不仅造成了资源的浪费，也依然没解决信息孤岛问题，银行仅了解融资对象的信息，潜在融资客户信息有限，很少能实现成批量开发。在风险控制上，供应链金融风险屏蔽技术导致客户信用风险向操作风险位移，为控制风险，银行融资过程中须对客户信息及相关数据进行调查、审查、检查，这势必会增加人工成本、降低业务效率。而信息孤岛的存在，使得有些操作风险无法通过人工操作进行检验，从而频频出现重复质押的问题。

为了解决重复质押问题，中国人民银行发起了中征动产融资(权属)统一登记平台，该平台目前提供应收账款质押/转让、租赁、所有权保留、租购、动产滞留权和动产购置款担保等动产权属登记、查询服务。

【知识拓展】

中征动产融资(权属)统一登记平台

2006年11月，经中编办批准，中国人民银行征信中心正式注册为事业法人单位，注册地为上海市浦东新区。2007年4月17日，中国人民银行党委决定征信中心与征信管理局分设。同年，根据《中华人民共和国物权法》授权，中国人民银行明确人民银行征信中心为应收账款质押登记机关，10月8日，应收账款质押登记系统上线运行。2008年5月9日，中国人民银行征信中心在上海举行揭牌仪式，开始北京和上海两地办公。2009年7月20日，融资租赁登记系统正式上线运行。2011年12月21日，天津市滨海新区与中国人民银行征信中心签署战略合作协议，中国人民银行征信中心动产融资登记服务公司总部落户北塘经济区。

产品及服务介绍

(1) 应收账款质押登记。

中国人民银行征信中心根据《物权法》第228条的授权，办理应收账款质押登记。《应收账款质押登记办法》(中国人民银行令〔2007〕第4号)第4条规定，应收账款是指权利人因提供一定的货物、服务或设施而获得的要求义务人付款的权利，包括现有的和未来的金钱债权及其产生的收益，但不包括因票据或其他有价证券而产生的付款请求权。在应收账款上设立质权，应当进行登记。应收账款质押登记的目的是公示应收账款已被质押的事实，取得对抗第三人的法律效力。

(2) 应收账款转让登记。

应收账款转让登记主要是针对保理当中应收账款的转让而设立的。保理是专为赊销贸易提供的一种集销售账务管理、应收账款收取、信用风险担保和贸易资金融通为一体的综合性金融服务。保理业务当中核心的法律关系是应收账款转让。应收账款是无形的债权，以登记的方式进行公示，可以透明交易关系，避免同一应收账款先转让后质押，或者先质押后转让产生的权利冲突，保护交易安全。

(3) 租赁登记。

租赁登记主要是针对融资租赁交易设立的。融资租赁是《合同法》第十九章规定的交易形式，指出租人根据承租人对出卖人、租赁物的选择，向出卖人购买租赁物提供给承租人使用，承租人支付租金的交易形式。通过在租赁登记，出租人可以对外公示租赁物的权属状况，从而有效保护自身对租赁物的所有权。第三人通过查询租赁登记信息可以了解租赁物上的权利状态，避免交易风险。

(4) 所有权保留登记。

所有权保留通常指在买卖关系中，双方当事人对买卖关系所附条件的一种约定。所附条件主要是指买受人先占有动产标的物，双方约定买受人只有在支付全部合同款，或者完成特定条件时，才能取得标的物所有权。所有权保留登记旨在解决在买卖关系中，因所有权保留而产生的动产占有人与所有权人不一致而可能导致的权利冲突。《合同法》第一百三十四条的规定是所有权保留的法律依据："当事人可以在买卖合同中约定买受人未履行支付价款或者其他义务的，标的物的所有权属于出卖人。"所有权保留在分期付款买卖关系中最为典型。

(5) 租购登记。

租购是一种信贷购物的形式，对价格较高的动产，如汽车等，卖方通过允许买方以租代购的方式购买，即在供款期内，买方只是租用货品，待买方付清全款后才转移动产所有权。租购登记能够解决买卖关系中动产所有权转移与交付时间不一致而产生的权利冲突，告知不特定第三人标的物权属状况，预防潜在的权利冲突。

(6) 动产留置权登记。

动产留置权登记是针对我国《物权法》中规定的留置权设立的。留置权主要是指企业之间在经营活动中有信用关系发生，当债务人不履行到期债务时，债权人可以留置其合法占有的债务人的动产并就该动产优先受偿。留置权多存在于保管合同、运输合同、加工承揽合同中。留置权登记设立的主要目的是解决动产之上留置权与抵押权的冲突，同时减少留置权优先受偿效力对善意第三人潜在的不利影响。

(7) 其他动产权属登记。

其他动产权属登记，主要是针对动产担保融资交易中，存在标的物占有与所有分离的现象，权利人需要公示权利状况，但无法定登记机构提供登记服务。通过登记，可以起到对不特定第三人明示某种新型动产融资权利状况,预防权利冲突的作用。

(资料来源:中登网,http://file.zhongdengwang.com/rs/system/jianjie/intro.html)

2) 第三方推出的供应链金融服务平台

随着物流金融业务的发展,如北京联创智融信息技术有限公司、普达科技有限公司、杭州银货通科技有限公司等软件开发公司、信息技术公司也推出多样化的物流金融平台/系统或服务。这些公司依靠其在平台研发与运营及供应链管理上多年的技术与经验积累,整合、匹配及优化供应链金融业务相关主体的资源与需求,为金融机构、中小企业和物流公司提供物流金融业务整体解决方案。

北京联创智融信息技术有限公司、普达科技有限公司并不自己开展供应链金融服务,只为客户提供定制式的供应链金融服务平台的开发、设计及解决方案。杭州银货通科技有限公司推出的"银货通—货易融"平台,尽管能在贷后对质押动产价值进行精准管理、有效控制动产质押监管,但在贷前对存货的货权状态信息无法获得,不能完全避免重复质押现象的发生。另外,由于该系统的数据源有限、民企的公信力不强等原因,其受众用户也是有限的。

【实例9-1】

中华商务网的供应链金融服务平台

中华商务网于1997年创立,2003年开始全面介入银行的货押盯市业务服务;2007年开始与深发展银行进行供应链金融合作。目前经营的主要业务包括供应链金融数据库服务(15大行业、6 000多个规格产品盯市查询)、银行服务(质押品价格跟踪、银行产品编码设置、质押品可行性简报、供应链融资服务)、专项询价服务(56个行业分类产品的专项物资采购价格的询价、比价服务)、专项定制(中英文价格走势、定制性周报、月报和其他定制服务)等。其主要用户范围包括银行、证券和相关企业。

(资料来源:中华商务网,http://www.chinaccm.com/)

3) 电商交易平台推出的供应链金融服务平台

阿里巴巴、京东以及北部湾华诚商品交易所、天府商品交易所等电商交易平台也陆续推出了供应链金融服务。该类平台主要依托其海量的交易数据以及平台开发优势,为银行等金融机构提供真实的业务数据,解决了银行与中小企业的信息不对称问题,为中小企业增加了信用,提高其融资成功率。

2. 现有平台特点分析

总结以上三种现有物流金融类似平台,其不足具体表现在以下几个方面。

(1) 缺乏大范围的信息共享。

现有供应链金融平台仅缓解了一对一的信息不对称,信息孤岛依然存在,未实现大范围的信息共享。以存货融资为例,银行只了解已融资客户信息,潜在融资客户信息有限;银行只掌握客户在本银行的信贷信息,对客户在其他银行的贷款信息并不了解;中小企业很难全面了解多家银行的融资产品信息;物流企业无法全方位掌握融资企业、金融机构以及物流同业的信息。

(2) 缺乏资源整合能力。

由于融资企业、金融机构、第三方物流企业各自的业务系统相对独立,拥有的数据信息各不相同,且融资企业、第三方物流企业、金融机构之间的利益存在利益协调问题,同业之间存在业务竞争问题,以及资源整合成本高等原因,由融资企业、第三方物流企业、金融机构独自建立起资源整合平台或信息共享平台是天方夜谭。所以在开展存货质押业务时难以根据企业的融资业务的具体状况提供相应的最优配套服务方案,以此来降低企业融资成本,缓解中小企业融资难问题。

(3) 缺乏信用中介参与。

目前,我国信用中介机构普遍规模不大,综合实力不强,征信数据缺乏或数据缺乏公信力,很难开展正常的信用服务业务。因此,目前我国的供应链金融风险控制很少引入信用中介机构,主要依靠核心企业、第三方物流企业和金融机构风险控制业务部门共同完成。信用风险、操作风险的控制的具体操作业务不仅超出了银行的日常业务与专业范畴,还加大了银行的征信成本,降低了融资收益。另外,由于物流企业的信用记录缺乏和物流企业的准入没有明确标准,容易出现监管方渎职、与中小企业的合谋诈骗的现象。

3. 物流金融公共信息平台功能设计

因此,通过对已有供应链金融信息平台存在的问题的分析,结合物流金融公共信息平台各参与主体的需求,根据该平台的总体构建思路,将物流金融公共信息平台的应用平台部分分为核心功能模块和辅助功能模块两部分。为体现物流金融公共信息平台的特点,重点加入物流金融业务模块,主要包括融资业务、保理业务等功能。同时建立风险管理模块,对物流金融业务中的风险进行预警、管控、评估和处理。在信用评级模块,主要对平台企业或用户企业的信用等级进行评估。

其中,核心功能模块大致分为三个部分:物流基础业务模块、物流金融业务模块、风险管理及信息评级。辅助功能模块分为:基础信息管理平台、文档单证及数据处理平台、出入境相关政务平台、客户关系及行政办公平台,如图9-3所示。

1) 核心功能模块

(1) 物流基础业务平台活动。

该平台主要对物流金融业务过程中的基础物流过程进行管理,从而提高物流运作效率。如仓储、运输、配送管理,车辆定位和货物追踪,结算功能等相关服务。

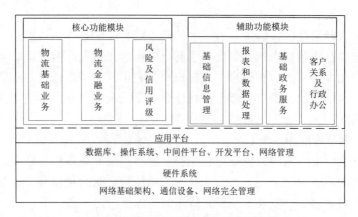

图 9-3 物流金融公共信息平台总体架构

(2) 物流金融业务平台。

该平台主要负责对物流金融相关业务进行管理,分为融资类业务和供应链基础服务两类,其基本结构如图 9-4 所示。

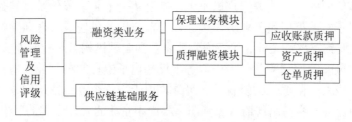

图 9-4 物流金融业务平台基本结构

① 融资业务管理。

融资业务管理可细分为质押融资业务和保理业务。质押融资业务包括应收账款质押融资、资产质押融资和仓单质押融资等。以动产质押为例,该平台可以实现包括质押物流量和品质监控、质押到期提醒、解除质押等功能。保理业务也可根据业务种类的不同进行模块细分。

除此以外,还可以开发物流金融咨询模块,为企业提供融资产品展示、融资申请服务,为金融机构提供企业存货信息、资金需求信息服务,撮合中小企业与银行、担保公司、小额贷款公司的融资交易。

② 供应链基础服务。

供应链基础服务包括进出口贸易、代理采购、担保、第三方支付等活动的管理。以进出口为例,该平台应该实现整个贸易流程的可视化;支持海关、商检、电子口岸等外围多业务流的数据通信;可进行一般贸易、保税贸易、转口贸易等多种贸易形态操作。

(3) 风险管理及信用评级平台。

该平台应该由相关企业和金融机构共同合作开发出对应的风险评估技术和风险预警技术,并对金融机构对企业的信用等级进行评估和管理,为企业进行物流金融业务做好准备。可通过与中小企业、电商交易平台、物流企业等企业,以及工商、税务、海关等政府机构建立数据接口和系统集成,记录中小企业、物流企业的基本信息和历史信用。帮助金融机构真实了解中小企业和物流企业的信用状况,为其在贷前、贷中、贷后管理提供重要参考依据;为信用较高的中小企业增加融资机会,缓解其资金紧张问题;为信用较高的物流企业增加与金融机构的合作机会,有利于其发展新业务;有利于规范物流金融市场秩序,有效预防企业信用风险和物流金融的操作风险。为企业、金融机构提供质押物监管状态信息、价格跟踪为核心的风险管理服务,为企业进行生产经营决策、金融机构及时地进行风险管控提供支持。

其基本结构如图 9-5 所示。

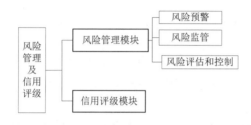

图 9-5 风险管理及信用评级平台基本结构图

① 风险管理模块。

风险管理模块主要包括风险预警、风险监管、风险评估和控制。风险预警主要用于风险防范,可对常见的风险类型和历史风险事件进行展示和分析,并制定相应的风险预警阈值。风险监管主要在业务活动过程中,定期对各项活动进行风险检测和评估,争取最早发现风险,及早防止风险。风险评估和控制是在风险事件发生后,及时作出反响,对风险程度进行评估并采取对应的风险控制措施,尽可能将损失降至最低。

② 信用评级模块。

信用评级模块主要是由金融机构按照一定的评级标准对企业的信用等级进行定性和定量的评估,并最终给出对应等级和相关建议,作为客户企业申请融资等物流金融相关活动的参考。

【实例 9-2】

动产登记公示在物流金融公共信息平台的风险管控作用

通过在物流金融公共信息平台中开发登记公示模块,为企业提供原材料、在制品、半成品、产成品、仓单、应收账款等动产的登记公示服务。充分利用"登记"(初始、变更登记)的公示功能,向社会公开存货的动态权益属性,使第三人通过查询登记系统,能迅速、便捷、清楚地了解动产上存在的权利质权,来预防物权冲突,保护交易中的善意第三人。

2) 辅助功能模块
(1) 基础信息服务平台。

基础信息服务平台包括信息发布、查询和管理、订单追踪等功能,主要是为客户企业提供相关资讯,便于其快速准确了解市场和行业变化,以及相关政策和法律法规等。还可进行订单追踪,掌握货物的实时信息。

① 信息发布。

信息发布又包括公共信息发布和供需信息发布。其中,公共信息发布主要包括市场动态、行业新闻、政策法规等信息,如铁路货运中的列车车次和运行路线;实时交通信息;行业政策和标准;各类广告信息等。供需信息的发布主要有物流金融业务的需求和供应信息;银行的物流金融产品介绍;相关税收的缴纳和减免规定和流程;各类物流保险的产品介绍;企业的相关信息介绍等。

② 信息查询。

该模块主要用于用户企业在规定的权限内进行相关信息查询。如银行可通过该模块对申请融资的企业的基本信息、信用等级和违约情况进行查询,作为其最终决策的参考。

③ 信息管理。

该模块主要是对发布的信息进行及时更新和监管,在公平公正的大前提下对不良信息进行删除举报,对过期信息进行更新或删除,管理整个基础信息服务平台。

(2) 报表和数据处理平台。

该模块主要分为报表管理和数据处理两个模块。

① 报表管理的主要功能是方便平台参与企业和客户企业间的文件在线传递,以提高工作效率。客户企业可根据自身的业务需求下载和打印标准化表单,如质押单、存货单、货物托运和报关单证等。如有特殊要求还可自定义表单,根据业务需求对表单项目进行修改、增减或作出特殊说明。

② 数据处理模块主要用于对物流金融活动过程中产生的资金流和物流数据进行收集、整理和分析,具有数据的导出和导入功能,可为企业的内部管理和决策提供参考依据。大致包括,动态数据统计查询、计算模型、数据分析与预测。动态数据统计查询主要实现对业务活动过程中动态数据的及时采集和录入,通过数据的变化来反应市场情况。适当利用数学计算模型,对质押率等数据进行科学计算,可减少非程序化决策和操作失误。数据分析和预测是对收集和输入的数据进行分析得出的专业性的报表和文档,通过企业管理人员的商讨对未来市场或产品发展趋势进行预测。

(3) 基础政务服务平台。

该模块主要功能是将平台上的参与企业与相关的政府机构或单位连接起来,如海关、税务单位、检验局等，方便相关企业与政府机构进行及时交流和互动，提高办公效率。以海关信息系统为例，在该平台与海关信息系统进行对接，平台上的企业可办理网上报关、网上出入境检验、网上报税和交税等业务。

(4) 客户关系及行政办公。

该平台包括客户关系管理和行政办公两个模块。其中，客户管理主要负责对客户的相关业务信息和客户账户进行管理。可包括对业务往来客户的信息管理、客户分析、客户服务与支持等。通过对客户信息的管理和分析，包括客户概况分析、客户忠诚度、产品和利润分析等，提升客户满意度程度，也是企业竞争力提升的一种方式。行政办公需要实现包括公文审批、员工考勤、企业后勤管理、呼叫中心等功能。

9.3 物流金融公共信息平台运营保障设计

一个完整的物流金融公共信息平台的建立涉及政府、企业、金融机构、代理服务机构等参与者业务运作模式和技术手段的革新，是一项浩大而复杂的系统工程，要使其合理规划，顺利完成建设并最终投入平稳运营，需要社会各界各方面的协调和支持，建立一系列完善的保障体制。

1. 政策保障

物流金融公共信息平台的建立是以政府为主导的，在规划和建设过程中涉及多个行政管理部门，为协调各个部门间的工作，必须建立政府管理机构，专职负责项目建设的各项工作。为提升平台上中小企业信息化程度，解决物流金融行业发展的"短板"问题，政府管理机构应积极出台和推行一系列促进企业良性发展，保证物流金融业务和该平台平稳运行的政策，以建立良好发展的市场环境。

2. 技术保障

物流金融公共信息平台的建设需要一系列技术上的保障措施。包括为统一政府机构、企业和金融机构之间的物流金融业务数据的交换格式而采取的数据编码标准。还包括为保证平台的安全性，在技术上采取严格的安全措施，如为保证数据的保密性可采用 XML 等加密算法，为保证数据的完整性需要采用 MD2/MD5 等报文摘要函数、安全散列算法(SHA)等方法。

3. 资金保障

建立物流金融公共信息平台所需的资金保障包括两个方面。一是保证资金的来源，建设资金一方面可由政府从财政预算中拨款投入建设，但须关注资金投入的数量，并保证平台的核心环节有专项经费。对于系统的维护和优化拓展都应该设有专项资金。另一方面由相关企业投入资金配合建设与企业相关的部分系统，在增加建设资金投入数量的同时也可提高企业对平台建设的参与度，增加归属感，促进该平台后期的应用推广。二是建设资金的覆盖范围。物流金融公共信息系统涉及多个部门和系统，除其核心组成部分外，还包括各项辅助项目，以及各个平台间的网络连接，因此应保证这些部分也有相对的资金投入，避免由于资金投入不足导致的建设"短板"问题，影响整个平台的运行。

4. 法律保障

物流金融公共信息平台上流转的数据和信息涉及相关企业的利益和商业机密，因此建立相关的标准操作流程和对应的法律法规是保证平台运营的必要条件。由于目前国家尚无针对物流金融公共信息平台的相关立法规定，因此大力开展立法研究，提出具有切实有效的立法意见，是迫切需要进行的。

本章小结

目前，物流金融公共信息平台的推广应用还有待加强，但其强大的业务能力不容置疑。本章首先介绍了物流金融公共信息平台的含义和特点，并对其作用进行了详细阐述，展示了该平台对物流金融甚至整个物流行业的作用。其次介绍了物流金融公共信息平台的构建流程，通过对平台的参与主体和各主体对平台的需求分析，对平台的功能模块进行了设计，在保证物流基础业务特点的同时，强化了物流金融对于公共信息平台的重要性，体现了该平台不同于一般公共信息平台的部分。最后对于平台运行需要的保障机制进行了概况，主要从政策、技术、资金和法律四个方面进行阐述。

课后习题

一、选择题

1. 物流金融公共信息平台是一个综合性服务平台，其提供的服务包括物流信息、技术、设备、(　　)和保险等资源共享业务。
   A. 供应链融资　　　　　　　　B. 资金融通
   C. 数据处理　　　　　　　　　D. 结算支持
2. 物流金融公共信息平台的特点包括(　　)。
   A. 统一性　　　　　　　　　　B. 开放性
   C. 安全性　　　　　　　　　　D. 规范性
3. 物流金融公共信息平台可有效减少或降低(　　)，从而打破各方企业间的信息屏障，降低业务风险。

  A. 运营成本   B. 运作时间

  C. 信息不对称   D. 数据处理时间

4. 物流金融公共信息平台设计遵循的原则包括(　　)。

  A. 安全性原则   B. 实用性原则

  C. 高效性原则   D. 开放性原则

5. 物流金融公共信息平台中物流金融业务平台主要功能包括(　　)。

  A. 保理业务   B. 仓单质押融资

  C. 第三方支付   D. 代理采购

二、名词解释

1. 物流金融公共信息平台
2. 物流金融公共信息平台需求分析
3. 风险预警

三、简答题

  目前物流金融公共信息平台的设计主要是根据企业自身特点和业务需求进行的，由政府主导的全方位物流金融公共信息平台建设还有待加强，无论是在功能模块设计，还是在平台体系架构上均存在不足，针对这种现象，请说出你的想法。

四、案例分析

中国电子口岸

  中国电子口岸是一个公众数据中心和数据交换平台，依托国家电信公网，实现工商、税务、海关、外汇、外贸、质检、银行等部门以及进出口企业、加工贸易企业、外贸中介服务企业、外贸货主单位的联网，将进出口管理流信息、资金流信息、货物流信息集中存放在一个集中式的数据库中，随时提供国家各行政管理部门进行跨部门、跨行业、跨地区的数据交换和联网核查信息，并向企业提供应用互联网办理报关、结付汇核销、出口退税、网上支付等实时在线服务。

(一)背景

  1998年，海关总署和外汇管理局按照国务院领导关于要加快银行、外汇管理局和海关之间的计算机联网，加强对报关单和外汇进出口核销工作的管理，从源头上防止骗汇、逃汇违法活动的发生的指示精神，联合开发了"进出口付汇报关单联网核查系统"，该系统通过海关与外汇部门的联网核查来鉴别进出口付汇报关单的真伪，改变了靠书面单证防伪的做法，1999年1月1日该系统在全国推广使用，并立刻收到了明显的效果。主要表现在三个方面：

1. 贸易顺差和顺收趋于平衡

1998 年我国贸易顺差 435 亿美元,同年外汇顺收只有 47.8 亿美元。1999 年"进口报关单联网核查系统"应用项目推广使用后,假报关单没了,当年贸易顺差 293 亿美元,而外汇顺收上升到 235 亿美元,到 2000 年外汇顺收趋于平衡。

2. "三假"走私案件减少

1996 年全国海关查获的"三假"走私案案值为人民币 7 亿元,1997 年为 14.7 亿元,1998 年为 21.2 亿元。1999 年海关实行"电子底账、联网核查"的新的管理模式后,"三假案"发案率大幅下降,案值只有 3.1 亿元,2000 年则基本为零。

3. 促进海关税收大幅增长

走私是个链条,包括购买走私货物、运输、销售、调汇等许多环节,自 1999 年海关与外汇部门实行进口报关单联网核查后,很大程度上切断了走私的外汇资金渠道,使走私活动受到极大的遏制,因此,也促进了海关税收大幅增长。据海关统计,1998 年海关税收为 879 亿元,1999 年上升到 1 591 亿元,2000 年突破 2 242 亿元,连年保持海关税收大幅度增收。

"口岸电子执法系统"采用"电子底账、联网核查"的管理模式,使有关部门之间可以通过计算机网络直接核查对方的执法电子数据,从根本上防止了不法分子的造假机会。

(二)主要功能

中国电子口岸可提供以下几种功能:政府各部门间、政府企业间的数据交换和共享;政府部门和企业的实时在线事务处理(核销单审批、加工贸易合同审批、报关单申报等);对政府部门、各种企业及个体用户的身份认证;存证举证;交换数据的标准转换;数据查询和统计服务;网上支付;网络隔离。

(三)优势

中国电子口岸较之传统的口岸管理模式具有无可比拟的优越性:

1. 信息资源共享

以前,企业想要和政府部门联网,必须分别联网,政府部门之间数据不共享,联网的效果不明显。通过中国电子口岸,企业只要与电信公网连接,就可以通过公共数据中心在网上直接向海关、国检、外贸、外汇、工商、税务等政府管理机关申办各种进出口手续,各政府部门也可以在网上办理各种审批手续,从而真正实现了政府对企业的"一站式"服务。通过数据中心,企业还可以获得运输、仓储、银行、保险等行业的中介服务,企业间也可以进行联网,从而实现真正意义上的电子商务。

2. 系统开放性好

企业利用电信公网实现对公共数据中心的接入访问,企业在任何时候、任何地方只要拨打本地电话就可以与 Internet 联网,并通过数据中心办理业务。

3. 入网成本低

登录中国电子口岸网站，企业只需配备一些简单设备，数据中心提供免费的系统安装软件，比 EDI 方式成本低。而且，相关管理部门提供免费技术、业务支持，企业将得到更多的实惠。

4. 系统直观、易学，操作简单

中国电子口岸以 Windows 操作系统为平台，普遍应用的 IE 等浏览器为工具，建立起和用户交互式的友好界面，系统提供一系列丰富的在线帮助和业务规范、操作指南查询，使用户轻松实现网上办公。

5. 系统安全可靠

中国电子口岸采用了国际标准和国内自主开发的高强度密码设计，在网传加密、网络隔离防护、机房设施安全以及身份认证、权限设置以及数字签名等安全方面采取了多重严密的安全防护措施，防黑客、防病毒、防偷窥、防抵赖。并且，该系统由政府部门直接管理，处在政府部门严密管理下，安全有保证。

(四) 意义

中国电子口岸是中国电子化政府的雏形，是贸易现代化的重要标志，是提高行政执法透明度，实现政府部门行政执法公平、公正、公开的重要途径。它的建立有着重要意义。

首先，有利于增强管理部门的管理综合效能。企业只要与电信公网"一点接入"就可以通过公共数据中心在网上直接向海关、国检、外贸、外汇、工商、税务、银行等政府管理机关申办各种进出口手续，从而真正实现了政府对企业的"一站式"服务。

其次，使管理部门在进出口环节的管理更加完整和严密。管理部门实行"电子+联网核查"的新型管理模式，从根本上解决业务单证的弄虚作假问题，严厉打击走私、骗汇、骗税违法犯罪活动，创造公平竞争市场环境。

最后，它能降低贸易成本，提高贸易效率。通过中国电子口岸网上办理业务，企业既节省时间，又减少奔波劳累之苦，提高贸易效率，降低贸易成本，方便企业进出。

中国电子口岸自 1999 年推广应用以来，各类上线项目累计达到 48 个，初步实现了与海关总署、外汇总局、国税总局、质检总局、工商总局、商务部、公安部、铁道部、贸促会等 15 个部委以及香港工贸署、澳门经济局和中国银行、中国工商银行、中国农业银行、交通银行、招商银行等 13 家商业银行的互联互通和信息共享。此外，依托电信公网，中国电子口岸在北京、上海、深圳等多个城市建立起了中心结点，并在全国 47 个省会城市、计划单列市和 300 多个地级市计划设立接入节点 330 余个，通过专线、宽带、拨号等多样化的接入方式，基本实现了全国范围的网络覆盖。迄今为止，中国电子口岸入网企业超过 36 万家，每日处理电子单证数量多达 90 万笔。中国电子口岸门户网站每日点击率超过 700 万次。在严密监管、打击非法贸易活动并为进出口企业及中介服务企业提供便捷贸易服务的同时，电子口岸正在向物流、电子商务等领域延伸，加速构建全新模式下的一体化供应链信息系统，为营造便捷、高效、安全的贸易环境作出努力。

(资料来源：http://www.chinaport.gov.cn)

思考题：

1. 简述中国电子口岸产生的背景。
2. 中国电子口岸参与方有哪些？他们从该平台中能获得哪些好处？

附录一 2012年物流政策回顾

2012年，我国物流业发展的政策环境持续改善，但与行业发展的需要还有较大差距。2013年，物流业发展还需要政策环境的进一步改善，业界特别期盼物流"国九条"等政策落到实处。

2011年8月，国务院办公厅发出《关于促进物流业健康发展政策措施的意见》(国办发〔2011〕38号)，业内称为物流"国九条"。2012年，以落实物流"国九条"为主线，促进物流业发展的政策和规划相继出台。

一、物流"国九条"落实情况

按照《关于印发贯彻落实促进物流业健康发展政策措施意见部门分工方案的通知》(国办函〔2011〕162号)精神，有关部门继续推动相关政策措施的出台和落实。

(一)税收政策落实情况

经国务院批准，交通运输业和包括物流辅助服务在内的部分现代服务业营业税改征增值税试点正式启动，试点范围从年初的上海市已扩大到12个省、直辖市和计划单列市。2012年1月，财政部、国家税务总局发出财税〔2012〕13号《关于物流企业大宗商品仓储设施用地城镇土地使用税政策的通知》，对大宗商品仓储设施用地土地使用税实行减半征收。2012年，由中国物流与采购联合会组织推荐、国家发改委审核、国家税务总局发文批准(国家税务总局公告2012年第34号)，第八批、397家物流企业纳入营业税差额纳税试点范围。到2012年年底，试点企业总数已达1 331家。与前几批相比，试点企业准入门槛有所降低。

(二)清理和规范交通运输环境

交通运输部等5部门联合开展的为期一年的收费公路违规及不合理收费专项清理工作结束，全国共排查出771个需要整改的项目。撤销和调整了一批收费站，降低了一批收费公路通行标准，取消了一批超限超期收费公路，政府还贷二级公路取消收费工作也有了新的进展。2012年4月，交通运输部等5部门下发通知，明确提出严禁随意变更政府还贷公路属性、违规转让为经营性公路。国务院纠正行业不正之风办公室下发《关于2012年纠风工作实施意见的通知》(国办发〔2012〕25号)，提出要坚决纠正物流领域乱收费和公路"三乱"问题。交通运输部印发于2012年7月1日起实施的《路政文明执法管理工作规范》(交公路发〔2012〕171号)，分别从基本要求、行政许可、行政检查、行政强制、行政处罚、奖惩等方面对路政执法工作提出具体规范。2012年年底，国务院发布630号令，决定对《机动车交通事故责任强制保险条例》作部分修改，增加一条，挂车不投保机动车交通事故责任强制保险,为推广甩挂运输解决了保险方面的政策问题。

(三)城市配送获得政策支持

2012年6月,商务部印发《关于推进现代物流技术应用和共同配送工作的指导意见》(商流通发〔2012〕211号)。要求,完善城市共同配送节点规划布局,鼓励商贸物流模式创新,加快物流新技术应用步伐和加大商贸物流设施改造力度。为落实指导意见,财政部、商务部下发通知,支持包括现代物流技术应用和城市共同配送项目在内的六类商贸流通服务业项目,广州、武汉、合肥等城市被纳入第一批现代物流技术应用和共同配送综合试点中央财政支持范围。

(四)各部门对物流项目给予资金支持

国家发改委按照《关于印发物流业调整和振兴专项投资管理办法的通知》(发改办经贸〔2009〕695号)的规定,继续设立专项资金支持物流业及农产品冷链项目。2011年,国家启动现代服务业综合试点工作,北京市、天津市、辽宁省、上海市成为首批试点省市。2012年7月,重庆市、深圳市、长沙市成为财政部、商务部批复的第二批试点地区,对试点地区给予资金支持。财政部、交通运输部发布《关于印发<公路甩挂运输试点专项资金管理暂行办法>的通知》(财建〔2012〕137号),明确今后每年从车辆购置税中安排专项资金支持公路甩挂运输试点。国家发改委组织实施物联网技术研发及产业化专项,重点支持交通、物流等10个领域国家物联网应用示范工程。交通运输部对公路货运枢纽型物流园区给予资金支持。

(五)农产品物流受到重视

2月1日,第九个中央"一号"文件——《关于加快推进农业科技创新持续增强农产品供给保障能力的若干意见》发布。文件要求继续推进粮、棉、油、糖等大宗农产品仓储物流设施建设,支持拥有全国性经营网络的供销合作社和邮政物流、粮食流通、大型商贸企业等参与农产品批发市场、仓储物流体系的建设经营。财政部、商务部继续开展肉菜流通可追溯体系建设试点,支持在有条件的城市建立覆盖全部大型批发市场、大中型连锁超市、机械化定点屠宰厂和标准化菜市场,以及部分团体消费单位的肉类蔬菜流通追溯体系。

(六)鼓励民间资本进入物流领域

国家发改委、交通运输部和铁道部等有关部门相继出台政策,鼓励和引导民间资本进入物流领域。铁道部下发《关于铁路工程项目进入地方公共资源交易市场招标工作的指导意见》,明确要求取消铁道部18个铁路局(公司)原有的铁路工程交易中心。长期以来依靠国家投资的公路、铁路、水路、民航等物流基础设施领域进一步开放。

(七)取消不合理收费

有关部门开展清理行政事业性收费和行政审批项目工作,物流领域部分行政事业性收费和行政审批项目得到取消和调整。2011年年底和2012年12月,财政部、国家发改委先后两次发文,取消和免征部分行政事业性收费。其中,超限运输车辆行驶公路赔(补)偿费、铁路专用线运输管理费等部分内容涉及物流企业。9月,国务院下发《国务院关于第六批取消和调整行政审批项目的决定》(国办发〔2012〕52号)。物流行业部分行政审批项目得到取消和调整。

二、物流业相关规划陆续出台

2012年,为落实《"十二五"规划纲要》,物流业发展相关规划陆续出台。7月,国务院印发《"十二五"综合交通运输体系规划》(国办发〔2012〕18号)。规划提出,"十二五"时期,初步形成以"五纵五横"为主骨架的综合交通运输网络,总里程达490万公里。9月,国务院办公厅印发《国内贸易发展"十二五"规划》(国办发〔2012〕47号),提出重点支持城市物流配送体系示范工程等18项工程。12月,国务院印发《服务业发展"十二五"规划》(国办发〔2012〕62号),要求重点发展包括现代物流业在内的12项生产性服务业。按照《物流业调整和振兴规划》的要求,《物流园区发展专项规划》、《煤炭物流发展专项规划》和《应急物流发展专项规划》正在起草编制。

三、支持物流业发展纳入深化流通体制改革重要内容

2012年8月,国务院印发《关于深化流通体制改革加快流通产业发展的意见》(国办发〔2012〕39号),提出大力发展第三方物流,促进企业内部物流社会化;支持和改造具有公益性质的大型物流配送中心、农产品冷链物流设施等;支持流通企业建设现代物流中心,积极发展统一配送;引进现代物流和信息技术,带动传统流通产业升级改造。国务院常务会议研究确定降低流通费用的10项政策,在物流方面提出推进收费公路清理、规范交通执法和保障物流配送等相关减负要求。

四、物流业引导和管理力度加强

政府有关部门按照职能分工,逐步加强分类管理,引导物流业发展。

(一)仓储业指导意见出台

2012年12月,商务部发布《关于促进仓储业转型升级的指导意见》(商流通发〔2012〕435号),引导仓储企业由传统仓储中心向多功能、一体化的综合物流服务商转变,提出了未来五年物流仓储业效率提升目标。

(二)水路运输管理条例出台

2012年10月,国务院第625号令发布《国内水路运输管理条例》,2013年1月1日起施行。条例的亮点主要体现在四个方面:一是减少了行政许可项目,简化了审批程序;二是进一步明确了水路运输交通主管部门的公共管理职能;三是进一步强化了水路运输安全;四是进一步明确了水路运输行业节能减排的法律义务。

(三)铁路货运引入电子商务机制

2012年,继铁路客运实现电子商务机制后,全国铁路开始试行货运电子商务,货运需求网上受理,推行"实货制"运输方式。此次货运组织改革的目标是"网上受理、全程服务、自愿选择、公开透明"。

(四)民航业发展指导意见出台

国务院出台《关于促进民航业发展的若干意见》(国办发〔2012〕24号),提出民航业发展的战略目标和主要任务。

(五)支持航运业平稳发展

为积极应对航运业的困难局面,交通运输部先后发布三方面政策:一是关于促进我国国际海运业平稳有序发展;二是促进国内航运业健康平稳发展;三是允许将融资租赁船舶视作认定企业资质的自有运力。特别是第三个政策,有助于缓解航运企业资金压力,帮助航运企业盘活现有资产,有效应对当前严峻的航运形势。

(六)加强快递市场规范管理

2012年11月,交通运输部起草的《快递市场管理办法(修订征求意见稿)》,向社会公开征求意见。国家邮政局下发《关于进一步加强快递企业收寄验视工作的通知》,提出收寄验视工作规范和具体要求。国家邮政局还与商务部联合下发了《关于促进快递服务与网络零售协同发展的指导意见》(国邮发〔2012〕1号)。年底,《邮政普遍服务基金征收使用管理暂行办法》(征求意见稿)开始征求意见,引发业内巨大争议。

(七)海关特殊监管区域加快整合

2012年10月,《国务院关于促进海关特殊监管区域科学发展的指导意见》出台。意见要求,整合特殊监管区域类型,完善政策和功能,强化监管和服务。逐步将现有出口加工区、保税物流园区、跨境工业区、保税港区及符合条件的保税区整合为综合保税区。

五、安全管理连续发文

随着社会经济发展和人民生活水平的提高,物流安全问题日益成为社会关注的焦点问题。有关部门陆续出台加强物流安全工作的政策措施，切实保障社会稳定和人民群众生命财产安全。

(一)道路交通安全出台意见

2012 年 7 月，国务院印发《关于加强道路交通安全工作的意见》(国办发〔2012〕30号)，从 10 个方面提出了加强道路交通安全工作的 28 项重大政策措施。

(二)道路危险货物运输管理规定征求意见

2012 年 5 月，交通运输部起草的《道路危险货物运输管理规定(征求意见稿)》向社会公开征求意见。

(三)邮政局下发《关于严密防范寄递企业及从业人员非法泄露用户使用邮政服务或快递服务信息的通知》，要求全行业开展寄递企业信息安全检查工作。

六、绿色低碳物流提到议事日程

(一)国家规划重视绿色物流发展

2012 年，国务院相继印发《节能减排"十二五"规划》(国办发〔2012〕40 号)和《"十二五"循环经济发展规划》，提出要推进交通运输节能，实施绿色交通行动，提升运输工具能源效率，引导树立节能减排和绿色低碳发展理念。

(二)低碳交通运输体系建设试点城市获批

根据交通运输部《关于印发〈建设低碳交通运输体系指导意见〉和〈建设低碳交通运输体系试点工作方案〉的通知》(交政法发〔2011〕53 号)精神，北京、昆明、西安等 16 个城市低碳交通运输体系建设试点城市实施方案获得交通运输部批复。

(三)交通运输节能减排专项资金下发

根据《交通运输节能减排专项资金管理暂行办法》(财建〔2011〕374 号)，交通运输部下发《交通运输节能减排专项资金申请指南(2012 年度)》。专项资金优先支持领域有：公路基础设施建设与运营领域、道路运输装备领域、港航基础设施建设与运营领域、水路运输装备领域、交通运输管理与服务能力建设、交通运输节能减排试点示范项目。

(资料来源：摘自《2012 年物流政策回顾》[N]. 现代物流报，2013-2-28.)

附录二 商务部关于鼓励和引导民间资本进入商贸流通领域的实施意见

商流通发〔2012〕207号

各省、自治区、直辖市、计划单列市及新疆生产建设兵团商务主管部门：

改革开放30多年来，我国商贸流通领域对民间资本开放已取得积极成效，目前，民营企业已占我国商贸流通经营单位总数的93%，在繁荣城乡市场、促进生产、扩大消费中起着举足轻重的作用。为深入贯彻落实《国务院关于鼓励和引导民间投资健康发展的若干意见》(国发〔2010〕13号)和《国务院办公厅关于鼓励和引导民间投资健康发展重点工作分工的通知》(国办函〔2010〕120号)精神，进一步发挥好民间投资在我国商贸流通领域中的积极作用，现提出以下实施意见：

一、鼓励和引导商贸流通领域民间投资又好又快发展

(一)鼓励和引导工业消费品流通领域民间投资又好又快发展。鼓励和引导民间资本建设面向社会服务的区域性仓储与配送中心，为工业消费品短途统一配送提供支撑。鼓励民间资本参与城乡便利店以及社区配套商业设施建设，引导民间资本规范有序参与厂家直销中心(奥特莱斯)、城市商业综合体建设，实现健康发展。支持民营流通企业与拥有品牌优势的生产企业紧密合作，努力发展成为工业消费品的总代理商、总经销商。

(二)鼓励和引导生产资料流通领域民间投资又好又快发展。支持民营生产资料流通企业强化供应链管理功能，向上下游产业延伸，发展集原料采购、流通加工、物流配送、产品销售和再生资源回收于一体的集成服务。鼓励和引导民间资本在中心城市、交通枢纽、经济开发区和工业园区建设大宗生产资料现代物流基地和物流园区，促进生产资料流通集聚发展。

(三)鼓励和引导农产品流通领域民间投资又好又快发展。深入贯彻落实《国务院办公厅关于加强鲜活农产品流通体系建设的意见》(国办发〔2011〕59号)等文件精神，积极引导农产品流通领域民间资本参与建设和改造农产品批发市场和农贸市场、菜市场、社区菜店、生鲜超市、平价商店等鲜活农产品零售网点。支持大型民营农产品流通企业向生产领域和零售环节延伸经营链条，提高产业集中度和产销一体化水平。

(四)鼓励和引导餐饮住宿行业民间投资又好又快发展。鼓励民间资本参与各地早餐工程建设，开展厨房改造、主食加工配送中心建设，为居民提供安全、便利、实惠的早餐服务。

支持民间资本参与餐厨垃圾回收利用体系建设，发展经济型酒店，创建绿色饭店，全面提升餐饮、住宿卫生安全水平。鼓励民营餐饮企业进行资本运作和战略重组，推进集约化生产，加快集团化发展，积极拓展国际市场。

(五)鼓励和引导其他生活服务和商务服务领域民间投资又好又快发展。鼓励民间资本投资和经营家政服务网络中心、社区便民服务店、大众浴池、生活服务网络平台等满足大众需求的基础服务设施。支持会计、审计、广告、法律、管理咨询、市场调查等商务服务领域的民营企业加快发展，进一步健全服务功能。支持经营规范、运作良好的民营生活服务企业开展兼并重组，实现跨区域连锁经营。

二、继续发挥好民间资本在发展现代流通方式中的重要作用

(一)鼓励民间资本发展连锁经营和特许经营。积极鼓励和引导民间资本在商贸流通领域发展直营连锁、特许连锁和自愿连锁。推动连锁经营从传统零售业、餐饮业向生产资料流通等领域拓展。对具有发展潜力和经营特色的民营企业发展特许体系，提供管理咨询、信息化改造、物流体系建设等方面的支持。发掘一批经营模式成熟、市场接受度高、扩展能力强的优秀特许经营品牌，支持其开展品牌建设和加盟宣传。

(二)鼓励民间资本发展商贸物流。鼓励民营企业整合现有工业、商业、仓储和运输等物流信息资源，大力发展第三方物流，推进第四方物流。引导民间资本加强冷链物流、物流电子商务平台、商贸物流园区建设，促进民营物流企业发展。支持民营资本在大中城市推进现代物流技术应用和共同配送工作，发展日用消费品和生产资料共同配送、鲜活农产品低温配送，支持民营企业物流配送模式创新，开展托盘及集装单元系统建设、运营，提高物流配送自动化、标准化、信息化和组织化水平。

(三)鼓励民间资本发展电子商务。支持有实力的民营企业与大型国有流通企业采用强强联合、兼并重组、股份制改革等合作方式，发展或转型成为行业特色突出、创新能力和带动性强的电子商务龙头企业。支持民间资本参与行业电子商务平台的建设和改造，推进其由信息流服务向信息流、商流、物流综合服务发展。支持民营百货、超市企业依托现有商业资源开展网络零售业务，发展集电子商务、电话订购和城市配送为一体的同城购物。

三、引导民间资本进入商贸流通领域特种行业

(一)支持民间资本有序进入国内成品油市场。引导民间资本有序参与原油与成品油储运及零售网络建设，扶持有条件的民营企业进入成品油分销市场。鼓励支持具备一定实力的大型民营油企通过兼并、收购、联营等方式，进一步壮大实力，建立以资产为纽带的独立石油公司或技术服务型石油公司，发展成为主业突出、市场竞争力强的大公司大集团；支持民营油企采取多种形式获得稳定的油源、技术和管理服务。

(二)引导民间资本规范发展典当业务。加快典当业立法步伐，研究制定相关标准，引导

民间资本规范发展典当业务。促进民营典当企业规范化、品牌化经营,鼓励有条件的民营典当企业做大做强,开展品牌建设,发展连锁经营。推动建立典当企业之间、典当企业与银行、担保公司等其他社会融资机构之间的合作机制,支持民营典当企业拓宽融资渠道。积极研究出台有利于典当业务发展的支持政策,争取获得与小额贷款公司等非银行金融机构同等待遇。

(三)支持民间资本发展融资租赁业务。加快融资租赁业立法步伐,建立健全行业标准体系,完善金融、财政、税务、外汇、海关等政策,加强行业监管,支持符合条件的民营企业规范发展融资租赁业务。鼓励民营融资租赁企业为中小微企业、"三农"企业提供交通运输工具、生产设备、工程机械、农用机械等融资租赁服务,通过设备融资租赁方式参与铁路、电信、电力、石油天然气、水利工程等基础产业建设。支持民营融资租赁企业加强与各类金融机构合作,拓宽融资渠道。

(四)支持民间资本拓展拍卖业务领域。以市场化和专业化为目标,支持民营拍卖企业开拓新市场,调整业务结构,大力拓展社会委托资源,采取相关配套和保障措施,积极发展机动车拍卖、无形资产拍卖等业务领域。探索开展农产品拍卖,选择具备条件的农产品品种开展拍卖交易,逐步推动拍卖成为大宗农产品流通的重要交易方式。

(五)引导民间资本有序开展直销经营。加强对直销法规政策的宣传,引导民间资本有序进入直销市场。完善监管制度,配合有关部门严厉打击传销,引导直销企业规范经营。支持民营企业学习借鉴国外先进经验,积极探索适合中国国情的直销经营理念和管理方式。推动成立行业协会等中介组织,搭建企业交流合作平台,促进行业自律。

四、为民营商贸流通企业发展创造良好政策环境

(一)改善民营商贸流通企业融资环境。贯彻落实《国务院关于进一步支持小型微型企业健康发展的意见》(国发〔2012〕14号)支持小型微型企业发展的各项金融政策,创新金融产品和服务,拓宽融资渠道,努力缓解小型微型民营商贸流通企业融资困难。继续采取财政补助方式,支持民营中小商贸流通企业通过融资性担保机构获得融资,支持其投保国内贸易信用险,鼓励保险机构帮助企业进行保单融资。

(二)支持民营企业承担由财政资金引导的重点工程。支持民营企业参与再生资源回收体系建设,以龙头企业为载体,分品种规划建设覆盖全国的再生资源回收网络。支持民营企业承担"早餐工程"、"家政服务体系建设"、"标准化菜市场"等民生服务项目,进一步完善城市社区便民服务设施。在"万村千乡市场工程"以及"农超对接"、"双百工程"、"南菜北运"、"西果东送"等农产品现代流通综合试点工作中,积极考虑将更多的民营企业作为试点承办单位继续加以扶持。

(三)建立民营中小商贸流通企业服务体系。推动落实国家关于扶持中小企业的政策措施,优化民营中小商贸流通企业发展环境。开展中小商贸流通企业服务体系建设试点,建

立以公共平台为核心、专业机构为主体,信息咨询、科技应用等为主要服务内容的服务体系。以组织中小企业参展和开展特许经营为重点,帮助中小企业开拓市场,健全营销渠道。

五、为民间资本进入商贸流通领域完善组织保障

(一)加强组织领导。各地商务主管部门要积极会同有关部门,抓紧建立鼓励和引导民间资本进入商贸流通领域的部门协调机制,形成工作合力,推动各项措施的具体落实,切实将鼓励和引导民间资本进入流通商贸领域作为一项意义深远的专项工作来推进。

(二)强化监督检查。各地商务主管部门要在本实施意见公布后一个月内,研究制定本地具体工作方案,并报商务部备案。商务部将会同有关部门组成联合督查组,赴各地开展督查工作,对工作成绩突出的地区给予表扬,对工作落实不力的地区予以通报。

(三)发挥商协会的作用。充分发挥商贸流通领域相关行业协会、商会的桥梁作用,在企业信用体系建设、企业做大做强、与国有公司的合作共赢方面,加强沟通协调与行业自律,推动民营经济有序健康发展。

(四)加强宣传引导。充分运用商务系统网站和报刊,大力宣传各级政府关于鼓励和引导民间资本进入商贸流通领域的方针政策,及时公开相关产业政策、发展规划、投资项目、优惠措施、资金扶持等政策措施。建立产业项目和民间资本的对接机制,每年筛选一部分重点示范工程和示范项目,作为民间资本投资重点招商项目库,定期向社会公开。

各地商务主管部门要充分认识鼓励和引导民间资本进入商贸流通领域的重要性和紧迫性,认真贯彻落实国家相关政策,积极协调有关部门切实采取有效措施,支持民间资本投资商贸流通领域。要密切关注本地区商贸流通领域利用民间资本情况,认真分析商贸流通领域民间资本的发展趋势和存在问题,及时总结经验和做法,研究提出促进民营商贸流通企业发展的政策措施,努力构建促进商贸流通领域民间资本发展的长效机制。

中华人民共和国商务部
二〇一二年六月十八日

附录三　国务院关于进一步支持小型微型企业健康发展的意见

国发〔2012〕14号

各省、自治区、直辖市人民政府，国务院各部委、各直属机构：

小型微型企业在增加就业、促进经济增长、科技创新与社会和谐稳定等方面具有不可替代的作用，对国民经济和社会发展具有重要的战略意义。党中央、国务院高度重视小型微型企业的发展，出台了一系列财税金融扶持政策，取得了积极成效。但受国内外复杂多变的经济形势影响，当前，小型微型企业经营压力大、成本上升、融资困难和税费偏重等问题仍很突出，必须引起高度重视。为进一步支持小型微型企业健康发展，现提出以下意见。

一、充分认识进一步支持小型微型企业健康发展的重要意义

(一)增强做好小型微型企业工作的信心

各级政府和有关部门对当前小型微型企业发展面临的新情况、新问题要高度重视，增强信心，加大支持力度，把支持小型微型企业健康发展作为巩固和扩大应对国际金融危机冲击成果、保持经济平稳较快发展的重要举措放在更加重要的位置上。要科学分析，正确把握，积极研究采取更有针对性的政策措施，帮助小型微型企业提振信心，稳健经营，提高盈利水平和发展后劲，增强企业的可持续发展能力。

二、进一步加大对小型微型企业的财税支持力度

(二)落实支持小型微型企业发展的各项税收优惠政策

提高增值税和营业税起征点；将小型微利企业减半征收企业所得税政策，延长到2015年年底并扩大范围；将符合条件的国家中小企业公共服务示范平台中的技术类服务平台纳入现行科技开发用品进口税收优惠政策范围；自2011年11月1日至2014年10月31日，对金融机构与小型微型企业签订的借款合同免征印花税，将金融企业涉农贷款和中小企业贷款损失准备金税前扣除政策延长至2013年年底，将符合条件的农村金融机构金融保险收入减按3%的税率征收营业税的政策延长至2015年年底。加快推进营业税改征增值税试点，逐步解决服务业营业税重复征税问题。结合深化税收体制改革，完善结构性减税政策，研究进一步支持小型微型企业发展的税收制度。

(三)完善财政资金支持政策

充分发挥现有中小企业专项资金的支持引导作用,2012年将资金总规模由128.7亿元扩大至141.7亿元,以后逐年增加。专项资金要体现政策导向,增强针对性、连续性和可操作性,突出资金使用重点,向小型微型企业和中西部地区倾斜。

(四)依法设立国家中小企业发展基金

基金的资金来源包括中央财政预算安排、基金收益、捐赠等。中央财政安排资金150亿元,分5年到位,2012年安排30亿元。基金主要用于引导地方、创业投资机构及其他社会资金支持处于初创期的小型微型企业等。鼓励向基金捐赠资金。对企事业单位、社会团体和个人等向基金捐赠资金的,企业在年度利润总额12%以内的部分,个人在申报个人所得税应纳税所得额30%以内的部分,准予在计算缴纳所得税税前扣除。

(五)政府采购支持小型微型企业发展

负有编制部门预算职责的各部门,应当安排不低于年度政府采购项目预算总额18%的份额专门面向小型微型企业采购。在政府采购评审中,对小型微型企业产品可视不同行业情况给予6%~10%的价格扣除。鼓励大中型企业与小型微型企业组成联合体共同参加政府采购,小型微型企业占联合体份额达到30%以上的,可给予联合体2%~3%的价格扣除。推进政府采购信用担保试点,鼓励为小型微型企业参与政府采购提供投标担保、履约担保和融资担保等服务。

(六)继续减免部分涉企收费并清理取消各种不合规收费

落实中央和省级财政、价格主管部门已公布取消的行政事业性收费。自2012年1月1日至2014年12月31日三年内对小型微型企业免征部分管理类、登记类和证照类行政事业性收费。清理取消一批各省(区、市)设立的涉企行政事业性收费。规范涉及行政许可和强制准入的经营服务性收费。继续做好收费公路专项清理工作,降低企业物流成本。加大对向企业乱收费、乱罚款和各种摊派行为监督检查的力度,严格执行收费公示制度,加强社会和舆论监督。完善涉企收费维权机制。

三、努力缓解小型微型企业融资困难

(七)落实支持小型微型企业发展的各项金融政策

银行业金融机构对小型微型企业贷款的增速不低于全部贷款平均增速,增量高于上年同期水平,对达到要求的小金融机构继续执行较低存款准备金率。商业银行应对符合国家产业政策和信贷政策的小型微型企业给予信贷支持。鼓励金融机构建立科学合理的小型微型企业贷款定价机制,在合法、合规和风险可控前提下,由商业银行自主确定贷款利率,对创新型和创业型小型微型企业可优先予以支持。建立小企业信贷奖励考核制度,落实已出台的小型微型企业金融服务的差异化监管政策,适当提高对小型微型企业贷款不良率的容忍度。进一步研究完善小企业贷款呆账核销有关规定,简化呆账核销程序,提高小型微型企业贷款呆账核销效率。优先支持符合条件的商业银行发行专项用于小型微型企业贷款的金融债。支持商业银行开发适合小型微型企业特点的各类金融产品和服务,积极发展商圈融资、供应链融资等融资方式。加强对小型微型企业贷款的统计监测。

(八)加快发展小金融机构

在加强监管和防范风险的前提下,适当放宽民间资本、外资、国际组织资金参股设立小金融机构的条件。适当放宽小额贷款公司单一投资者持股比例限制。支持和鼓励符合条件的银行业金融机构重点到中西部设立村镇银行。强化小金融机构主要为小型微型企业服务的市场定位,创新金融产品和服务方式,优化业务流程,提高服务效率。引导小金融机构增加服务网点,向县域和乡镇延伸。符合条件的小额贷款公司可根据有关规定改制为村镇银行。

(九)拓宽融资渠道

搭建方便快捷的融资平台,支持符合条件的小企业上市融资、发行债券。推进多层次债券市场建设,发挥债券市场对微观主体的资金支持作用。加快统一监管的场外交易市场建设步伐,为尚不符合上市条件的小型微型企业提供资本市场配置资源的服务。逐步扩大小型微型企业集合票据、集合债券、集合信托和短期融资券等发行规模。积极稳妥发展私募股权投资和创业投资等融资工具,完善创业投资扶持机制,支持初创型和创新型小型微型企业发展。支持小型微型企业采取知识产权质押、仓单质押、商铺经营权质押、商业信用保险保单质押、商业保理、典当等多种方式融资。鼓励为小型微型企业提供设备融资租赁服务。积极发展小型微型企业贷款保证保险和信用保险。加快小型微型企业融资服务体系建设。深入开展科技和金融结合试点,为创新型小型微型企业创造良好的投融资环境。

(十)加强对小型微型企业的信用担保服务

大力推进中小企业信用担保体系建设,继续执行对符合条件的信用担保机构免征营业税政策,加大中央财政资金的引导支持力度,鼓励担保机构提高小型微型企业担保业务规模,降低对小型微型企业的担保收费。引导外资设立面向小型微型企业的担保机构,加快推进利用外资设立担保公司试点工作。积极发展再担保机构,强化分散风险、增加信用功能。改善信用保险服务,定制符合小型微型企业需求的保险产品,扩大服务覆盖面。推动建立担保机构与银行业金融机构间的风险分担机制。加快推进企业信用体系建设,切实开展企业信用信息征集和信用等级评价工作。

(十一)规范对小型微型企业的融资服务

除银团贷款外,禁止金融机构对小型微型企业贷款收取承诺费、资金管理费。开展商业银行服务收费检查。严格限制金融机构向小型微型企业收取财务顾问费、咨询费等费用,清理纠正金融服务的不合理收费。有效遏制民间借贷高利贷化倾向以及大型企业变相转贷现象,依法打击非法集资、金融传销等违法活动。严格禁止金融从业人员参与民间借贷。研究制定防止大企业长期拖欠小型微型企业资金的政策措施。

四、进一步推动小型微型企业创新发展和结构调整

(十二)支持小型微型企业技术改造

中央预算内投资扩大安排用于中小企业技术进步和技术改造资金规模,重点支持小型企业开发和应用新技术、新工艺、新材料、新装备,提高自主创新能力、促进节能减排、提高产品和服务质量、改善安全生产与经营条件等。各地也要加大对小型微型企业技术改造的支持力度。

(十三)提升小型微型企业创新能力

完善企业研究开发费用所得税前加计扣除政策,支持企业技术创新。实施中小企业创新能力建设计划,鼓励有条件的小型微型企业建立研发机构,参与产业共性关键技术研发、国家和地方科技计划项目以及标准制定。鼓励产业技术创新战略联盟向小型微型企业转移扩散技术创新成果。支持在小型微型企业集聚的区域建立健全技术服务平台,集中优势科技资源,为小型微型企业技术创新提供支撑服务。鼓励大专院校、科研机构和大企业向小型微型企业开放研发试验设施。实施中小企业信息化推进工程,重点提高小型微型企业生产制造、运营管理和市场开拓的信息化应用水平,鼓励信息技术企业、通信运营商为小型微型企业提供信息化应用平台。加快新技术和先进适用技术在小型微型企业的推广应用,鼓励各类技术服务机构、技术市场和研究院所为小型微型企业提供优质服务。

(十四)提高小型微型企业知识产权创造、运用、保护和管理水平

中小企业知识产权战略推进工程以培育具有自主知识产权优势小型微型企业为重点,加强宣传和培训,普及知识产权知识,推进重点区域和重点企业试点,开展面向小型微型企业的专利辅导、专利代理、专利预警等服务。加大对侵犯知识产权和制售假冒伪劣产品的打击力度,维护市场秩序,保护创新积极性。

(十五)支持创新型、创业型和劳动密集型的小型微型企业发展

鼓励小型微型企业发展现代服务业、战略性新兴产业、现代农业和文化产业,走"专精特新"和与大企业协作配套发展的道路,加快从要素驱动向创新驱动的转变。充分利用

国家科技资源支持小型微型企业技术创新,鼓励科技人员利用科技成果创办小型微型企业,促进科技成果转化。实施创办小企业计划,培育和支持3000家小企业创业基地,大力开展创业培训和辅导,鼓励创办小企业,努力扩大社会就业。积极发展各类科技孵化器,到2015年,在孵企业规模达到10万家以上。支持劳动密集型企业稳定就业岗位,推动产业升级,加快调整产品结构和服务方式。

(十六)切实拓宽民间投资领域

要尽快出台贯彻落实国家有关鼓励和引导民间投资健康发展政策的实施细则,促进民间投资便利化、规范化,鼓励和引导小型微型企业进入教育、社会福利、科技、文化、旅游、体育、商贸流通等领域。各类政府性资金要对包括民间投资在内的各类投资主体同等对待。

(十七)加快淘汰落后产能

严格控制高污染、高耗能和资源浪费严重的小型微型企业发展,防止落后产能异地转移。严格执行国家有关法律法规,综合运用财税、金融、环保、土地、产业政策等手段,支持小型微型企业加快淘汰落后技术、工艺和装备,通过收购、兼并、重组、联营和产业转移等获得新的发展机会。

五、加大支持小型微型企业开拓市场的力度

(十八)创新营销和商业模式

鼓励小型微型企业运用电子商务、信用销售和信用保险,大力拓展经营领域。研究创新中国国际中小企业博览会办展机制,促进在国际化、市场化、专业化等方面取得突破。支持小型微型企业参加国内外展览展销活动,加强工贸结合、农贸结合和内外贸结合。建设集中采购分销平台,支持小型微型企业通过联合采购、集中配送,降低采购成本。引导小型微型企业采取抱团方式"走出去"。培育商贸企业集聚区,发展专业市场和特色商业街,推广连锁经营、特许经营、物流配送等现代流通方式。加强对小型微型企业出口产品标准的培训。

(十九)改善通关服务

推进分类通关改革,积极研究为符合条件的小型微型企业提供担保验放、集中申报、24小时预约通关和不实行加工贸易保证金台账制度等便利通关措施。扩大"属地申报,口岸验放"的通关模式适用范围。扩大进出口企业享受预归类、预审价、原产地预确定等措施的范围,提高企业通关效率,降低物流通关成本。

(二十)简化加工贸易内销手续

进一步落实好促进小型微型加工贸易企业内销便利化相关措施,允许联网企业"多次内销、一次申报",并可在内销当月内集中办理内销申报手续,缩短企业办理时间。

(二十一)开展集成电路产业链保税监管模式试点

允许符合条件的小型微型集成电路设计企业作为加工贸易经营单位开展加工贸易业务,将集成电路产业链中的设计、芯片制造、封装测试企业等全部纳入保税监管范围。

六、切实帮助小型微型企业提高经营管理水平

(二十二)支持管理创新

实施中小企业管理提升计划,重点帮助和引导小型微型企业加强财务、安全、节能、环保、用工等管理。开展企业管理创新成果推广和标杆示范活动。实施小企业会计准则,开展培训和会计代理服务。建立小型微型企业管理咨询服务制度,支持管理咨询机构和志愿者面向小型微型企业开展管理咨询服务。

(二十三)提高质量管理水平

落实小型微型企业产品质量主体责任,加强质量诚信体系建设,开展质量承诺活动。督促和指导小型微型企业建立健全质量管理体系,严格执行生产许可、经营许可、强制认证等准入管理,不断增强质量安全保障能力。大力推广先进的质量管理理念和方法,严格执行国家标准和进口国标准。加强品牌建设指导,引导小型微型企业创建自主品牌。鼓励制定先进企业联盟标准,带动小型微型企业提升质量保证能力和专业化协作配套水平。充分发挥国家质检机构和重点实验室的辐射支撑作用,加快质量检验检疫公共服务平台建设。

(二十四)加强人力资源开发

加强对小型微型企业劳动用工的指导与服务,拓宽企业用工渠道。实施国家中小企业银河培训工程和企业经营管理人才素质提升工程,以小型微型企业为重点,每年培训50万名经营管理人员和创业者。指导小型微型企业积极参与高技能人才振兴计划,加强技能人才队伍建设工作,国家专业技术人才知识更新工程等重大人才工程要向小型微型企业倾斜。围绕《国家中长期人才发展规划纲要(2010—2020年)》确定的重点领域,开展面向小型微型企业创新型专业技术人才的培训。完善小型微型企业职工社会保障政策。

(二十五)制定和完善鼓励高校毕业生到小型微型企业就业的政策

对小型微型企业新招用高校毕业生并组织开展岗前培训的,按规定给予培训费补贴,

并适当提高培训费补贴标准，具体标准由省级财政、人力资源和社会保障部门确定。对小型微型企业新招用毕业年度高校毕业生，签订1年以上劳动合同并按月足额缴纳社会保险费的，给予1年的社会保险补贴，政策执行期限截至2014年年底。改善企业人力资源结构，实施大学生创业引领计划，切实落实已出台的鼓励高校毕业生自主创业的税费减免、小额担保贷款等扶持政策，加大公共就业服务力度，提高高校毕业生创办小型微型企业成功率。

七、促进小型微型企业集聚发展

(二十六)统筹安排产业集群发展用地

规划建设小企业创业基地、科技孵化器、商贸企业集聚区等，地方各级政府要优先安排用地计划指标。经济技术开发区、高新技术开发区以及工业园区等各类园区要集中建设标准厂房，积极为小型微型企业提供生产经营场地。对创办三年内租用经营场地和店铺的小型微型企业，符合条件的，给予一定比例的租金补贴。

(二十七)改善小型微型企业集聚发展环境

建立完善产业集聚区技术、电子商务、物流、信息等服务平台。发挥龙头骨干企业的引领和带动作用，推动上下游企业分工协作、品牌建设和专业市场发展，促进产业集群转型升级。以培育农村二、三产业小型微型企业为重点，大力发展县域经济。开展创新型产业集群试点建设工作。支持能源供应、排污综合治理等基础设施建设，加强节能管理和"三废"集中治理。

八、加强对小型微型企业的公共服务

(二十八)大力推进服务体系建设

到2015年，支持建立和完善4000个为小型微型企业服务的公共服务平台，重点培育认定500个国家中小企业公共服务示范平台，发挥示范带动作用。实施中小企业公共服务平台网络建设工程，支持各省(区、市)统筹建设资源共享、服务协同的公共服务平台网络，建立健全服务规范、服务评价和激励机制，调动和优化配置服务资源，增强政策咨询、创业创新、知识产权、投资融资、管理诊断、检验检测、人才培训、市场开拓、财务指导、信息化服务等各类服务功能，重点为小型微型企业提供质优价惠的服务。充分发挥行业协会(商会)的桥梁纽带作用，提高行业自律和组织水平。

(二十九)加强指导协调和统计监测

充分发挥国务院促进中小企业发展工作领导小组的统筹规划、组织领导和政策协调作用，明确部门分工和责任，加强监督检查和政策评估，将小型微型企业有关工作列入各地区、各有关部门年度考核范围。统计及有关部门要进一步加强对小型微型企业的调查统计工作,尽快建立和完善小型微型企业统计调查、监测分析和定期发布制度。

各地区、各部门要结合实际,研究制定本意见的具体贯彻落实办法,加大对小型微型企业的扶持力度,创造有利于小型微型企业发展的良好环境。

国务院

二〇一二年四月十九日

附录四　国务院办公厅关于金融支持小微企业发展的实施意见

国办发〔2013〕87号

各省、自治区、直辖市人民政府，国务院各部委、各直属机构：

　　小微企业是国民经济发展的生力军，在稳定增长、扩大就业、促进创新、繁荣市场和满足人民群众需求等方面，发挥着极为重要的作用。加强小微企业金融服务，是金融支持实体经济和稳定就业、鼓励创业的重要内容，事关经济社会发展全局，具有十分重要的战略意义。为进一步做好小微企业金融服务工作，全力支持小微企业良性发展，经国务院同意，现提出以下意见。

一、确保实现小微企业贷款增速和增量"两个不低于"的目标

　　继续坚持"两个不低于"的小微企业金融服务目标，在风险总体可控的前提下，确保小微企业贷款增速不低于各项贷款平均水平、增量不低于上年同期水平。在继续实施稳健的货币政策、合理保持全年货币信贷总量的前提下，优化信贷结构，腾挪信贷资源，在盘活存量中扩大小微企业融资增量，在新增信贷中增加小微企业贷款份额。充分发挥再贷款、再贴现和差别准备金动态调整机制的引导作用，对中小金融机构继续实施较低的存款准备金率。进一步细化"两个不低于"的考核措施，对银行业金融机构的小微企业贷款比例、贷款覆盖率、服务覆盖率和申贷获得率等指标，定期考核，按月通报。要求各银行业金融机构在商业可持续和有效控制风险的前提下，单列小微企业信贷计划，合理分解任务，优化绩效考核机制，并由主要负责人推动层层落实。(人民银行、银监会按职责分工负责)

二、加快丰富和创新小微企业金融服务方式

　　增强服务功能、转变服务方式、创新服务产品，是丰富和创新小微企业金融服务方式的重点内容。进一步引导金融机构增强支小助微的服务理念，动员更多营业网点参与小微企业金融服务，扩大业务范围，加大创新力度，增强服务功能；牢固树立以客户为中心的经营理念，针对不同类型、不同发展阶段小微企业的特点，不断开发特色产品，为小微企业提供量身定做的金融产品和服务。积极鼓励金融机构为小微企业全面提供开户、结算、理财、咨询等基础性、综合性金融服务；大力发展产业链融资、商业圈融资和企业群融资，积极开展知识产权质押、应收账款质押、动产质押、股权质押、订单质押、仓单质押、保

单质押等抵质押贷款业务；推动开办商业保理、金融租赁和定向信托等融资服务。鼓励保险机构创新资金运用安排，通过投资企业股权、基金、债权、资产支持计划等多种形式，为小微企业发展提供资金支持。充分利用互联网等新技术、新工具，不断创新网络金融服务模式。(人民银行、银监会、证监会、保监会按职责分工负责)

三、着力强化对小微企业的增信服务和信息服务

加快建立"小微企业—信息和增信服务机构—商业银行"利益共享、风险共担新机制，是破解小微企业缺信息、缺信用导致融资难的关键举措。积极搭建小微企业综合信息共享平台，整合注册登记、生产经营、人才及技术、纳税缴费、劳动用工、用水用电、节能环保等信息资源。加快建立小微企业信用征集体系、评级发布制度和信息通报制度，引导银行业金融机构注重用好人才、技术等"软信息"，建立针对小微企业的信用评审机制。建立健全主要为小微企业服务的融资担保体系，由地方人民政府参股和控股部分担保公司，以省(区、市)为单位建立政府主导的再担保公司，创设小微企业信贷风险补偿基金。指导相关行业协会推进联合增信，加强本行业小微企业的合作互助。充分挖掘保险工具的增信作用，大力发展贷款保证保险和信用保险业务，稳步扩大出口信用保险对小微企业的服务范围。(发展改革委、工业和信息化部、财政部、商务部、人民银行、工商总局、银监会、证监会、保监会等按职责分工负责)

四、积极发展小型金融机构

积极发展小型金融机构，打通民间资本进入金融业的通道，建立广覆盖、差异化、高效率的小微企业金融服务机构体系，是增加小微企业金融服务有效供给、促进竞争的有效途径。进一步丰富小微企业金融服务机构种类，支持在小微企业集中的地区设立村镇银行、贷款公司等小型金融机构，推动尝试由民间资本发起设立自担风险的民营银行、金融租赁公司和消费金融公司等金融机构。引导地方金融机构坚持立足当地、服务小微的市场定位，向县域和乡镇等小微企业集中的地区延伸网点和业务，进一步做深、做实小微企业金融服务。鼓励大中型银行加快小微企业专营机构建设和向下延伸服务网点，提高小微企业金融服务的批量化、规模化、标准化水平。(银监会牵头)

五、大力拓展小微企业直接融资渠道

加快发展多层次资本市场，是解决小微企业直接融资比例过低、渠道过窄的必由之路。进一步优化中小企业板、创业板市场的制度安排，完善发行、定价、并购重组等方面的政策和措施。适当放宽创业板市场对创新型、成长型企业的财务准入标准，尽快启动上市小微企业再融资。建立完善全国中小企业股份转让系统(以下称"新三板")，加大产品创新力度，增加适合小微企业的融资品种。进一步扩大中小企业私募债券试点，逐步扩大中小企

业集合债券和小微企业增信集合债券发行规模,在创业板、"新三板"、公司债、私募债等市场建立服务小微企业的小额、快速、灵活的融资机制。在清理整顿各类交易场所基础上,将区域性股权市场纳入多层次资本市场体系,促进小微企业改制、挂牌、定向转让股份和融资,支持证券公司通过区域性股权市场为小微企业提供挂牌公司推荐、股权代理买卖等服务。进一步建立健全非上市公众公司监管制度,适时出台定向发行、并购重组等具体规定,支持小微企业股本融资、股份转让、资产重组等活动。探索发展并购投资基金,积极引导私募股权投资基金、创业投资企业投资于小微企业,支持符合条件的创业投资企业、股权投资企业等发行企业债券,专项用于投资小微企业,促进创新型、创业型小微企业融资发展。(证监会、发展改革委、科技部等按职责分工负责)

六、切实降低小微企业融资成本

进一步清理规范各类不合理收费,是切实降低小微企业综合融资成本的必然要求。继续对小微企业免征管理类、登记类、证照类行政事业性收费。规范担保公司等中介机构的收费定价行为,通过财政补贴和风险补偿等方式合理降低费率。继续治理金融机构不合理收费和高收费行为,开展对金融机构落实收费政策情况的专项检查,对落实不到位的金融机构要严肃处理。(发展改革委、工业和信息化部、财政部、人民银行、银监会等按职责分工负责)

七、加大对小微企业金融服务的政策支持力度

对小微企业金融服务予以政策倾斜,是做好小微企业金融服务、防范金融风险的必要条件。进一步完善和细化小微企业划型标准,引导各类金融机构和支持政策更好的聚焦小微企业。充分发挥支持性财税政策的引导作用,强化对小微企业金融服务的正向激励;在简化程序、扩大金融机构自主核销权等方面,对小微企业不良贷款核销给予支持。建立科技金融服务体系,进一步细化科技型小微企业标准,完善对各类科技成果的评价机制。在银行业金融机构的业务准入、风险资产权重、存贷比考核等方面实施差异化监管。继续支持符合条件的银行发行小微企业专项金融债,用所募集资金发放的小微企业贷款不纳入存贷比考核。逐步推进信贷资产证券化常规化发展,引导金融机构将盘活的资金主要用于小微企业贷款。鼓励银行业金融机构适度提高对小微企业不良贷款的容忍度,相应调整绩效考核机制。继续鼓励担保机构加大对小微企业的服务力度,推进完善有关扶持政策。积极争取将保险服务纳入小微企业产业引导政策,不断完善小微企业风险补偿机制。(发展改革委、科技部、工业和信息化部、财政部、人民银行、税务总局、统计局、银监会、证监会、保监会等按职责分工负责)

八、全面营造良好的小微金融发展环境

推进金融环境建设,营造良好的金融环境,是促进小微金融发展的重要基础。地方人民政府要在健全法制、改善公共服务、预警提示风险、完善抵质押登记、宣传普及金融知识等方面,抓紧研究制定支持小微企业金融服务的政策措施;切实落实融资性担保公司、小额贷款公司、典当行、投资(咨询)公司、股权投资企业等机构的监管和风险处置责任,加大对非法集资等非法金融活动的打击惩处力度;减少对金融机构正常经营活动的干预,帮助维护银行债权,打击逃废银行债务行为;化解金融风险,切实维护地方金融市场秩序。有关部门要研究采取有效措施,积极引导小微企业提高自身素质,改善经营管理,健全财务制度,增强信用意识。(发展改革委、工业和信息化部、公安部、财政部、商务部、人民银行、税务总局、工商总局、银监会、证监会、保监会等按职责分工负责)

各地区、各有关部门和各金融机构要按照国务院的统一部署,进一步提高对小微企业金融服务重要性的认识,明确分工,落实责任,形成合力,真正帮助小微企业解决现实难题。银监会要牵头组织实施督促检查工作,确保各项政策措施落实到位。从 2014 年开始,各省级人民政府、人民银行、银监会、证监会和保监会要将本地区或本领域上一年度小微企业金融服务的情况、成效、问题、下一步打算及政策建议,于每年 1 月底前专题报告国务院。各银行业金融机构的有关落实情况及下一步工作和建议,由银监会汇总后报国务院。

国务院办公厅
2013 年 8 月 8 日

附录五　中国银监会关于进一步做好小微企业金融服务工作的指导意见

银监发〔2013〕37号

各银监局，各政策性银行、国有商业银行、股份制商业银行，邮政储蓄银行，各省级农村信用联社：

为贯彻落实《国务院办公厅关于金融支持小微企业发展的实施意见》(国办发〔2013〕87号)，进一步推进银行业小微企业金融服务工作，现提出如下意见：

一、银行业金融机构应坚持商业可持续原则，深入落实利率风险定价、独立核算、贷款审批、激励约束、人员培训、违约信息通报 "六项机制"，重点支持符合国家产业和环保政策、有利于扩大就业、有偿还意愿和偿还能力小微企业的融资需求。

二、银行业金融机构应在商业可持续和有效控制风险的前提下，主动调整信贷结构，单列年度小微企业信贷计划，并将任务合理分解到各分支机构，优化绩效考核机制，由主要负责人层层推动落实。同时，银行业金融机构应充分发挥信贷资产流转、证券化对小微企业融资的支持作用，将盘活的资金主要用于小微企业贷款。

各银监局应于每年一季度末汇总辖内法人银行业金融机构当年的小微企业信贷计划，报送银监会。各政策性银行、国有商业银行及中信银行、光大银行、邮政储蓄银行应于每年一季度末将当年全行的小微企业信贷计划报送银监会，同时抄送相关机构监管部门。

三、银行业金融机构应根据自身的市场定位和发展战略，在风险可控的前提下，切实加大对小微企业的信贷资源投入和考核力度，力争实现"两个不低于"目标，即：小微企业贷款增速不低于各项贷款平均增速，增量不低于上年同期。

各银监局应对辖内小微企业贷款增长情况(含法人银行业金融机构、分支机构和总行营业部)实行按月监测、按季考核，并针对辖内银行业金融机构细化考核要求，确保全辖实现"两个不低于"目标。

四、进一步完善小微企业金融服务监测指标体系。将小微企业贷款覆盖率、小微企业综合金融服务覆盖率和小微企业申贷获得率3项指标纳入监测指标体系，按月进行监测、考核和通报。具体填报要求见附件。

小微企业贷款覆盖率和小微企业综合金融服务覆盖率主要考察小微企业从银行获得贷款及其他金融服务的比例。小微企业申贷获得率主要考察银行业金融机构对小微企业有效贷款需求的满足情况。银行业金融机构要进一步改进内部机制体制，增强服务意识，切实提高小微企业贷款可获得性，拓宽小微企业金融服务覆盖面。

五、继续强化对小微企业金融服务的正向激励。各银行业金融机构必须在全年实现"两个不低于"目标、且当年全行小微企业申贷获得率不低于上年水平的前提下,下一年度才能享受《关于支持商业银行进一步改进小企业金融服务的通知》(银监发〔2011〕59号)、《关于支持商业银行进一步改进小型微型企业金融服务的补充通知》(银监发〔2011〕94号)、《关于深化小微企业金融服务的意见》(银监发〔2011〕7号)等文件规定的优惠政策。

各银监局要在银行业金融机构的市场准入、风险资产权重、存贷比考核等方面进一步落实差异化监管政策和正向激励措施。

六、各银监局应指导银行业金融机构有序开展小微企业专项金融债的申报工作,拓宽小微企业信贷资金来源。

获准发行此类专项金融债的银行业金融机构,该债项所对应的小微企业贷款在计算"小型微型企业调整后存贷比"时,可在分子项中予以扣除。

七、银行业金融机构要牢固树立以客户为中心的经营理念,持续丰富和创新小微企业金融服务方式。要针对不同类型、不同发展阶段小微企业的特点,为其量身定做特色产品,并全面提供开户、结算、贷款、理财、咨询等基础性、综合性金融服务。大力发展产业链融资、商业圈融资和企业群融资。要在提升风险管理水平的基础上,积极创新还款方式和抵质押方式,建立针对小微企业的信用评审机制,探索发放小微企业信用贷款。有序开办商业保理、金融租赁和定向信托等融资服务。同时,充分利用互联网等新技术、新工具,研究发展网络融资平台,不断创新网络金融服务模式。

各银监局要进一步引导辖内银行业金融机构增强支小助微的服务理念,鼓励开展金融创新,在做好风险防范和管理的基础上,按照"先试先行"的指导思想,稳步探索小微企业金融服务的新模式、新产品、新渠道。

八、银行业金融机构要进一步推进小微企业金融服务网点和渠道建设,增加对小微企业的有效金融供给。大中型银行要继续以"四单原则"为指导,把小微企业专营机构做精、做深、做出特色,并进一步向下延伸服务和网点,提高小微企业金融服务的批量化、规模化、标准化水平。地方法人银行业金融机构要坚持立足当地、服务小微的市场定位,向县域和乡镇等小微企业集中的地区延伸网点和业务。

各银监局要引导辖内银行业金融机构合理布局,支持在小微企业集中的地区设立村镇银行、贷款公司等小型金融机构,促进竞争,进一步做深、做实小微企业金融服务。

九、进一步规范小微企业金融服务收费。银行业金融机构要在建立科学合理的小微企业信贷风险定价机制的基础上,严格执行《关于支持商业银行进一步改进小型微型企业金融服务的补充通知》(银监发〔2011〕94号)有关规定,除银团贷款外,不得对小微企业贷款收取承诺费、资金管理费,严格限制对小微企业及其增信机构收取财务顾问费、咨询费等费用。严禁在发放贷款时附加不合理的贷款条件。

各银监局应加强对辖内银行业金融机构的督导,提高小微企业金融服务收费的透明度,并于 2013 年 11 月 30 日前对辖内银行业金融机构落实小微企业金融服务收费政策的情况开展专项检查,将检查结果纳入小微企业金融服务的年度总结。

十、银行业金融机构应根据自身风险状况和内控水平,适度提高对小微企业不良贷款的容忍度,并制定相应的小微企业金融服务从业人员尽职免责办法。

各银监局应在监管工作中落实提高小微企业不良贷款容忍度的具体措施。银行业金融机构小微企业贷款不良率高出全辖各项贷款不良率 2 个百分点以内的,该项指标不作为当年监管评级的扣分因素。

十一、银行业金融机构应加强风险管理和内控机制建设,完善小微企业信贷风险管理体系,提升小微企业信贷风险识别、预警和处置能力。

各银监局应加强对小微企业风险状况的监测和提示,指导辖内银行业金融机构主动防范和化解风险。

十二、各银监局、各银行业金融机构应主动加强与地方政府和相关部门的沟通,进一步密切合作,争取在财政补贴、税收优惠、信息共享平台、信用征集体系、风险分担和补偿机制等方面获得更大支持,优化小微企业金融服务的外部环境;充分发挥融资性担保机构为小微企业融资增信的作用,规范融资性担保贷款管理和收费定价行为,引导和督促融资性担保机构利用财政补贴和风险补偿等方式合理降低担保费率。各银行业金融机构应用足、用好财政、税收各项优惠政策,加大对小微企业不良贷款的核销力度。

十三、进一步做好小微企业金融服务宣传工作。各银监局、各银行业金融机构要主动、持续宣传和推广小微企业金融服务的政策、经验和成效,普及小微企业金融服务知识,营造良好的社会舆论氛围。

十四、加强对小微企业金融服务工作的督导与总结。各银监局要将对小微企业金融服务的督导检查纳入日常监管工作内容。对于当年未能实现"两个不低于"目标的银监局和相关银行业金融机构,银监会将进行重点督导。

各银监局、各政策性银行、国有商业银行、中信银行、光大银行、邮政储蓄银行应将上一年度全辖或全行的小微企业金融服务年度总结,于每年 1 月 10 日前报送银监会,前述各行应同时将总结抄送相关的机构监管部门。总结内容包括当年小微企业金融服务情况、成效、面临的问题、下一步工作安排及对有关部门的政策建议。

十五、自本意见印发之日起,《中国银监会办公厅关于按季报送小微企业金融服务有关数据的通知》(银监办发〔2013〕94 号)中有关各银监局报送小微企业金融服务客户覆盖情况的规定不再执行,其余规定不变。

请各银监局将本意见转发辖内银监分局和银行业金融机构(不含外国银行分行)。

2013 年 8 月 29 日

附录六 商务部关于印发《融资租赁企业监督管理办法》的通知

商流通发〔2013〕337号

各省、自治区、直辖市、计划单列市及新疆生产建设兵团商务主管部门：

为进一步完善融资租赁企业监管制度，提升融资租赁行业监管水平，规范融资租赁企业经营行为，防范行业风险，促进融资租赁业健康有序发展，根据有关法律法规及规定，商务部制定了《融资租赁企业监督管理办法》，已经商务部2013年第7次部务会议审议通过，现印发给你们，自2013年10月1日起施行。

第一章 总 则

第一条 为促进我国融资租赁业健康发展，规范融资租赁企业的经营行为，防范经营风险，根据《合同法》、《物权法》、《公司法》等法律法规及商务部有关规定，制定本办法。

第二条 本办法所称融资租赁企业是指根据商务部有关规定从事融资租赁业务的企业。

本办法所称融资租赁业务是指出租人根据承租人对出卖人、租赁物的选择，向出卖人购买租赁物，提供给承租人使用，承租人支付租金的交易活动。

融资租赁直接服务于实体经济，在促进装备制造业发展、中小企业融资、企业技术升级改造、设备进出口、商品流通等方面具有重要的作用，是推动产融结合、发展实体经济的重要手段。

第三条 融资租赁企业应具备与其业务规模相适应的资产规模、资金实力和风险管控能力。申请设立融资租赁企业的境外投资者，还须符合外商投资的相关规定。

第四条 融资租赁企业应配备具有金融、贸易、法律、会计等方面专业知识、技能和从业经验并具有良好从业记录的人员，拥有不少于三年融资租赁、租赁业务或金融机构运营管理经验的总经理、副总经理、风险控制主管等高管人员。

第五条 融资租赁企业开展经营活动，应当遵守中华人民共和国法律、法规、规章和本办法的规定，不得损害国家利益和社会公共利益。

第六条 商务部对全国融资租赁企业实施监督管理。省级商务主管部门负责监管本行政区域内的融资租赁企业。

本办法所称省级商务主管部门是指省、自治区、直辖市、计划单列市及新疆生产建设兵团商务主管部门。

第七条 鼓励融资租赁企业通过直接租赁等方式提供租赁服务，增强资产管理综合能力,开展专业化和差异化经营。

第二章 经营规则

第八条 融资租赁企业可以在符合有关法律、法规及规章规定的条件下采取直接租赁、转租赁、售后回租、杠杆租赁、委托租赁、联合租赁等形式开展融资租赁业务。

第九条 融资租赁企业应当以融资租赁等租赁业务为主营业务,开展与融资租赁和租赁业务相关的租赁财产购买、租赁财产残值处理与维修、租赁交易咨询和担保、向第三方机构转让应收账款、接受租赁保证金及经审批部门批准的其他业务。

第十条 融资租赁企业开展融资租赁业务应当以权属清晰、真实存在且能够产生收益权的租赁物为载体。

融资租赁企业不得从事吸收存款、发放贷款、受托发放贷款等金融业务。未经相关部门批准,融资租赁企业不得从事同业拆借等业务。严禁融资租赁企业借融资租赁的名义开展非法集资活动。

第十一条 融资租赁企业进口租赁物涉及配额、许可等管理的,应由购买租赁物方或产权所有方按有关规定办理相关手续。

融资租赁企业经营业务过程中涉及外汇管理事项的,应当遵守国家外汇管理有关规定。

第十二条 融资租赁企业应当按照相关规定,建立健全财务会计制度,真实记录和反映企业的财务状况、经营成果和现金流量。

第十三条 融资租赁企业应当建立完善的内部风险控制体系,形成良好的风险资产分类管理制度、承租人信用评估制度、事后追偿和处置制度以及风险预警机制等。

第十四条 为控制和降低风险,融资租赁企业应当对融资租赁项目进行认真调查,充分考虑和评估承租人持续支付租金的能力,采取多种方式降低违约风险,并加强对融资租赁项目的检查及后期管理。

第十五条 融资租赁企业应当建立关联交易管理制度。融资租赁企业在对承租人为关联企业的交易进行表决或决策时,与该关联交易有关联关系的人员应当回避。

融资租赁企业在向关联生产企业采购设备时,有关设备的结算价格不得明显低于该生产企业向任何第三方销售的价格或同等批量设备的价格。

第十六条 融资租赁企业对委托租赁、转租赁的资产应当分别管理,单独建账。融资租赁企业和承租人应对与融资租赁业务有关的担保、保险等事项进行充分约定,维护交易安全。

第十七条 融资租赁企业应加强对重点承租人的管理,控制单一承租人及承租人为关联方的业务比例,注意防范和分散经营风险。

第十八条 按照国家法律规定租赁物的权属应当登记的,融资租赁企业须依法办理相关登记手续。若租赁物不属于需要登记的财产类别,则鼓励融资租赁企业在商务主管部门指定的系统进行登记，明示租赁物所有权。

第十九条 售后回租的标的物应为能发挥经济功能，并能产生持续经济效益的财产。融资租赁企业开展售后回租业务时，应注意加强风险防控。

第二十条 融资租赁企业不应接受承租人无处分权的、已经设立抵押的、已经被司法机关查封扣押的或所有权存在其他瑕疵的财产作为售后回租业务的标的物。

融资租赁企业在签订售后回租协议前，应当审查租赁物发票、采购合同、登记权证、付款凭证、产权转移凭证等证明材料，以确认标的物权属关系。

第二十一条 融资租赁企业应充分考虑并客观评估售后回租资产的价值，对标的物的买入价格应有合理的、不违反会计准则的定价依据作为参考，不得低值高买。

第二十二条 融资租赁企业的风险资产不得超过净资产总额的10倍。

第二十三条 融资租赁企业应严格按照国家有关规定按时缴纳各种税款，严禁偷逃税款或将非融资租赁业务作为融资租赁业务进行纳税。

第三章 监督管理

第二十四条 商务部及省级商务主管部门依照法律、法规、规章和商务部有关规定，依法履行监管职责。

各级商务主管部门在履行监管职责的过程中，应依法加强管理，对所知悉的企业商业秘密应严格保密。

第二十五条 省级商务主管部门应通过多种方式加强对融资租赁企业的监督管理，对企业经营状况及经营风险进行持续监测；加强监管队伍建设，按照监管要求和职责配备相关人员，加强业务培训，提高监管人员监管水平。

第二十六条 省级商务主管部门应当建立重大情况通报机制、风险预警机制和突发事件应急处置机制，及时、有效地处置融资租赁行业突发事件。

第二十七条 在日常监管中，省级商务主管部门应当重点对融资租赁企业是否存在吸收存款、发放贷款、超范围经营等违法行为进行严格监督管理。一旦发现应及时提报相关部门处理并将情况报告商务部。

第二十八条 省级商务主管部门要定期对企业关联交易比例、风险资产比例、单一承租人业务比例、租金逾期率等关键指标进行分析。对于相关指标偏高、潜在经营风险加大的企业应给予重点关注。

商务主管部门可以根据工作需要委托行业协会等中介组织协助了解有关情况。

第二十九条 省级商务主管部门应于每年6月30日前向商务部书面上报上一年度本行政区域内融资租赁企业发展情况以及监管情况。如发现重大问题应立即上报。

第三十条 商务部建立、完善"全国融资租赁企业管理信息系统"，运用信息化手段对融资租赁企业的业务活动、内部控制和风险状况等情况进行了解和监督管理，提高融资租赁企业经营管理水平和风险控制能力。

第三十一条 融资租赁企业应当按照商务部的要求使用全国融资租赁企业管理信息系统，及时如实填报有关数据。每季度结束后15个工作日内填报上一季度经营情况统计表及简要说明；每年4月30日前填报上一年经营情况统计表、说明，报送经审计机构审计的上一年度财务会计报告(含附注)。

第三十二条 融资租赁企业变更名称、异地迁址、增减注册资本金、改变组织形式、调整股权结构等，应事先通报省级商务主管部门。外商投资企业涉及前述变更事项，应按有关规定履行审批、备案等相关手续。

融资租赁企业应在办理变更工商登记手续后5个工作日内登录全国融资租赁企业管理信息系统修改上述信息。

第三十三条 商务主管部门要重视发挥行业协会作用，鼓励行业协会积极开展行业培训、从业人员资质认定、理论研究、纠纷调解等活动，支持行业协会加强行业自律和依法维护行业权益，配合主管部门进行行业监督管理，维护公平有序的市场竞争环境。

第三十四条 融资租赁企业如违反我国有关法律、法规、规章以及本办法相关规定的，按照有关规定处理。

第四章 附　则

第三十五条 本办法由商务部负责解释。

第三十六条 本办法自2013年10月1日起施行。

中华人民共和国商务部
2013年9月18日

附录七 《银行间债券市场非金融企业债务融资工具管理办法》

中国人民银行令〔2008〕第1号

为进一步完善银行间债券市场管理，促进非金融企业直接债务融资发展，中国人民银行制定了《银行间债券市场非金融企业债务融资工具管理办法》，经2008年3月14日第5次行长办公会议通过，现予公布，自2008年4月15日起施行。

银行间债券市场非金融企业债务融资工具管理办法

第一条 为进一步完善银行间债券市场管理，促进非金融企业直接债务融资发展，根据《中华人民共和国中国人民银行法》及相关法律、行政法规，制定本办法。

第二条 本办法所称非金融企业债务融资工具(以下简称债务融资工具)，是指具有法人资格的非金融企业(以下简称企业)在银行间债券市场发行的，约定在一定期限内还本付息的有价证券。

第三条 债务融资工具发行与交易应遵循诚信、自律原则。

第四条 企业发行债务融资工具应在中国银行间市场交易商协会(以下简称交易商协会)注册。

第五条 债务融资工具在中央国债登记结算有限责任公司(以下简称中央结算公司)登记、托管、结算。

第六条 全国银行间同业拆借中心(以下简称同业拆借中心)为债务融资工具在银行间债券市场的交易提供服务。

第七条 企业发行债务融资工具应在银行间债券市场披露信息。信息披露应遵循诚实信用原则，不得有虚假记载、误导性陈述或重大遗漏。

第八条 企业发行债务融资工具应由金融机构承销。企业可自主选择主承销商。需要组织承销团的，由主承销商组织承销团。

第九条 企业发行债务融资工具应由在中国境内注册且具备债券评级资质的评级机构进行信用评级。

第十条 为债务融资工具提供服务的承销机构、信用评级机构、注册会计师、律师等专业机构和人员应勤勉尽责，严格遵守执业规范和职业道德，按规定和约定履行义务。

上述专业机构和人员所出具的文件含有虚假记载、误导性陈述和重大遗漏的，应当就其负有责任的部分承担相应的法律责任。

第十一条 债务融资工具发行利率、发行价格和所涉费率以市场化方式确定,任何商业机构不得以欺诈、操纵市场等行为获取不正当利益。

第十二条 债务融资工具投资者应自行判断和承担投资风险。

第十三条 交易商协会依据本办法及中国人民银行相关规定对债务融资工具的发行与交易实施自律管理。交易商协会应根据本办法制定相关自律管理规则,并报中国人民银行备案。

第十四条 同业拆借中心负责债务融资工具交易的日常监测,每月汇总债务融资工具交易情况向交易商协会报送。

第十五条 中央结算公司负责债务融资工具登记、托管、结算的日常监测,每月汇总债务融资工具发行、登记、托管、结算、兑付等情况向交易商协会报送。

第十六条 交易商协会应每月向中国人民银行报告债务融资工具注册汇总情况、自律管理工作情况、市场运行情况及自律管理规则执行情况。

第十七条 交易商协会对违反自律管理规则的机构和人员,可采取警告、诫勉谈话、公开谴责等措施进行处理。

第十八条 中国人民银行依法对交易商协会、同业拆借中心和中央结算公司进行监督管理。

交易商协会、同业拆借中心和中央结算公司应按照中国人民银行的要求,及时向中国人民银行报送与债务融资工具发行和交易等有关的信息。

第十九条 对违反本办法规定的机构和人员,中国人民银行可依照《中华人民共和国中国人民银行法》第四十六条规定进行处罚,构成犯罪的,依法追究刑事责任。

第二十条 短期融资券适用本办法。

第二十一条 本办法自2008年4月15日起施行。《短期融资券管理办法》(中国人民银行令〔2005〕第2号)、《短期融资券承销规程》和《短期融资券信息披露规程》(中国人民银行公告〔2005〕第10号)同时终止执行。

行长:周小川

二〇〇八年四月九日

附录八 中华人民共和国国内贸易行业标准
——质押监管企业评估指标(报批稿)

范围

本标准规定了质押监管企业的资格和条件、监管质量、不应从事的行为以及权利。

本标准适用于从事质押监管业务的企业的评估和管理。

规范性引用文件

下列文件对于本文件的应用是必不可少的。凡是注日期的引用文件,仅所注日期的版本适用于本文件。凡是不注日期的引用文件,其最新版本(包括所有的修改单)适用于本文件。

GB/T 18354—2006 物流术语

SB/T ××××-×××× 动产质押监管服务规范

术语和定义

GB/T 18354—2006 及 SB/T ××××-×××× 所界定的术语适用于本文件。

质押监管企业的资格和条件

质押监管企业应是在国家工商行政部门登记注册的企业法人,也可以是企业法人承担担保责任的非法人企业。

从事仓储保管业务三年(含)以上。

注册资本和净资产规模达到委托方的要求。

有良好的商业信誉,三年内无违法违规等行为。

有完整的组织架构和相应的从业人员,并有明确的职责。

有与业务需求相符的规章制度。包括质物进出库、保管监管、统计、档案管理、安全等。

有与业务需求相符的流程管理。包括质物计量、质量确认、质物交接、单证制作和流转、通信联系、进出库、装卸搬运、盘点、业务检查、过程控制等。

有产权明晰、实际控制数量足够的质物存储和装卸场所,包括库房、货场、容器等。监管场所应安全可靠,具有防火、防水、防风、防雷、防盗功能;必要时装备监视探头。

有符合国家要求的计量工具和计量方式。

装卸搬运、包装、制冷、供暖、电力等设备性能和运转良好。

应为监管人员设置独立的办公场所和通信设施，包括电话、互联网、电子计算机、传真机等，并保证每天 24 小时畅通，故障率不超过 10%。

应配有计算机仓储管理系统，具备客户查询、追踪功能。

在出质人或第三方库实施监管的，当事人应按上述要求划分权利和责任。

出质人、质权人、监管人三方协商一致的其他条件。

监管质量

遵循公平、公正、中立原则，对出质人、质权人负责。

严格执行监管协议和有效的补充协议。

库场内单独设立监管区域，质物单独存放监管区。

在监管人的自有库，监管人需要提供拥有合法所有权的材料。在出质人和第三方仓库，监管人需要取得监管地或监管库的合法使用权。

设立质物标识，并在明显位置安放。

保证质物安全、存储、堆码、苫垫、灌装等过程符合质物特性。

进出库单证齐全、准确。价格通知单、提货单、解押通知单、质物清单填写准确，保管完好。

准确计量质物，损耗率按照合同约定的标准执行。有法定检验部门出具的计量工具年度合格证书。

有完善的仓储管理办法。

质物的变更、置换等行为须得到质权人的书面授权。

质押监管企业不应有的行为

任何情况下不应开具虚假质物清单。

不应与当事人中的任何一方恶意串通，损害其他当事人利益。

不应私自转移、藏匿、出售质物。

不应隐匿仓库及公司的重大事项变更，如或有负债、产权变更、负责人更换、诉讼案件等。

不应挪用出质人借贷资金。禁止从事或变相从事担保、放贷等活动。

有上述行为中的任何一种，即需要停止其质押监管企业资格，受损的一方可以向公安部门报案或提起诉讼。

质押监管企业的权利

质押监管企业的权利主要是收取监管费用和相关的服务费用。

附录八 中华人民共和国国内贸易行业标准——质押监管企业评估指标(报批稿)

质押监管企业评估表

类别	序号	指标	评估分数	证明材料
基本条件	1	企业法人或企业法人担保的非法人企业(10分)		1. 企业营业执照； 2. 企业组织机构代码证； 3. 企业税务登记证。
	2	财务资产情况：注册资本500万元以上(10分)		1. 资产负债率； 2. 利润分配表； 3. 事务所出具的审计报告。
	3	监管库的所有权和使用权(10分)		1. 监管人自有仓库的产权证； 2. 第三方仓库的产权证和租赁协议； 3. 出质人仓库的权属证明。
管理状况	4	监管场所安全情况(10分)		1. 监管仓库、货场、容器满足需要； 2. 防火、防洪、防雷、防盗设施设备齐全； 3. 计量工具合格，并按照规定进行年检。 4. 作业设备齐全有效。
	5	监管部门和人员(10分)		1. 监管部门设立的文件； 2. 监管人员职务及任职文件； 3. 培训证明(专业)。
	6	制度(10分)		1. 出入库制度； 2. 监管制度； 3. 监管业务流程； 4. 单证管理； 5. 安全制度； 6. 巡查制度； 7. 合同管理制度； 8. 仓储管理办法。
	7	作业(20分)		1. 监管区域标识明显； 2. 质物标识标签明显； 3. 装卸搬运操作规范； 4. 质物存放安全； 5. 盘点规定及记录； 6. 账卡物相符率； 7. 电话、打印机、传真机、计算机配备情况； 8. 监视探头使用情况； 9. 监管员工作环境。

续表

类　别	序　号	指　标	评估分数	证明材料
诚信情况	8	信誉(20 分)		1. 银行信用等级； 2. 不良行为记录； 3. 安全事故史； 4. 重大诉讼事项； 5. 质量 ISO9001 认证情况。
综合评估结果(100 分)				

说明：

1、评估采取打分累计的原则执行。

2、评估结果的运用：

综合评估结果为 85 分(含)以上，属优秀监管企业；

综合评估结果为 60(含)~85 分之间，属合格监管企业；

综合评估结果为 60 分以下的，属不合格监管企业，不准从事监管业务。

附录九 中华人民共和国国内贸易行业标准
——动产质押监管服务规范(报批稿)

范围

本标准规定了动产质押监管服务的术语和定义、基本要求、服务协议、服务要点以及作业要求。

本标准适用于从事动产质押监管服务的企业，也可以作为出质人、质权人选择物流服务企业的依据。

规范性引用文件

下列文件对于本文件的应用是必不可少的。凡是注日期的引用文件，仅所注日期的版本适用于本文件。凡是不注日期的引用文件，其最新版本(包括所有的修改单)适用于本文件。

GB/T 18354—2006 物流术语

术语和定义

GB/T 18354—2006界定的及以下术语适用于本文件。

- 动产质押 chattel pledge
  债务人或者第三人将可支配动产交债权人占有，作为偿还债务的担保行为。
- 质物 pledge
  为担保债权，由债务人或第三人向债权人提供的担保物。
- 质权人 pledgee
  占有质物的债权人。
- 出质人 pledgor
  将质物交付质权人占有，用以保证债务履行的债务人或第三人。
- 监管人 superintendent
  受质权人委托，负责监督、管理质物状况的企业法人。
- 保管人 custodian
  受存货人委托，对存货实施保管的义务人。
- 质押监管 pledge supervision
  出质人以合法占有的物品向质权人出质，作为偿还债务的担保，监管人接受质权人的委托，在一定期限内代质权人对质物进行占有、管理的行为。当事人约定委托保管的，依据合同法签订合同。

- 质押监管期限 the duration of pledge supervision
  从监管人向质权人出具确认质物清单开始，至出质人(或债务人)还清质权人的债务为止。
- 静态质押 static pledge
  在质押期内，质物不发生变动的业务形态。
- 动态质押 dynamic pledge
  在质押期间，质物可以增加、置换、部分解押的业务形态。
- 进口信用证项下质押业务 the pledge under import letter of credit
  银行作为质权人，以债务人的真实进口合同为依据，向国外供应商发出信用证，进口货物由质权人占有，出质人付款赎货的业务。
- 质物清单 pledge list
  经当事人各方认可的记载质物品名、规格、型号、产地、数量等必要信息的单证。
- 质物价值 the value of pledge
  质物的货币表现。通常以质物的市场价格或成本价格为基础，考虑市场波动的幅度，由质权人和出质人协商确定。
- 质物数量 the quantity of pledge
  使用公认的计量方式衡量的质物量。通常用件、吨、米、平方米、立方米等作为计量单位。
- 质物质量 the quality of pledge
  分为质物外在质量和内在质量，外在质量由肉眼可以辨别，内在质量需经专业检测单位进行检验，并出具正式检验报告。包装物内质物质量是否需要检验，应在合同中约定。
  对质物进行验收通常采用仓储保管的行业惯例。
- 监管地 supervision place
  监管人受质权人的委托，对质物实施占有和管理的地点。
- 监管库 supervision warehouse
  监管人受质权人的委托，对质物实施占有和管理的仓库(含场地)。

质押监管企业基本要求

- 在国家工商行政管理部门登记注册的企业法人。
- 遵守国家法律，合法经营。三年内无不良记录。
- 应有从事动产质押监管服务的资质。
- 有从事相关物流服务的营业执照和许可证书。
- 有与业务规模相适应的注册资本。
- 有与质物保管、运输、收发货相适应的能力。
- 有从事本业务的规章制度和相关机构及人员。

- 有足够的业务操作能力。
- 能根据客户需求，编制可实施的服务方案和业务流程。
- 单证传递畅通、可靠。
- 制定紧急状态处置预案。
- 与客户保持良好的沟通。
- 有持续改进的办法和机制。
- 有效的培训、考核、检查、监督机制。

动产质押监管服务协议

- 监管人应当与各方当事人签订书面协议。
- 协议的主要条款。
- 当事人各方共同认可的监管标的。
- 监管标的的处分权。
- 证明处分权的文件。
- 质物。
  - 质物的标准名称。
  - 质物的规格型号。
  - 质物的数量及计量方式。
  - 质物的质量及认定方式。
  - 质物权属和质量由质权人认定。
  - 质物交付的方式、交付时间、出质期间的管理、解除质押的条件。
- 与动产质押监管服务协议相对应的融资协议文件号。
- 质物存放地点和条件。
- 质权设立的条件。
  自出质人交付质押财产时设立。
- 保险。
  包括但不限于保险种类、保险金额、保险期限等内容。
- 出质人的权利和责任。
- 质权人的权利和责任。
- 监管人的权利和责任。
- 质物的提取、置换、补充约定。
- 单证格式及流转程序。
- 各方预留印鉴及指定有权签字人。
- 质物的价格确定方式及价格通知单、最低质物价值(数量)通知单。
- 收费标准及结算方式。

- 如客户未能支付费用等损害质押监管企业权益的情况，监管人有权对质物行使留置权。
- 监管人享有报酬权。
- 业务终止方式和条件。
- 法律适用、争议解决方式和机构。

动产质押监管服务要点

- 按合同要求提供动产质押监管服务。
- 按合同要求监管质物。
- 保证质物的安全。
- 保证与动产质押相关单据、账目的完整性。
- 按合同要求提供监管信息。
- 按合同要求报告监管期异常情况并采取紧急措施。
- 按合同要求提供与动产质押相关的其他服务。

动产质押监管服务作业要求

基本要求

- 制定切实可行的监管方案和业务流程，确定制度和监管人员。检查监管质量，持续改进。
- 投诉处理率100%。作业差错率在约定的范围之内。
- 尽可能满足除监管之外的其他物流服务。
- 确保质物安全，单证、账目完整、清楚。
- 配合质权人或出质人查验质物，核对账目。
- 确保监管活动符合合同约定。
- 对监管现场有足够的控制力。
- 可与出质人、质权人的信息系统进行对接，也可采取其他方式(例如传真、E-mail等)适时通报质物情况。

作业要求

- 按照质权人的要求在监管现场悬挂质押标签。
- 负责核实质物清单，清单内容包括质物的品名、规格、产地、数量等信息。
- 认真核实质物初始库存数量，确保质物数量与合同约定一致。
- 在静态质押监管中，保证质物存放于指定仓库后，未到期前不得对质物进行更替、加工、使用。
- 在动态质押监管中，要监控出质人提取、更换、补充质物，确保质物数量、库存质物价值等约定要素达到合同要求。

- 认真做好质物出入库现场计量和检查，按要求及时登记台账，确保账实相符。
- 按合同要求动态核实库存，及时登记台账，确保账实相符。
- 制定风险处理预案，严格把好各道重要风险控制点，若发现业务存在异常情况，在第一时间采取相应措施。

数据报送要求
- 质押监管企业应根据与质权人的约定，定期将监管数据发送给质权人。

附录十　山东省物流质押监管服务质量规范

1　范围

本标准规定了物流质押监管的服务流程、服务资质与岗位服务要求。

本标准适用于物流质押监管业务操作和服务质量管理。

2　规范性引用文件

下列文件中的条款通过本标准的引用而成为本标准的条款。凡是注日期的引用文件，其随后所有的修改单(不包括勘误的内容)或修订版均不适用于本标准，然而，鼓励根据本标准达成协议的各方研究是否可使用这些文件的最新版本。凡是不注日期的引用文件，其最新版本适用于本标准。

GB/T 18354　物流术语

3　术语和定义

GB/T 18354 中确定的及下列术语和定义适用于本标准。

3.1　质押

本标准所称的质押特指监管状态下的质押。出质人将其合法占有的动产交付给质权人占有，质权人委托监管人进行监管并拥有该笔动产的请求返还权。

3.2　质权人

通过设立动产质权而形成的债权债务关系中，债权人被称为质权人。

3.3　出质人

通过设立动产质权而形成的债权债务关系中，将其动产用来出质担保债务的债务人或第三人被称为出质人。

3.4　监管人

通过设立动产质权而形成的债权债务关系中，接受质权人委托并按照其要求对质押动产履行控货责任的一方，被称为监管人。

3.5　质押监管

出质人或第三人以其合法占有的动产向质权人出质，作为质权人向出质人授信融资的担保，监管人接受质权人的委托，在质押期间按质权人指令对质物进行监管。本标准所指的监管是指监管人代质权人对货物接收、占有或控制的行为。

3.6　仓单质押

以仓单为标的物而成立的一种质权。

4 质押监管服务流程

4.1 仓单质押

仓单质押服务应按以下流程：

1. 出质人存入货物到物流企业，物流企业开具仓单；
2. 出质人在仓单上进行背书，提交质权人申请授信；
3. 质权人审核仓单后发放贷款；
4. 出质人全部清偿债务后，质权人退还仓单给出质人或交给出质人指定的第三方提货。

4.2 动产质押

动产质押服务应按以下流程：

1. 出质人申请质押授信；
2. 质权人与出质人签署《授信协议》和《质押担保协议》；
3. 质权人与监管人、出质人签署三方《质押物监管协议》，约定质物情况、出质责任、监管责任、提货条件、提货手续等；
4. 出质人将质押物提交质权人审查，质权人委托监管人在自有仓库或指定仓库内进行监管；
5. 监管人接收货物并对质物名称、数量(重量)及外包装是否完好状况进行验货，实际货物与出质人提供的质物清单一致后，监管人对出质人提供的质物清单进行确认并对已验收的质物进行监管；
6. 质权人依据监管人确认的质物清单向出质人发放贷款，并要求监管人进入正式监管程序；
7. 监管期间，质权人可针对质物情况不定时向监管人进行查询，监管人如实反馈质物监管情况；
8. 出质人赎货。按照协议约定方式操作；
9. 出质人全部清偿债务后，监管人的监管责任全部解除。

5 质押监管服务要求

5.1 服务对象

监管人的服务对象为质权人和出质人。

监管人接受质权人委托，为质权人服务；监管人对出质人用于担保的动产进行监管并按照质权人要求为出质人提供收发货物服务。

5.2 监管资质

5.2.1 监管人应诚实守信，遵守法律法规，依法经营和管理，法人治理结构健全，内部管理制度和法律风险防范机制较为完善。出资人、企业和企业职工的合法权益得到有效保障，劳动关系和谐。

5.2.2 注册资本应在 500 万元以上,并应具有质押物所在仓库的合法使用权。

5.2.3 资产总额应满足最高单笔监管控货额度的 70%。

5.2.4 具备仓储保管资质,从事物流服务行业达到三年以上且从事仓储服务达到两年以上。

5.2.5 所有从事人员宜不得少于(N/25+2N)个(N 为出质人的数量),应至少需要 2 人;监管业务的人力资源配备应满足大专以上学历达到 95%以上,本科学历达到 5%以上。

5.2.6 必须按照业务开发与管理相分离的原则设置质押监管机构。

5.2.7 应具备全省或全国范围内的信息网络化服务能力。

5.2.8 应有健全的经营、财务、风险控制、质量管理、信用管理、统计、安全、技术服务、客户关系管理等机构和相应的管理制度。

5.3 岗位要求

5.3.1 监管岗位

监管岗位人员应正确实施监管;掌握操作程序,严格执行操作流程。

5.3.2 巡查岗位

巡查、盘点质押物是否正常,相关规定是否落实到位,风险控制是否存在盲区,报告相关责任人并落实整改结果。

5.3.3 风险控制岗位

应具备以下职责:

1. 协助公司设计运营的风险管控体系和相关政策的制定与实施;

2. 协助公司风险管控管理系统的持续优化;

3. 揭示公司业务运营过程中的潜在风险,提出风险控制建议供公司管理层决策;

4. 制定公司项目审核工作规范、建立信用评估体系和设计行业出质人信用评估模型,并对风险审查结果和合格率负责;

5. 对内部业务流程执行情况的管理及监控。

5.3.4 统计分析岗位

对平台中的数据进行统计分析,为管理及决策提供参考依据。

5.3.5 业务受理岗位

负责质押项目的审查,质解押手续的办理,异常情况的接收、汇总、上报等。

5.4 风险控制要求

5.4.1 应有专门的法律人员对业务全程进行监控。

5.4.2 业务档案由专人负责,妥善保管,保存期为 3 年。

5.4.3 有较为完善的应急预案,能够及时处理突发事件。

参 考 文 献

[1] 陈祥锋. 供应链金融服务创新论[M]. 上海：复旦大学出版社，2008.
[2] 夏露，李严锋. 物流金融[M]. 北京：科学出版社，2008.
[3] 深圳发展银行，中欧国际工商学院——"供应链金融"课题组. 供应链金融——新经济下的新金融[M]. 上海：上海远东出版社，2009.
[4] 李毅学，汪寿阳，冯耕中，张媛媛. 物流与供应链金融评论[M]. 北京：科学出版社，2010.
[5] 李金龙，宋作玲，李勇昭，于培友. 供应链金融理论与实务[M]. 北京：人民交通出版社，2011.
[6] 中国物流与采购联合会，中国物流学会. 中国物流发展报告(2011—2012)[M]. 北京：中国物资出版社，2012.
[7] 中国物流学会，中国物流与采购联合会. 中国物流学术前沿报告(2008—2009)[M]. 北京：中国物资出版社，2008.
[8] 中国物流与采购联合会. 中国物流发展报告(2006—2007)[M]. 北京：中国物资出版社，2007.
[9] 丁俊发. 中国物流竞争力研究[M]. 北京：中国物资出版社，2011.
[10] 中国人民银行上海总部《中国金融市场发展报告》编写组. 2011 年中国金融市场发展报告[M]. 北京：中国金融出版社，2012.
[11] 李向文，冯茹梅. 物流与供应链金融[M]. 北京：北京大学出版社，2012.
[12] 胡愈. 现代农村物流金融研究[M]. 北京：经济科学出版社，2009.
[13] 汤曙光，任建标. 银行供应链金融[M]. 北京：中国财政经济出版社，2010.
[14] 全国工商联. 2011 年中国中小企业调研报告[J]. 北京：中华工商联合出版社，2012.
[15] 高坚. 中国债券资本市场[M]. 北京：经济科学出版社，2009.
[16] 黄达. 货币银行学[M]. 北京：中国人民大学出版社，1999.
[17] 黄达. 金融学[M]. 北京：中国人民大学出版社，2012.
[18] 王益，刘波. 资本市场[M]. 北京：经济科学出版社，2000.
[19] 陈学彬. 金融学[M]. 北京：高等教育出版社，2007.
[20] 何小锋，等. 资本市场运作教程[M]. 北京：中国发展出版社，2003.
[21] 董奋义. 中国企业债券融资发展理论研究[M]. 北京：中国农业出版社，2008
[22] 孟琪. 物流法教程[M]. 上海：复旦大学出版社，2010.
[23] 李严锋. 物流运作管理[M]. 北京：机械工业出版社，2008.
[24] 李严锋. 物流管理概论[M]. 北京：科学出版社，2008.
[25] 徐康平. 现代物流法导论[M]. 北京：中国物资出版社，2007.
[26] 齐恩平，王立争. 物流法律制度研究[M]. 天津：南开大学出版社，2009.
[27] 张良卫. 物流保险——实践·服务·管理[M]. 北京：中国物资出版社，2010.

[28] 郑高明. 中国金融业混业经营的路径选择[M]. 北京：中国经济出版社，2012.

[29] 盛立军，郑海滨. 中小民营企业私募融资[M]. 北京：机械工业出版社，2004.

[30] 蔡正子. 融资租赁实务[M]. 郑州：河南人民出版社， 2007.

[31] 金雪军，卢绍基，等. 融资平台浙江模式创新[M]. 杭州：浙江大学出版社，2010.

[32] 陈雪松. 商品融资与物流监管实务[M]. 北京：中国经济出版社，2008.

[33] 傅艳. 产融结合之路通向何方——中国产业与金融结合的有效性研究[M]. 北京：人民出版社，2003.

[34] 金雪军. 打破不动产的束缚——破解中小企业融资难的金融仓储模式探讨[M]. 杭州：浙江大学出版社，2011.

[35] 章雪岩. 物流信息管理[J]. 北京：中国人民大学出版社，2010.

[36] 何娟. 物流金融风险综合评价研究[R]. 复旦大学，2009.

[37] 平安银行，等. 2012年中国供应链管理调查报告[R]. 2013.

[38] He Juan, Jiang Xianglin, Wang Jian, Zhu Daoli, Zhen Lei. (He Juan etc.) VaR methods for the dynamic impawn rate of steel in inventory financing under autocorrelative return[J]. European Journal of Operational Research. Vol. 223(1). pp. 106-115, 2012.

[39] 何娟，沈迎红. 基于第三方电子交易平台的供应链金融服务创新——云仓及其运作模式初探[J]. 商业经济与管理，2012，7.

[40] 王东华. 中小企业融资另辟蹊径——从"桥隧模式"到"路衢模式"[J]. 经济管理，2009，11.

[41] 冯霞. 我国第三方物流企业代收货款业务发展探析[J]. 科技创业，2008，1.

[42] 祝宝良. 当前经济形势及宏观调控政策建议[J]. 宏观经济管理，2013，9.

[43] 邹小芃，陈万翔，夏峻峰. 国内物流金融研究综述[J]. 商业时代，2006，36.

[44] 耿杰. 物流业与金融业的协同发展浅析[J]. 物流技术，2013，32.

[45] 毛哲炜. 拓宽融资渠道——发挥物流金融在经济发展中的作用[J]. 时代金融，2012，8.

[46] 唐洋，王静. UPS成功物流金融模式的探讨[J]. 大众商务，2010，2.

[47] 张云飞. 中铁现代物流金融物流业务竞争优势分析[J]. 中国物流与采购，2012，16.

[48] 李琳. 我国银行物流金融发展现状及对策[J]. 中国物流与采购，2011，5.

[49] 尹文专. 我国物流行业产融结合的路径研究：交易费用理论与企业内部化理论视角[J]. 商业时代，2013，11.

[50] 马秋君，陆雪亮. 北京市物流金融发展途径研究[J]. 物流技术，2013，32.

[51] 左雪莲. 农产品物流金融运作模式构建与选择[J]. 商业时代，2012，28.

[52] 李毅学，汪寿阳，冯耕中. 一个新的学科方向——物流金融的实践发展与理论综述[J]. 系统工程理论与实践，2010，1.

[53] 康晨. 供应链金融主体发展趋势分析[J]. 中国商贸，2011，21.

[54] 尹林芬. 关于我国第三方物流企业融资问题的思考[J]. 法制与经济，2009，1.

[55] 陆其伟. 创新物流企业融资渠道研究[J]. 重庆交通大学学报(社科版)，2007，10.

[56] 王岩. 第三方物流企业融资问题探讨[J]. 商场现代化, 2010, 9.

[57] 陈丽娜. 物流企业融资障碍与对策[J]. 商场现代化, 2007, 11.

[58] 周运兰, 陈莉. 中小企业股权融资的最优模式探析[J]. 商业时代, 2010, 8.

[59] 孙尧. 保险在物流金融风险管理中的应用与创新[J]. 金融理论与实践, 2009, 3.

[60] 李惠阳. 我国物流保险现状及其法律原因分析[J]. 中国流通经济, 2008, 9.

[61] 李恒琦. 我国现代物流的风险及物流保险需求分析[J]. 西南交通大学学报(社会科学版), 2007, 12.

[62] 鲍静海, 周稳海, 李浩然. 我国中小企业信贷保证保险制度的构建[J]. 保险研究, 2007, 4.

[63] 庄庆. 建立中小企业贷款保险制度的可行性分析[J]. 上海金融, 2003, 11.

[64] 庄庆. 关于建立中小企业贷款保险制度的思考[J]. 金融纵横, 2003, 11.

[65] 韦敬国. 建立我国信贷保险制度的思考[J]. 广西金融研究, 2002. 11.

[66] 王冬春, 冯耕中. 我国物流金融业务信息系统发展现状分析[J]. 金融理论与实践, 2009, 12.

[67] 刘婷, 张丽娟. 物流金融信息系统的构建及应用风险[J]. 物流技术与应用, 2012, 2.

[68] 洪荣阳. 福建省粮食物流公共信息平台构建研究[J]. 物流论坛. 2013, 1.

[69] 李鹏鹏. 基于Agent的供应链企业公共信息平台[J]. 学术研究, 2006, 11.

[70] 任礼. 小议云计算体系结构及其应用[J]. 硅谷, 2010, 9.

[71] 朱海龙. 敏捷供应链公共信息平台研究[J]. 沿海企业与科技, 2005, 7.

[72] 张志坚. 物流公共信息平台研究综述[J]. 科技管理研究, 2011, 8.

[73] 彩凤伟. 北京将现首个物流金融平台——北京物流金融平台及中国物流金融发展研讨会在京举办[N]. 现代物流报, 2013, 7.

[74] 孙宝平. 金融物流助推实体经济升级发展[N]. 国际商报, 2012, 12.